浙江大學圖書館藏清乾隆五十六年盧文弨校刻《抱經堂叢書》本（即常州龍城書院刻本）《經典釋文》

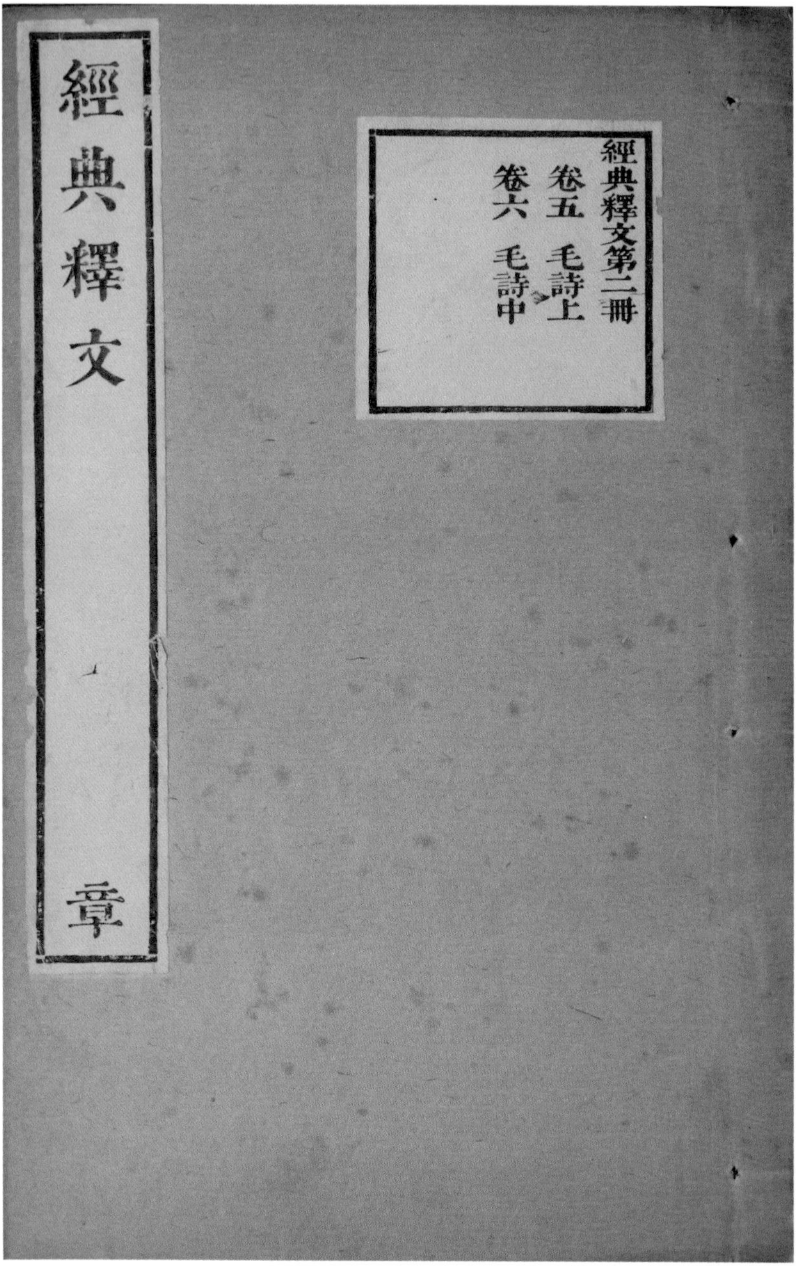

浙江大學圖書館藏《抱經堂叢書》本《經典釋文》書衣，以韓愈詩"文章豈不貴，經訓乃菑畬"編號

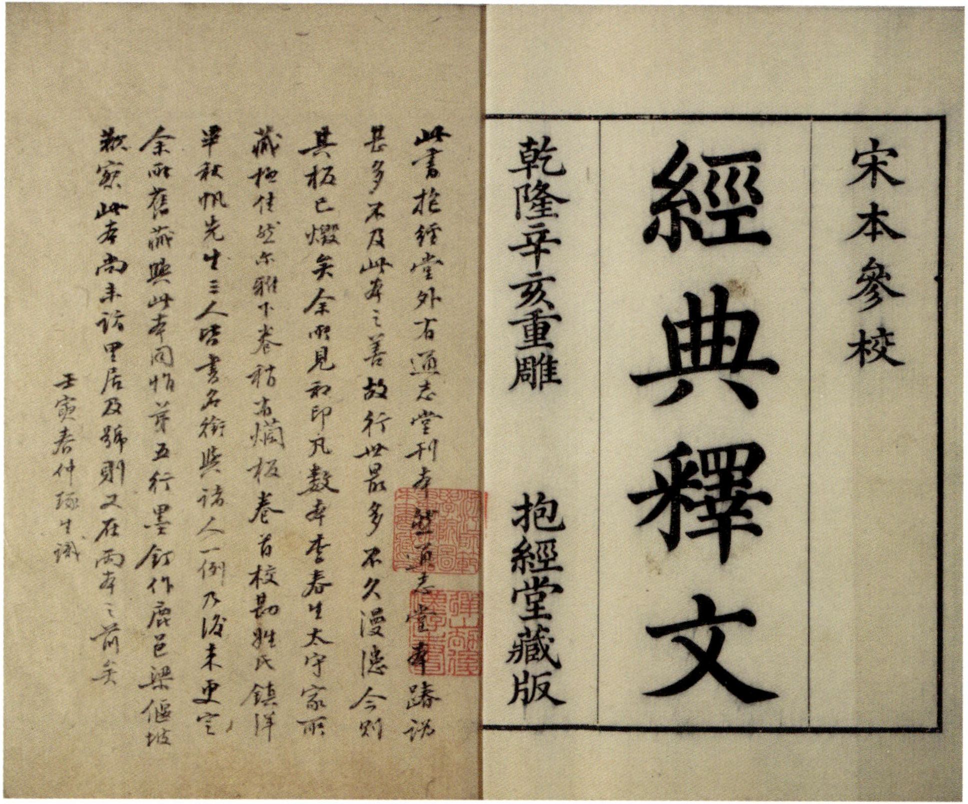

浙江大學圖書館藏《抱經堂叢書》本《經典釋文》卷首中的琢生跋

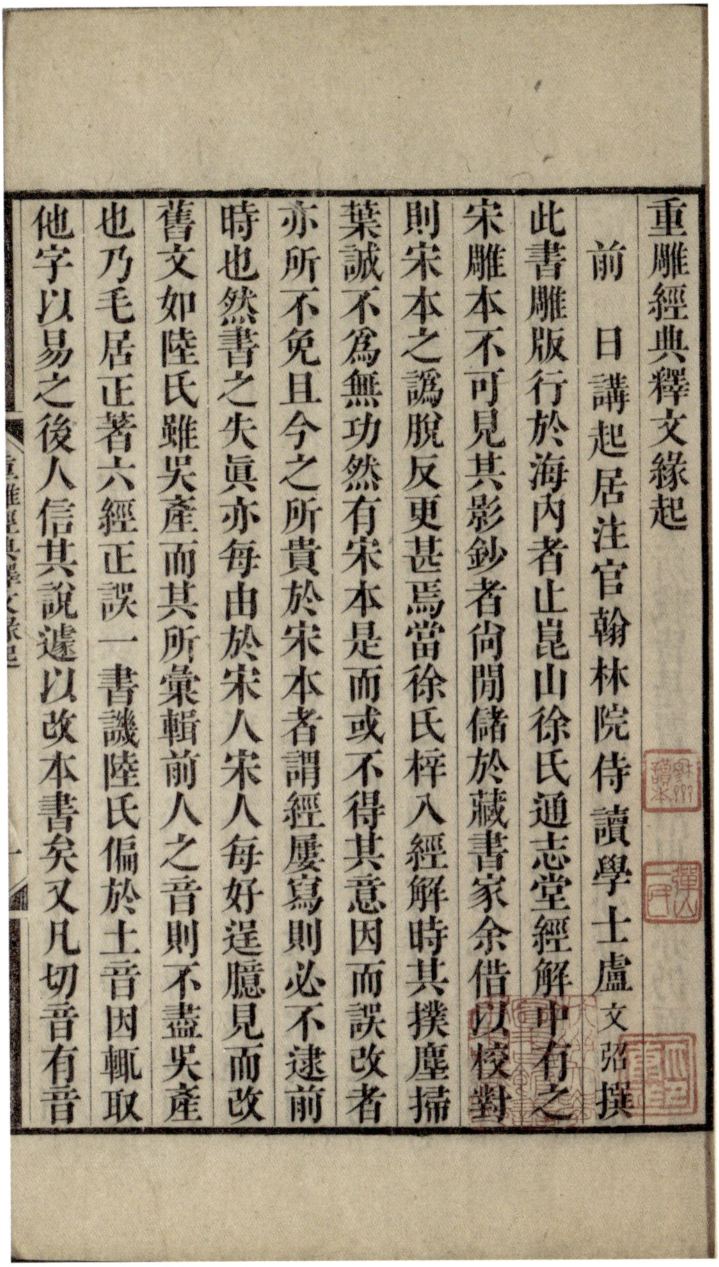
重雕經典釋文緣起

前　日講起居注官翰林院侍讀學士盧文弨撰

此書雕版行於海內者止崑山徐氏通志堂經解中有之宋雕本不可見其影鈔者尚閒儲於藏書家余借以校對則宋本之譌脫反更甚焉當徐氏梓入經解時其撲塵掃葉誠不爲無功然有宋本是而或不得其意因而誤改者亦所不免且今之所貴於宋本者謂經屢寫則必不逮前時也然書之失眞亦每由於宋人宋人每好逞臆見而改舊文如陸氏雖吳產而其所彙輯前人之音則不盡吳產也乃毛居正著六經正誤一書譏陸氏偏於土音因輒取他字以易之後人信其說遽以改本書矣又凡切音有音

浙江大學圖書館藏《抱經堂叢書》本《經典釋文》中的《重雕經典釋文緣起》首葉

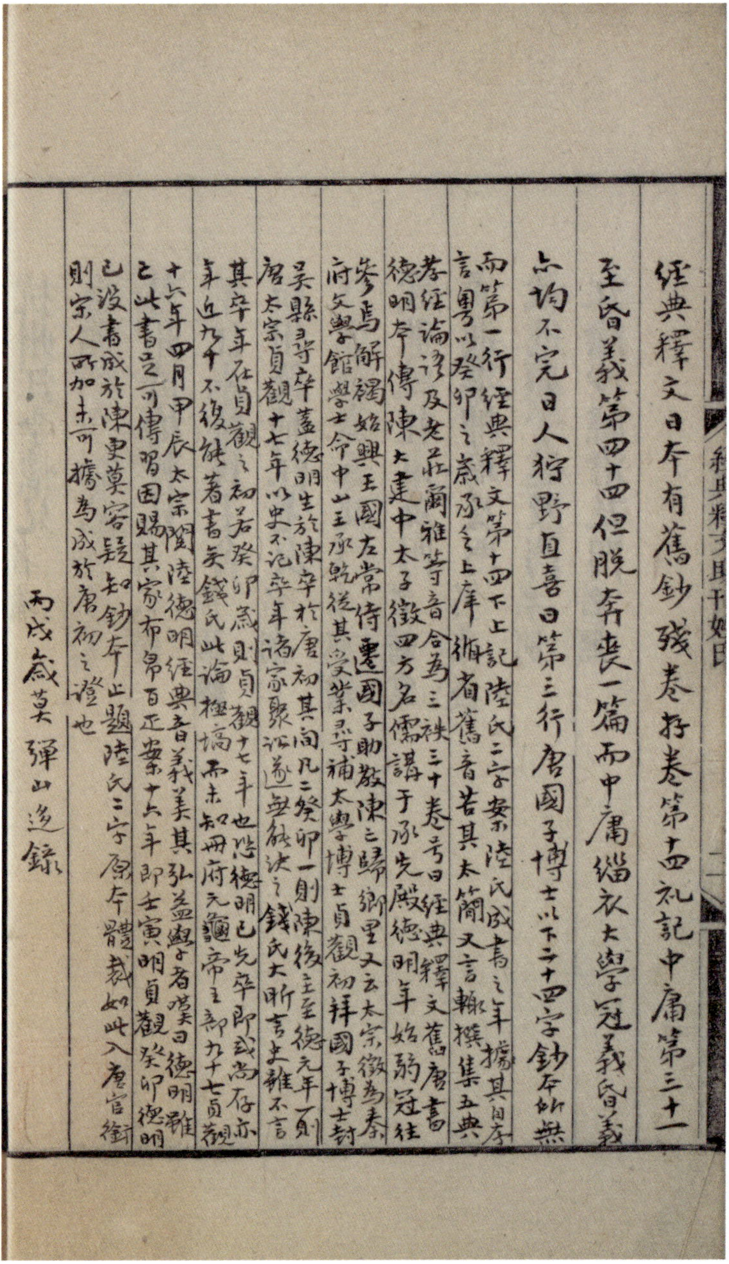
經典釋文日本有舊鈔殘卷存卷第十四禮記中庸第三十一
至昏義第四十四但脫奔喪一篇而中庸緇衣大學冠義昏義
亦均不完日人狩野直喜曰第三行唐國子博士以下二十四字鈔本所無
而第一行經典釋文第十四下上記陸氏二字案陸氏成書之年據其自序
言粵以癸卯之歲承乏上庠循省舊音苦其太簡又言輒撰集五典
孝經論語及老莊爾雅等音合為三袟三十卷號曰經典釋文舊唐書
德明本傳陳太建中太子徵四方名儒講于承先殿德明年始弱冠往
參焉解褐始興王國左常侍遷國子助教陳亡歸鄉里又云太宗徵為秦
府文學館學士命中山王承乾從其受業尋補太學博士貞觀初拜國子博士封
吳縣男尋卒蓋德明生於陳卒於唐初其間凡二癸卯一則陳後主至德元年一則
唐太宗貞觀十七年以史不記卒年諸家聚訟遂無能決之錢氏大昕言史雖不言
其卒年在貞觀之初若癸卯歲則貞觀十七年也然德明已先卒即或尚存亦
年近九十不復能著書矣錢氏此論極塙而未知冊府元龜帝王部九十七貞觀
十六年四月甲辰太宗閱陸德明經典音義美其弘益學者嘆曰德明雖
亡此書足可傳習因賜其家布帛百疋案十六年即壬寅明貞觀癸卯德明
已沒書成於陳更莫容疑矣鈔本止題陸氏二字原本體裁如此入唐官銜
則宋人所加未可據為成於唐初之證也
丙戌歲莫　彊山過錄

浙江大學圖書館藏《抱經堂叢書》本《經典釋文》中的《經典釋文審定及校勘姓氏》末尾空白葉上的屈彊過録佚名跋

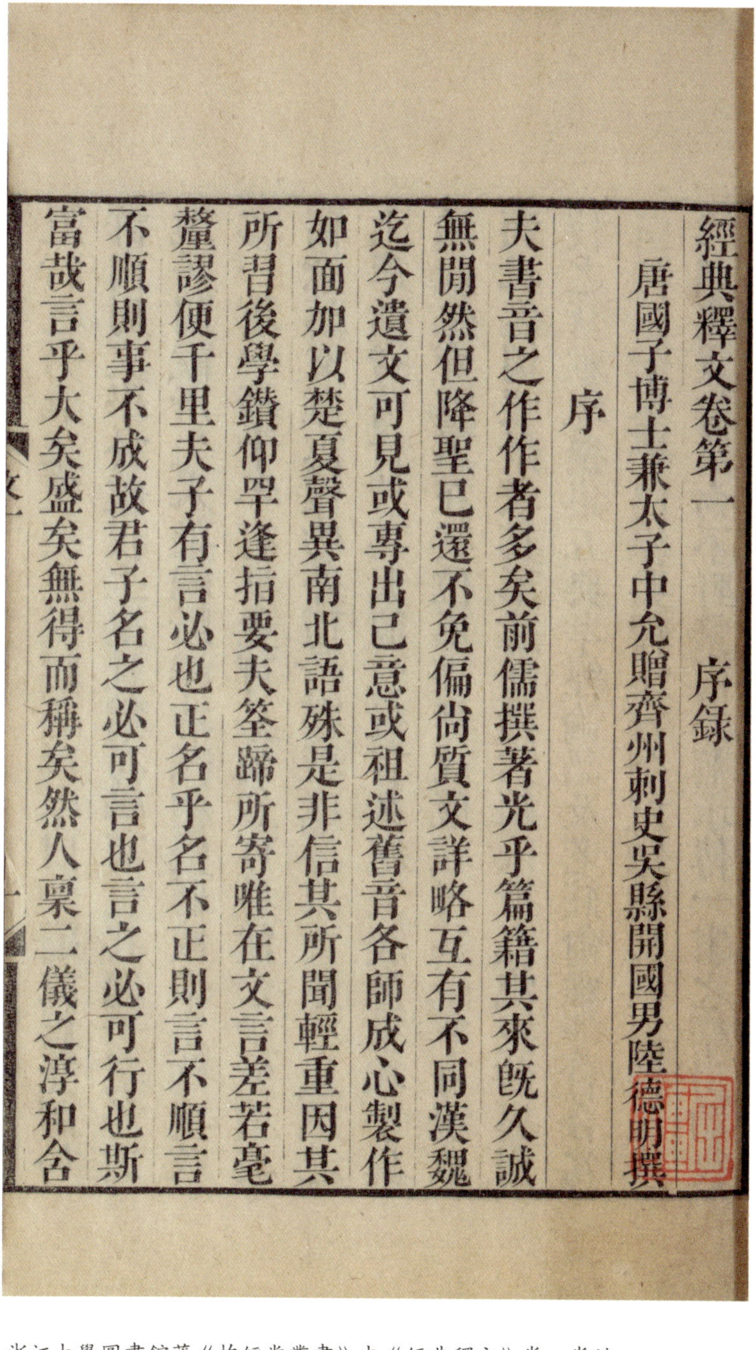

經典釋文卷第一　序録

唐國子博士兼太子中允贈齊州刺史吳縣開國男陸德明撰

序

夫書音之作作者多矣前儒撰著光乎篇籍其來既久誠無閒然但降聖已還不免偏尚質文詳略互有不同漢魏迄今遺文可見或專出己意或祖述舊音各師成心製作如面加以楚夏聲異南北語殊是非信其所聞輕重因其所習後學鑽仰罕逢指要夫筌蹄所寄唯在文言差若毫釐謬便千里夫子有言必也正名乎名不正則言不順言不順則事不成故君子名之必可言也言之必可行也斯富哉言乎大矣盛矣無得而稱矣然人稟二儀之淳和含

浙江大學圖書館藏《抱經堂叢書》本《經典釋文》卷一卷端

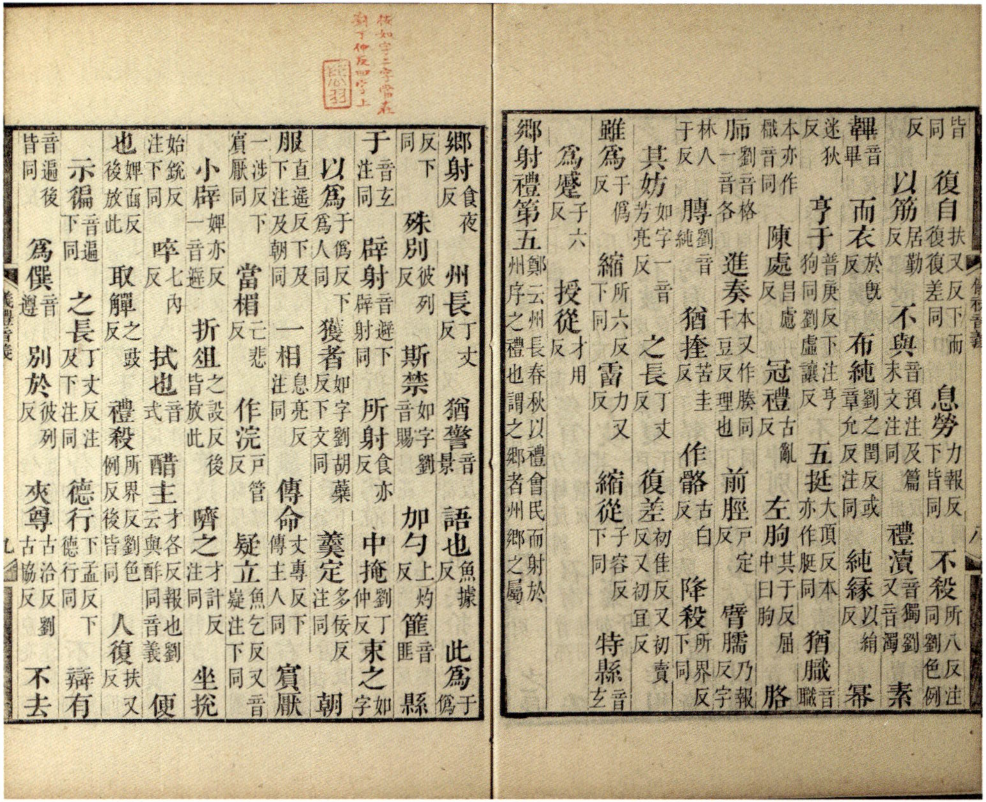

浙江大學圖書館藏《抱經堂叢書》本《經典釋文》卷十葉八至九中的屈彊批校

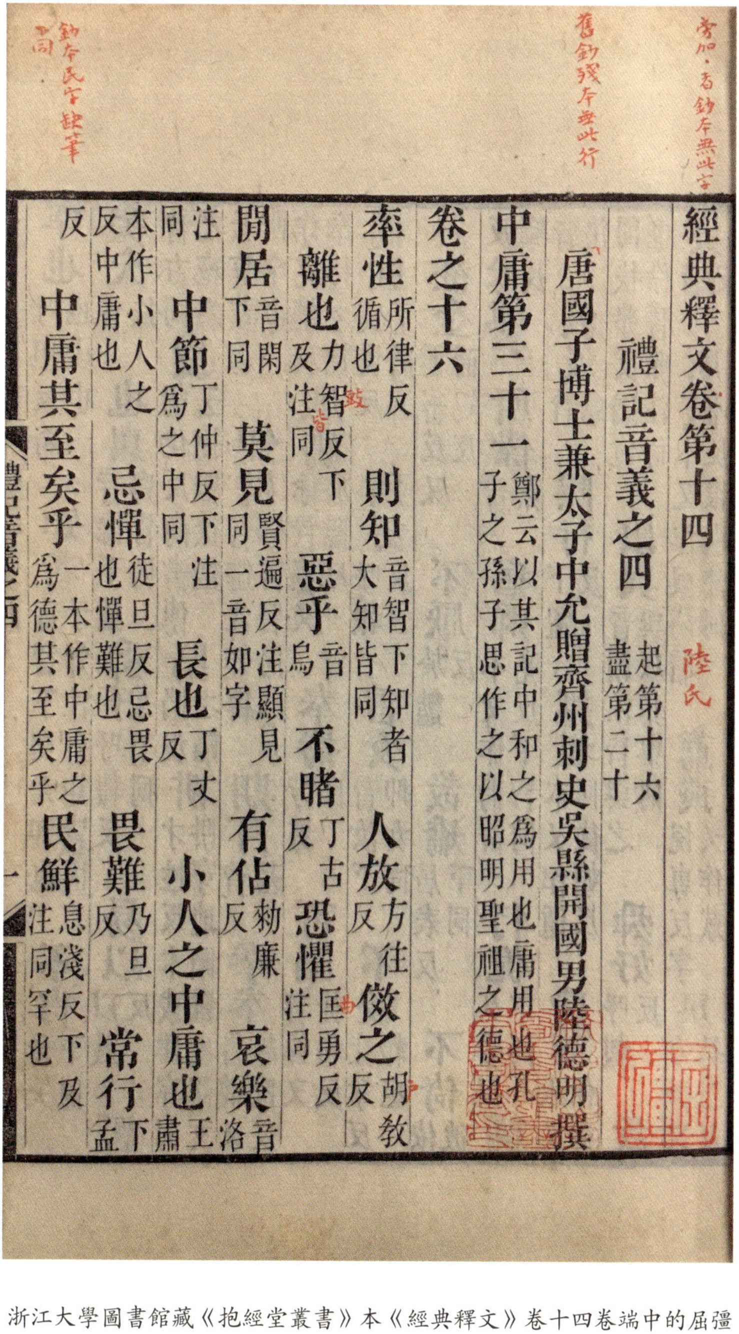
經典釋文卷第十四

禮記音義之四　起第十六　盡第二十

唐國子博士兼太子中允贈齊州刺史吳縣開國男陸德明撰

中庸第三十一　鄭云以其記中和之爲用也庸用也孔子之孫子思作之以昭明聖祖之德也

卷之十六

率性　所律反　則知　音智下知者大知皆同　人放　方往反　倣之　胡教反　離也　力智反下及注同　惡乎　音烏　不睹　丁古反　恐懼　匡勇反注同　閒居　音閑下同　莫見　賢遍反注顯見同一音如字　有佔　勑廉反　哀樂　音洛注同　中節　丁仲反下注同　長也　丁丈反　小人之中庸也　王肅本作小人之反中庸也　忌憚　徒旦反忌畏也憚難也　畏難　乃旦反　常行　下孟反　中庸其至矣乎　一本作中庸之爲德其至矣乎　民鮮　息淺反下及注同罕也

浙江大學圖書館藏《抱經堂叢書》本《經典釋文》卷十四卷端中的屈彊批校

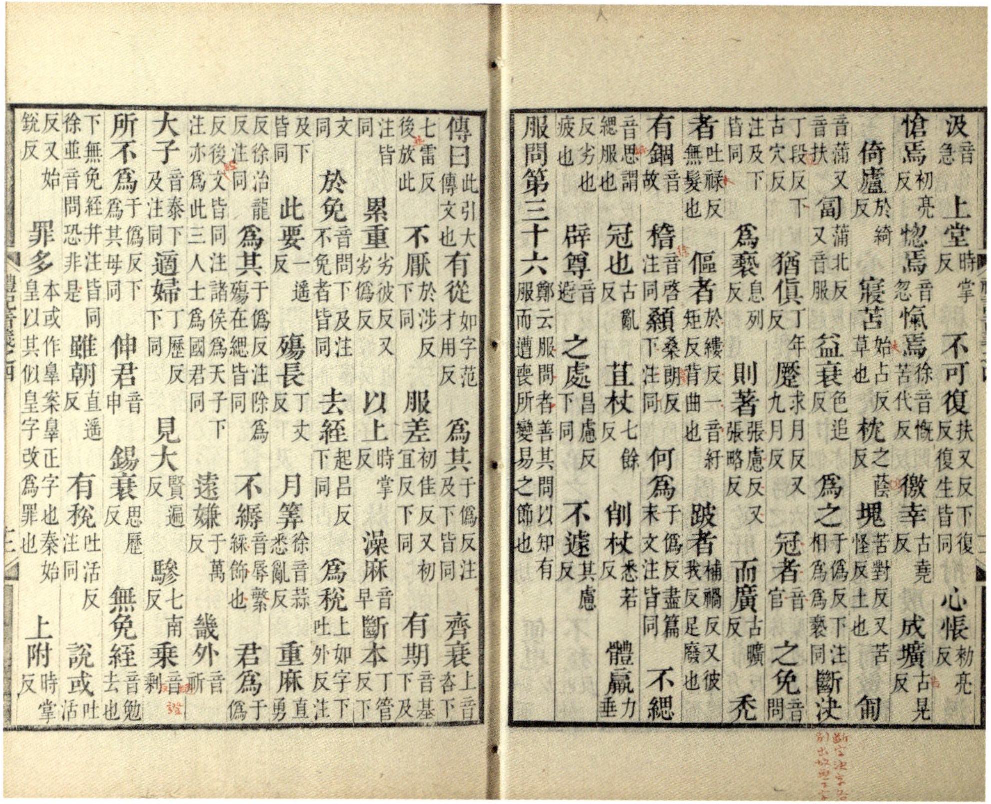

浙江大學圖書館藏《抱經堂叢書》本《經典釋文》卷十四葉十一至十二中的屈彊批校

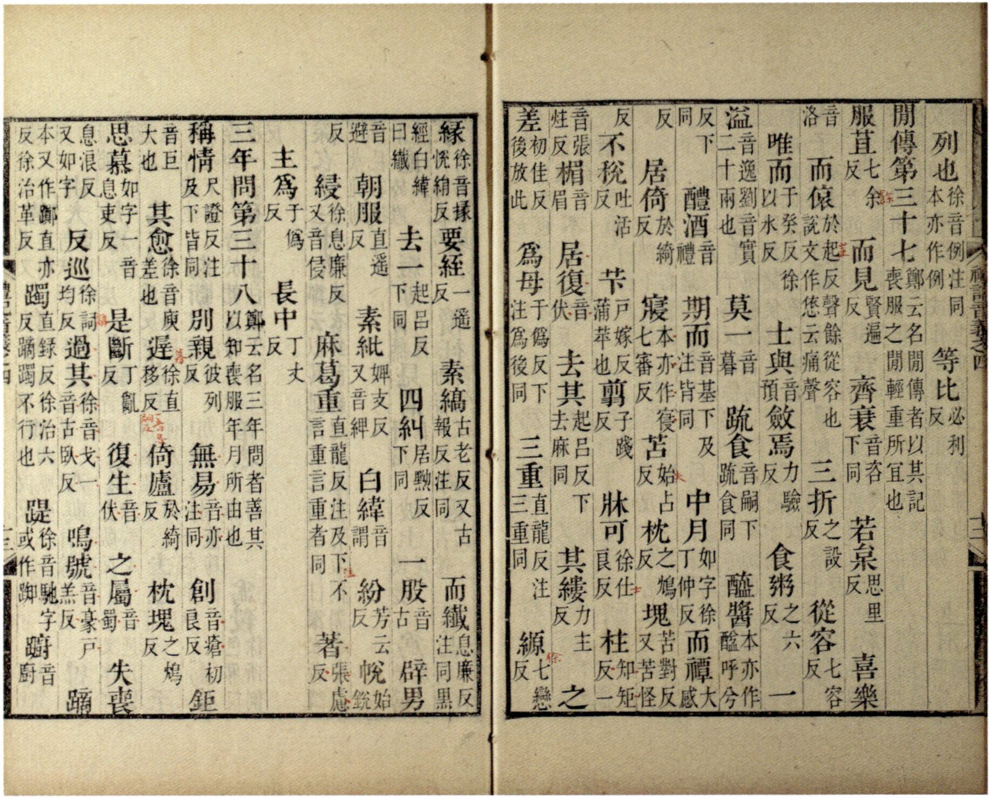
列也 徐音例注同本亦作例 等比 必利反
閒傳第三十七 鄭云名閒傳者以其記喪服之閒輕重所宜也
服苴 七余反 而見 賢遍反 齊衰 音咨下同 若枲 思里反 喜樂
音洛 而偯 於起反聲餘從容也說文作悠云痛聲 三折 之設反 從容 七容反
唯而 于癸反徐以水反 士與 音預 斂焉 力驗反 食粥 之六反 一
溢 音逸劉音實二十兩也 莫一 音暮 疏食 音嗣下疏食同 醯醬 本亦作醢呼兮反
反下同 醴酒 音禮 期而 音基下及注皆同 中月 如字徐丁仲反 而禫 大感反
反 居倚 於綺反 寢 本亦作寑七審反 苫 始占反 枕 之鴆反 塊 苦對反又苦怪反
反 不稅 吐活反 苄 戶嫁反蒲苹也 翦 子踐反 牀可 徐仕良反 柱 知矩反一
音張姓反 梋 音眉 居復 音伏 去其 起呂反下去麻同 其縷 力主反 之
差 初佳反後放此 爲母 于僞反下注爲後同 三重 直龍反注三重同 縓 七戀反

緣 徐音掾悅絹反 要絰 一遙反 素縞 古老反又古報反注同 而纖 息廉反注同黑
經白緯曰纖 去一 起呂反下同 四糾 居黝反下同 一股 音古 辟男
音避 朝服 直遙反 素紕 婢支反又音紕 白緯 音謂 紛 芳云反 帨 始銳反
反 綅 徐息廉反又音侵 麻葛重 直龍反注及下言重言重者同 不著 張慮反
主爲 于僞反 長中 丁丈反
三年問第三十八 鄭云名三年問者善其以知喪服年月所由也
稱情 尺證反注及下皆同 別親 彼列反 無易 音亦注同 創 音瘡初良反 鉅
音巨大也 其愈 徐音庾差也 遲 徐直移反 倚廬 於綺反 枕塊 之鴆反
思慕 如字一音息吏反 是斷 丁亂反 復生 音伏 之屬 音蜀 失喪
息浪反又如字 反巡 徐詞均反 過其 徐音戈一音古臥反 鳴號 音豪戶羔反 蹢
本又作躑直亦反徐治革反 躅 直録反徐治六反蹢躅不行也 踶 徐音馳字或作踟 躕 音廚

浙江大學圖書館藏《抱經堂叢書》本《經典釋文》卷十四葉十二至十三中的屈彊批校

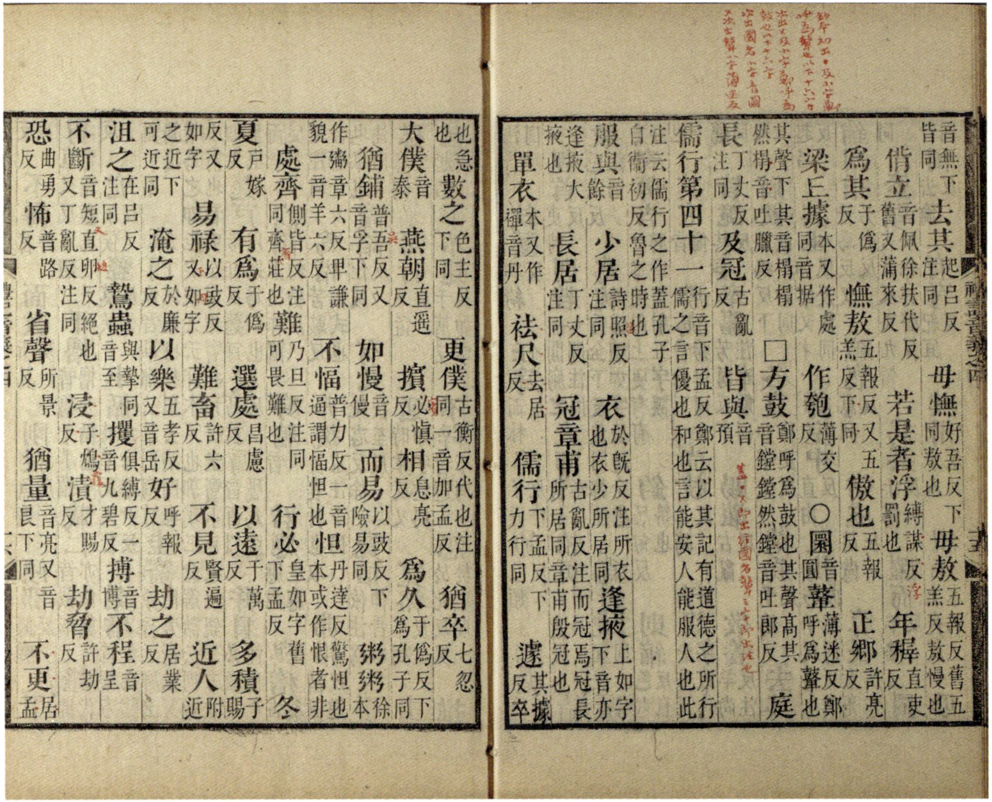

音無下皆同 去其 起呂反注同 毋憮 好吾反下同敖也 毋敖 五報反舊五羔反敖慢也
偝立 音佩徐扶代反舊又蒲來反 若是者浮 縛謀反罰也 年稱 直吏反
爲其 于僞反 憮敖 五報反又五羔反下同 傲也 五報反 正鄉 許亮反
梁丘據 本又作處同音据 作匏 薄交反 ○圜 音圓 鼙 薄迷反鄭呼爲鼙也
其聲下其音榻榻然榻音吐臘反 □方鼓 鄭呼爲鼓也其聲高其音鏜鏜然鏜音吐郎反 庭
長 丁丈反注同 及冠 古亂反 皆與 音預
儒行第四十一 行下孟反鄭云以其記有道德之所行儒之言優也和也言能安人能服人也此
注云儒行之作蓋孔子自衞初反魯之時也
服與 音餘 少居 詩照反注同 衣 於既反注所衣也衣少所居同 逢掖 上如字下音亦
逢掖大也 長居 丁丈反注同 冠章甫 古亂反注而冠焉冠長所居同章甫殷冠也
單衣 本又作禪音丹 祛尺 去居反 儒行 下孟反下力行同 遽 其據反卒

也急也 數之 色主反下同 更僕 古衡反代也注同一音加孟反 猶卒 七忽反
大僕 音泰 燕朝 直遥反 擯 必慎反 相 息亮反 爲久 于僞反下爲孔子同
猶鋪 普吾反又音孚下同 如慢 音慢 而易 以豉反下險易同 粥粥 徐本
作鬻章六反畢謙貌一音羊六反 不偪 普力反一音逼謂偪迫也 怛 丹達反驚怛也本或作恨者非
處齊 側皆反注同齊莊也 難 乃旦反注同可畏難也 行必 皇如字舊下孟反 冬
夏 戶嫁反 有爲 于僞反 選處 昌慮反 以遠 于萬反 多積 子賜反
反又如字 易祿 以豉反又如字 難畜 許六反 不見 賢遍反 近人 附近
之近下可近同 淹之 於廉反 以樂 五孝反又音岳 好 呼報反 劫之 居業反
沮之 在呂反注同 鷙蟲 與摯同音至 攫 俱縛反一音九碧反 搏 音博 不程 音呈
不斷 音短直卵反絕也又丁亂反注同 浸 子鴆反 漬 才賜反 劫脅 許劫反
恐 曲勇反 怖 普路反 省聲 所景反 猶量 音亮又音良下同 不更 居孟反

浙江大學圖書館藏《抱經堂叢書》本《經典釋文》卷十四葉十五至十六中的屈彊批校

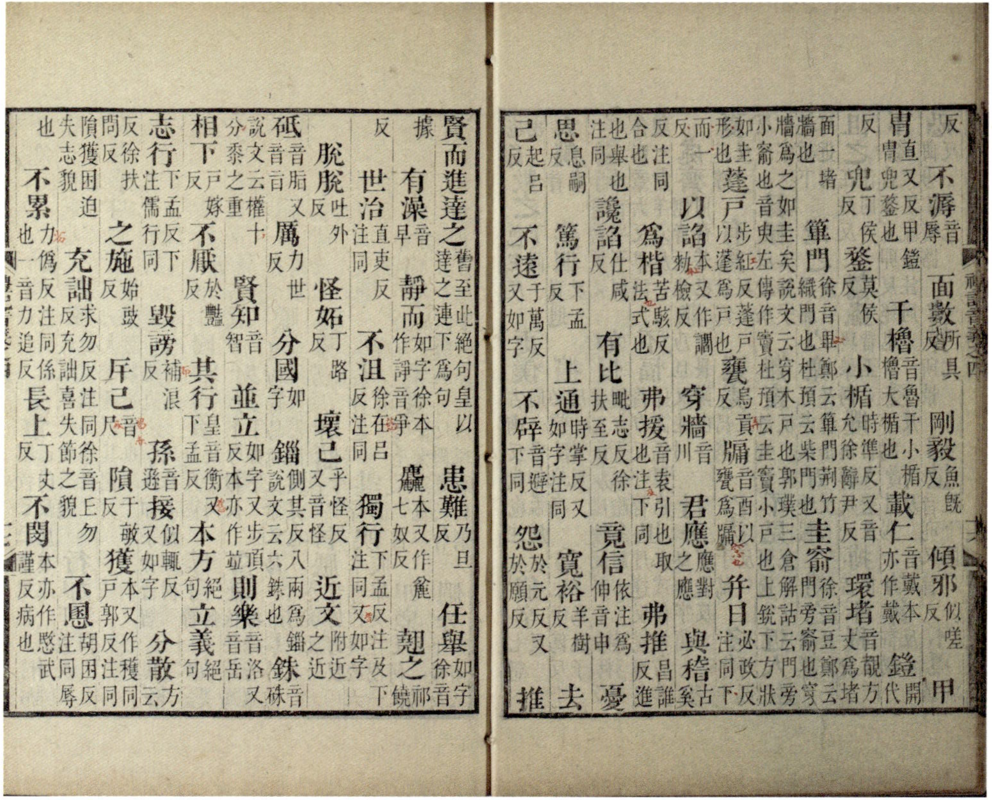

浙江大學圖書館藏《抱經堂叢書》本《經典釋文》卷十四葉十六至十七中的屈彊批校

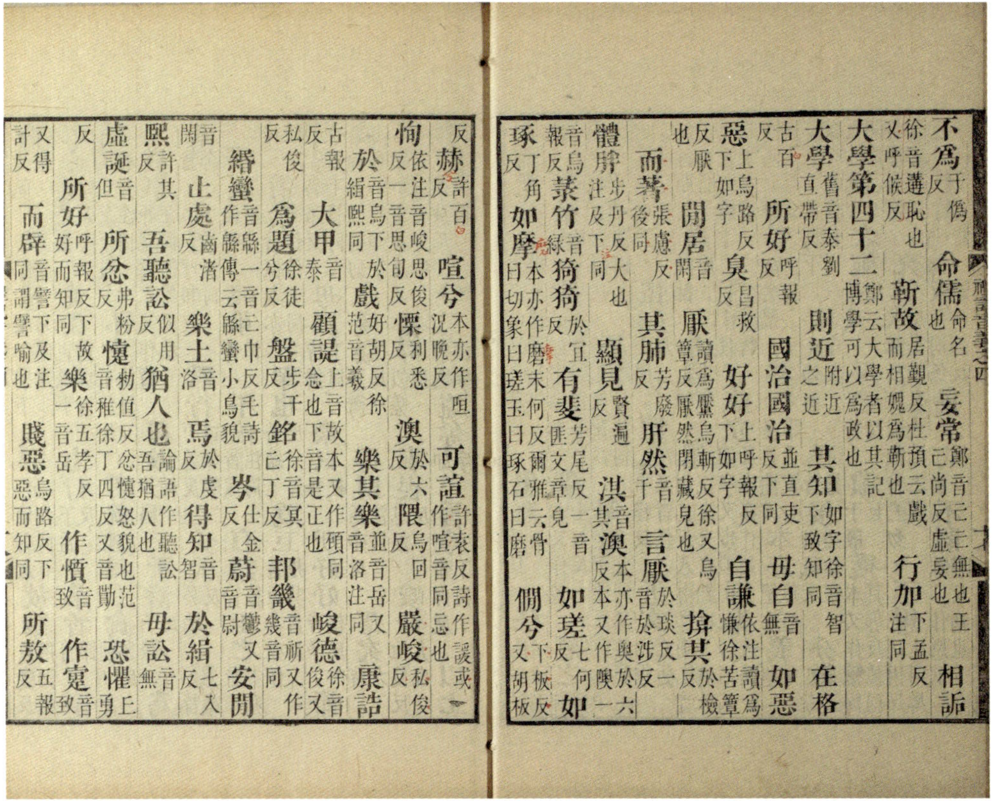

浙江大學圖書館藏《抱經堂叢書》本《經典釋文》卷十四葉十七至十八中的屈彊批校

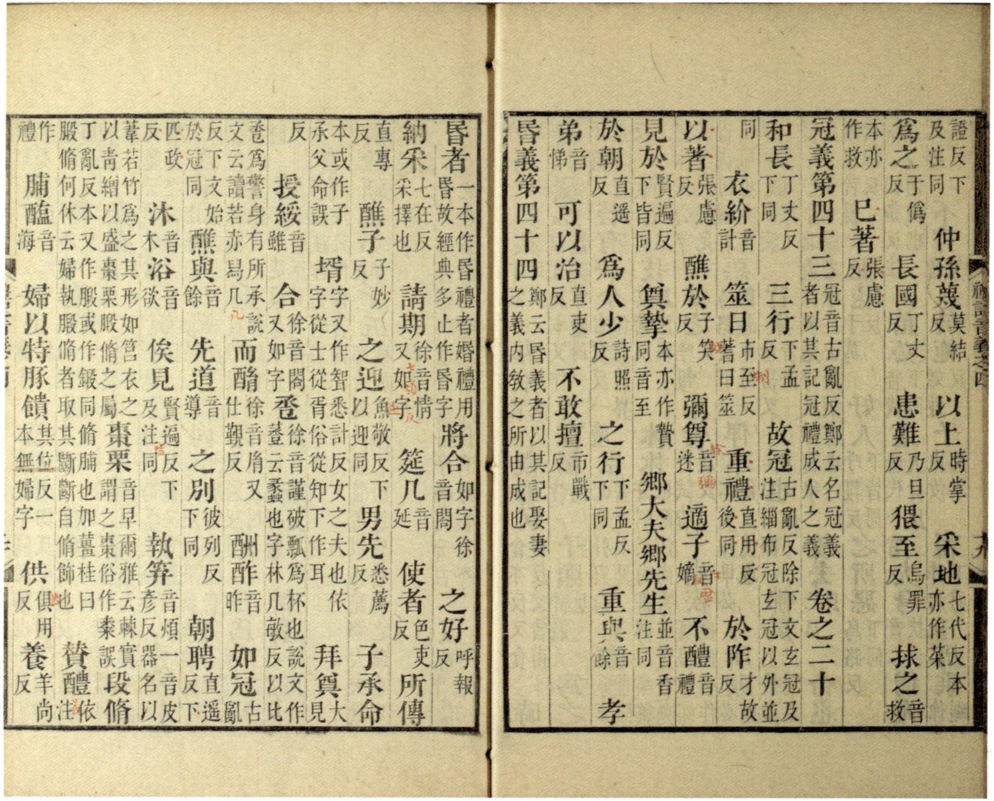
證反下及注同　仲孫蔑莫結反　以上時掌反　采地七代反本亦作菜
爲之于僞反　長國丁丈反　患難乃旦反　猥至烏罪反　捄之音救
本亦作救　已著張慮反
冠義第四十三冠音古亂反鄭云名冠義者以其記冠禮成人之義　卷之二十
和長丁丈反下同　三行下孟反　故冠古亂反除下文玄冠及注緇布冠玄冠以外並
同　衣紟音計　筮日市至反著日筮　重禮直用反後同　於阼才故反
以著張慮反　醮於子笑反　彌尊音迷　適子音嫡　不醴音禮
見於賢遍反下皆同　贄摯本亦作贄同音至　鄉大夫鄉先生並音香注同
於朝直遥反　爲人少詩照反　之行下孟反下同　重與音餘　孝
弟音悌　可以治直吏反　不敢擅市戰反
昏義第四十四鄭云昏義者以其記娶妻之義內敎之所由成也

昏者一本作昏禮者婚禮用昏故經典多止作昏字　將合如字徐音閤　之好呼報反
納采七在反采擇也　請期徐音情又如字　筵几音延　使者色吏反　所傳
直專反　醮子子妙反　之迎魚敬反下以迎同　男先悉薦反　子承命
本或作子承父命誤　壻字又作聟悉計反女之夫也依字從士從胥俗從知下作耳　拜奠大見
反　授綏音雖　合徐音閤又如字　巹徐音謹破瓢爲杯也說文作巹云蠡也字林几敏反以比
巹爲謹身有所承說文云讀若赤舄几　而酳徐音胤又仕覲反　酬酢音昨　如冠古亂
反下文始於冠同　醮與音餘　先道音導　之別彼列反下同　朝聘直遥反下
匹政反　沐音木　浴音欲　俟見賢遍反下及注同　執笲音煩一音皮彥反器名以
葦若竹爲之其形如筥衣之以青繒以盛棗栗腶脩之屬　棗栗音早爾雅云棘實謂之棗俗作枣誤　段脩
丁亂反本又作腶或作鍛同脩脯也加薑桂曰腶脩何休云婦執腶脩者取其斷斷自脩飾也　贊醴依注
作禮　脯醢音海　婦以特豚饋其位反一本無婦字　供俱用反　養羊尚反

浙江大學圖書館藏《抱經堂叢書》本《經典釋文》卷十四葉十九至二十中的屈彊批校

盧校叢編
陳東輝 主編

經典釋文 一

周易音義
尚書音義
毛詩音義

〔唐〕陸德明 撰

浙江大學出版社

浙江大學出版社據浙江大學
圖書館藏清乾隆五十六年刻
抱經堂叢書本影印原書框高
一九三毫米寬一四八毫米

《盧校叢編》出版説明

陳東輝

清代校勘學興盛，名家輩出，盧文弨、顧千里、戴震、錢大昕、阮元、段玉裁、王念孫、王引之、孫詒讓、俞樾等均成績卓著，由此產生了一批歷代典籍的精校精刻本，至今仍有重要參考價值。

盧文弨（一七一七—一七九六），初名嗣宗，後改名文弨，字紹弓（一作召弓），號磯漁（又號檠齋），晚年更號弓父（弓甫）。其堂號曰抱經堂，人稱抱經先生。其祖籍浙江餘姚，明代遷居於仁和（今杭州）。

盧文弨乃清代乾嘉時期之著名學者，學識博洽，著述宏富。他的門生臧庸對他推崇備至，曰：『盧抱經學士，天下第一讀書人也。』[一]他在學術上的最大成就，在於校勘古書。據統計，盧氏所鈔校題跋的書籍多達三百五十二種，其中經部八十二種，史部七十種，子部一百零六種，集部九十四種。[二]他與當時著名考據學家戴震、王念孫、段玉裁交往較多，並深受他們的影響。他大倡實學，尤好校書，聞有善本，必借抄録。其校勘方法，以訓詁爲主，重視舊本，多方參驗，頗下功力。誠如錢大昕所云：

> 學士盧抱經先生精研經訓，博極群書，自通籍以至歸田，鉛槧未嘗一日去手。奉廩修脯之餘，悉以購書。遇有祕鈔精校之本，輒宛轉借録。家藏圖籍數萬卷，皆手自校勘，精審無誤。凡所校定，必參稽善本，證以它書，即友朋後進之片言，亦擇善而從之，洵有合於顔黄門所稱者，自宋次道、劉原父、貢父、樓大防諸公，皆莫能及也。[三]

盧文弨將畢生獻給了他所鍾愛的校勘古書事業，堪稱以學術爲生命之典範。張舜徽對盧氏之評價有畫龍點睛之妙，他説：（盧文弨）『屏絶人世一切之好，終身以校之，所校書爲最多，裨益於士林亦最巨。』[四]翁方綱謂其『專詳於所訂諸書者，校讎經籍之功，近世儒林之所少也』[五]。吴騫云：『舜江盧紹弓學士性敏達而好學，一生手不停披。凡經史百家之書，無不句讎字勘，丹黄粲然，且無一懈筆。校刊漢魏諸儒書，皆有功學者。其詩以餘事爲之，然亦不落輓近。』[六]又云：（盧文弨）『尤癖嗜典籍，幾忘寢饋。聞人有異書，必宛轉假録，遇亥豕則爲校正而歸焉，人亦樂以借之。』[七]嚴元照曰：『抱經先生喜校書。自經傳、子史，下逮説部、詩文集，凡經披覽，無不丹黄者。即無别本可勘同異，必爲之釐正字畫然後快。嗜之至老逾篤，自笑如猩猩之見酒也。』[八]周中孚云：『抱經家藏羣書，皆手自校勘，精審無誤。凡所校定，必參稽善本，證以他書，即友人後進之片言，亦擇善而從之。』[九]錢泳指出：（盧文弨）『平生最喜校正古籍，爲鍾山書院山長，其所得館穀大半皆以刻書，如《春秋繁露》、賈子《新書》、《白虎通》、《方言》、《西京雜記》、《釋名》、《顔氏家訓》、《獨斷》、《經典釋文》、《孟子音義》、《封氏見聞録》、《三水小牘》、《荀子》、《韓詩外傳》之類，學者皆稱善本。』[一〇]丁丙曰：『校勘之學，至乾嘉而極精，出仁和盧抱經、吴縣黄蕘圃、陽湖孫淵如之手者，尤讎校精審。』[一一]

劉咸炘認爲盧文弨『爲功後學不小。經疏校正，猶非罕見，然創始之功已不可没。阮校以盧爲藍本』[一二]。王欣夫對盧文弨給予高度評價，説：『他在校讎方面付出了辛勤的勞動，取得了卓越的成就，數清代校讎專家，當推他是第一流。』[一三]葉樹聲提到：『盧文弨校書兩百三十多種，上至經史，下逮詩文，無不丹黄。其校最多，裨益於士林也最大。』[一四]曾貽芬認爲：『盧文弨的校勘成果主要體現在他所校刻的諸書中，然而在他所自爲書的《羣書拾補》中，有關校勘的内容仍占有相當的篇幅，而且還很集中。《抱經堂文集》則包含有不少有關校勘原則的精闢論述。盧文弨校勘精審，《羣書拾補》中的不少校勘成果，已被後人採納。』[一五]傅璇琮贊曰：『盧文弨一生校定的古籍，鏤版行世的如《經典釋文》、《逸周書》、《賈誼新書》、《春秋繁露》等等，都是流傳不衰的佳書，他的《羣書拾補》，其精審的校勘更是某些浮言空論所不能望其項背的。』[一六]楊軍、曹曉雲對盧文弨甚爲推崇，指出：『盧氏校勘極精，頗多特見，學識深厚，可資參考者多而大抵皆有據，非如俗人之妄論。然撲塵掃葉，難免偶疏，誠所謂千慮之失，不可苛責。《釋文》多歷竄亂，非一人之力可治，而盧氏之校，寔陸元朗之功臣也。』[一七]張之洞的《書目答問》在列舉清代校勘之學家時曰：『諸家校刻書，並是善本，是正文字，皆可依據。戴、盧、丁、顧爲最。』[一八]盧文弨在校勘學領域取得了傑出成就，同時在目録學、版本學、訓詁學、文字學、音韻學、辨僞學、輯佚學等方面亦頗有造詣。

盧文弨所編纂的《抱經堂叢書》乃盧氏自校，向以校勘精善、質量上乘而著稱於世，乃中國歷史上最有影響的叢書之一，是當之無愧的精校精刻本，深受學者關注與好評。孫詒讓贊曰：『盧所校者尤衆，其刻《抱經堂叢書》數十種最爲善本。』[一九]繆荃孫在論及清代乾嘉時期叢書編刻盛況時説：『有志在傳古，校讐最精者，如盧學士之《抱經堂》是也。』[二〇]梁啓超在論及清代學者整理舊學之成績時曰：『校釋諸子（或其他古籍）之書，薈萃成編最有價值者：其一，爲盧抱經之《羣書拾補》。抱經所校各書，有多種已將新校本刻出；剩下未刻者，有許多校語批在書眉，把它滙成此書。』[二一]傅增湘則謂『《抱經堂叢書》尤精博』，『奄有諸家之長，而無其短』[二二]。《增訂四庫簡明目録標注》注明《抱經堂叢書》『甚佳』[二三]。中華書局編輯部編的《叢書集成初編總目索引》中的《叢書百部提要》有云：（盧文弨）『每校一書，必搜羅諸本，反覆鈎稽。乾隆間，彙刊所校漢唐人書及所著札記文集，爲《抱經堂叢書》。其卓識宏議，見於盧氏自爲各書序跋。版式雅飭，鐫印俱精。』[二四]洪湛侯的《百部叢書集成研究》指出：『《抱經堂叢書》所收這些重要校本，大抵以舊本爲依據，却不迷信舊本，依據宋本又不惟宋是從，態度極爲認真。……盧文弨這些校勘成果，對於後代的古文獻研究者，幫助極大。』[二五]潘美月在《清代私家刊本特色》一文中提到：『刊刻叢書乃清代私家刻書之最大特色。……故清代私家刻書以校讎爲主者，當首推盧文弨之刻《抱經堂叢書》。』[二六]

《抱經堂叢書》有清乾隆嘉慶間刻彙印本[二七]，以及民國十二年（一九二三）北京直隸書局影印清乾隆嘉慶間刻本。一九六八年，臺灣藝文印書館又據清乾隆嘉慶間刻本影印（其中的《春秋繁露》、《獨斷》二書改用其它叢書的最佳版本，并新增了《三水小牘》之《逸文》），從而使其成爲該館出版的嚴一萍選輯的《百部叢書集成》（與《叢書集成初編》不同，《百部叢書集成》對所收各叢書加以整部影印，并且不重新分類編排）之一種。

《抱經堂叢書》包括《經典釋文》、《儀禮注疏詳校》、《逸周書》、《白虎通》、《輶軒使者絶代語釋别國方言》、《荀子》、《新書》、《春秋繁露》、《顔氏家訓》、《羣書拾補》、《西京雜記》、《獨斷》、《三水小牘》、《鍾山札記》、《龍城札記》、《解春集文鈔》、《抱經堂文集》等十七種子目書。《抱經堂叢書》受到廣大學者的高度重視，一直在古籍整理研究工作中發揮着重要作用，已有多種古籍整理點校著作將《抱經堂叢書》本作爲底本或參校本。如質量甚高的王利器的《顔氏家訓集解》（中華書局二〇一三年版），即以盧文弨校定《抱經堂叢書》本《顔氏家訓》爲底本。吴雲、李春臺校注的《賈誼集校注》（天津古籍出版社二〇一〇年版）中的主體部分，也就是《賈子新書》，以盧文弨校定《抱經堂叢書》本《新書》爲底本。同時，吴士鑑的《晉書斠注》（吴興劉氏嘉業堂一九二八年刻本），（清）郭慶藩的《莊子集釋》（中華書局一九六一年版），（清）王先謙的《荀子集解》（中華書局一九八八年版），（清）王先慎的《韓非子集解》（中華書局一九九八年版），（清）蘇輿的《春秋繁露義證》（中華書局一九九二年版），楊伯峻的《列子集釋》（中華書局一九七九年版），張純一的《晏子春秋校注》（中華書局二〇一四年版），劉文典的《莊子補正》（中華書局二〇一五年版），朱季海的《説苑校理　新序校理》（中華書局二〇一一年版），徐小蠻、顧美華點校的《直齋書録解題》（上海古籍出版社一九八七年版），任繼昉纂的《釋名匯校》（齊魯書社二〇〇六年版）等，均吸收了盧文弨的相關校勘成果。再則，華東師範大學《子藏》編纂中心編的《子藏·道家部·列子卷》（國家圖書館出版社二〇一三年版）收録了《抱經堂叢書》本《羣書拾補》中的《列子張湛注校正》，《子藏·法家部·韓非子卷》（國家圖書館出版社二〇一四年版）收録了《抱經堂叢書》本《羣書拾補》中的《韓非子校正》，《子藏·道家部·莊子卷》（國家圖書館出版社二〇一一年版）收録了《抱經堂叢書》本《經典釋文》中的《莊子音義攷證》。

綜合考慮學術價值、讀者需求、已有相關出版物等因素，我們將《抱經堂叢書》中的《白虎通》、《春秋繁露》、《新書》、《逸周書》等四種子目書，作爲《盧校叢編》之首批出版品，已由浙江大學出版社於二〇二一年六月刊印。在此基础上，我們將《抱經堂叢書》中的《經典釋文》（附《經典釋文攷證》），作爲《盧校叢編》之第二批出版品，據浙江大學圖書館藏清乾隆五十六年（一七九一）盧文弨校刻《抱經堂叢書》本（即常州龍城書院刻本）影印。

此前，筆者曾主持《盧文弨全集》的整理校點，前後歷時十一年，對現存盧文弨著述進行了全面而系統的整理。《盧文弨全集》作爲『浙江文化研究工程』重要組成部分的《浙江文獻集成》之一種，列入『二〇一一—二〇二〇年國家古籍整理出版規劃』，並成功入選『二〇一五年度國家古籍整理出版專項經費資助項目』，已由浙江大學出版社於二〇一七年出版。同時，筆者曾對盧文弨及相關清代學者進行過專門研究，已出版《清代學術與文化新論》等專著，主編《清代學者研究論著目録初編》和《清代學者研究論著目録續編》等工具書。因此，《盧校叢編》的整理出版，對於擔任主編的筆者個人而言，可以視爲清代學術史、古典文獻學研究之延續和拓展；對於出版社來説，可以看作《盧文弨全集》的衍生出版物。

注

［一］（清）臧庸：《拜經堂文集》卷三《與顧子明書》，載《續修四庫全書》第一四九一册，上海古籍出版社一九九五—二〇〇二年版，第五七五頁。

［二］參見陳修亮編著：《盧文弨鈔校題跋本目録》，載陳東輝主編：《盧文弨全集》第十五册《附録上編》，浙江大學出版社二〇一七年版，第三七三—四七六頁。

［三］（清）錢大昕：《潛研堂文集》卷二十五《盧氏羣書拾補序》，載陳文和主編：《嘉定錢大昕全集》（增訂本）第九册，鳳凰出版社二〇一六年版，第三八八頁。

［四］張舜徽：《廣校讎略》卷四，載張舜徽《廣校讎略・漢書藝文志通釋》，華中師範大學出版社二〇〇四年版，第七六頁。

［五］（清）翁方綱：《皇清誥授朝議大夫前日講起居注官翰林院侍讀學士抱經先生盧公墓誌銘》，載陳東輝主編：《盧文弨全集》第十五册《附録上編・有關墓誌傳記・墓誌類》，浙江大學出版社二〇一七年版，第一三頁。

［六］（清）吴騫：《拜經樓詩話》卷三，載《續修四庫全書》第一七〇四册，上海古籍出版社一九九五—二〇〇二年版，第一二九頁。

［七］（清）吴騫：《愚谷文存續編》卷一《抱經堂集序》，載《清代詩文集彙編》第三八〇册，上海古籍出版社二〇一〇年版，第三二八頁。

［八］（清）嚴元照：《悔菴學文》卷八《書盧抱經先生札記後》，載《清代詩文集彙編》第五〇八册，上海古籍出版社

二〇一〇年版，第五五一頁。

［九］（清）周中孚著，黄曙輝、印曉峰標校：《鄭堂讀書記》卷五十五，上海書店出版社二〇〇九年版，第九〇五頁。

［一〇］（清）錢泳撰，張偉點校：《履園叢話》六，中華書局一九七九年版，第一四六頁。

［一一］（清）丁丙：《善本書室藏書志》，載《續修四庫全書》第九二七册，上海古籍出版社一九九五—二〇〇二年版，第六八八頁。

［一二］劉咸炘：《内景樓檢書記·子類》，載劉咸炘：《推十書》（增補全本）丁輯，上海科學技術文獻出版社二〇〇九年版，第五八六頁。

［一三］王欣夫：《文獻學講義》，上海古籍出版社一九八六年版，第四二四頁。

［一四］葉樹聲：《乾嘉校勘學概説》，《安徽大學學報》（哲學社會科學版）一九八九年第四期，第一〇五頁。

［一五］曾貽芬：《試論盧文弨、顧廣圻的校勘異同及其特點》，《史學史研究》一九九七年第四期，第五七頁。

［一六］傅璇琮：《盧文弨與〈四庫全書〉》，載傅璇琮：《濡沫集》，北京聯合出版公司二〇一三年版，第六〇頁。

［一七］楊軍、曹曉雲：《〈經典釋文〉文獻研究述論》，《合肥師範學院學報》二〇一五年第四期，第四頁。

［一八］（清）張之洞撰，范希曾補正：《書目答問補正》，上海古籍出版社二〇〇一年版，第二六七頁。

［一九］孫延釗輯，張憲文整理：《孫詒讓序跋輯録》，《文獻》一九八六年第一期，第一八五頁。

［二〇］繆荃孫：《藝風堂文集》卷五《積學齋叢書序》，載《續修四庫全書》第一五七四册，上海古籍出版社一九九五—二〇〇二年版，第九八頁。

［二一］梁啓超：《中國近三百年學術史》，商務印書館二〇一一年版，第二七七頁。

［二二］傅增湘：《藏園群書題記》附録二《抱經堂彙刻書序》，上海古籍出版社一九八九年版，第一〇六七頁。

［二三］（清）邵懿辰撰，邵章續録：《增訂四庫簡明目録標注》，上海古籍出版社二〇〇〇年版，第五五一頁。

［二四］中華書局編輯部編：《叢書集成初編總目索引》，中華書局二〇一二年版，第二三頁。

［二五］洪湛侯：《百部叢書集成研究》，臺灣藝文印書館二〇〇八年版，第一三八頁。

［二六］潘美月：《龍坡書齋雜著——圖書文獻學論文集》，載《古典文獻研究輯刊》十三編，臺灣花木蘭文化出版社二〇一一年版，第四九五—四九六頁。

［二七］上海圖書館編的《中國叢書綜録》（上海古籍出版社一九八二年版）等工具書以及有關論著，將《抱經堂叢書》之版本著録爲『清乾隆嘉慶間餘姚盧氏刊本』或『清乾隆嘉慶間餘姚盧氏抱經堂刊本』，應該説是不够準確的，因爲該叢書中的盧文弨、謝墉校補的《荀子》二十卷《校勘補遺》一卷，係清乾隆五十一年（一七八六）嘉善謝氏所刻。

前言

《經典釋文》乃唐代大儒陸德明（約五五〇—六三〇）[一]之代表作。由於魏晉以來的篆隸之變、方音之異，加上異體字、俗體字層出，以及古籍輾轉傳寫而致訛謬，閱讀古書時產生了識字讀音的困難，人們需要有一部供查字音、辨字形、明字義的字書。《經典釋文》正是爲了適應這一需求而產生的。

吴承仕、黄焯等認爲，《經典釋文》的撰寫始於陳後主至德元年（五八三），大約在隋滅陳（五八九）之前成書。[二]關於成書年代，一些學者有不同見解，如孫玉文從古地名沿革、引書、避諱等方面，考定《經典釋文》成書於王世充僭位期間，即公元六〇六—六二一年；[三]王弘治依據古代地志等資料，推斷《經典釋文》之成書年代應爲隋大業三年（六〇七）以後至唐建國（六一八）以前；[四]黄華珍則比較謹慎，他認爲在未找到確切證據之前，不能完全排除《經典釋文》寫成於隋末唐初。[五]近年，趙永磊所發表的新的研究成果提到，《經典釋文》的撰述性質爲陸德明任學官時教授諸生經籍之參據書，其撰述過程主要經歷以下兩個時期：陳後主時期爲書稿初成時期，陸德明撰成《經典釋文》書稿；隋煬帝大業初年爲增訂修補時期，陸德明改定《經典釋文》所釋地理，並暗引劉炫等人學説，修改定稿在大業三年（六〇七）或稍後近於完成。[六]

《經典釋文》是一部彙集《周易》、《尚書》、《毛詩》、《周禮》、《儀禮》、《禮記》、《春秋左氏傳》、《春秋公羊傳》、《春秋穀梁傳》、《孝經》、《論語》、《老子》、《莊子》、《爾雅》等十四種重要經典文字的經注之音義的著作。該書屬於音義兼注類，共計三十卷，約五十四萬字，材料十分豐富，保存了唐以前各種經典中文字的音讀、大量早已亡佚的注釋以及數量衆多的不同版本的異文，在音韻學、訓詁學、文字學、經學、校勘、輯佚等方面均有重要價值。

《經典釋文》成書以後影響至巨，深受重視與好評。《四庫全書總目》對《經典釋文》評價甚高，云：『所採漢魏六朝音切凡二百三十餘家，又兼載諸儒之訓詁，證各本之異同。後來得以考見古義者，注疏以外，惟賴此書之存。真所謂殘膏賸馥，沾溉無窮者也。』[七]盧文弨謂『此書闢經訓之菑畬，導後人以涂徑，洗專己守殘之陋，匯博學詳説之資，先儒之精藴賴以留，俗本之譌文賴以正，實天地閒不可無之書也。而年來流傳漸少，學者不能盡見，因爲之手校重雕』[八]。

黄焯稱『《經典釋文》是一部研究小學與經學不可缺少的重要著作』，並從『正讀音』、『正訛誤』、『存異文』、『存佚文』、『兼採衆本』、『兼備衆説』、『兼載異音』等七個方面論述了《經典釋文》的内容和優點。[九]何九盈説：『《經典釋文》是《切韻》以前彙集反切資料最爲豐富的一部著作。』又説：『《經典釋文》豐富的語音資料對研究當時南朝的實際語音有重要作用。有不少學者利用這批資料取得了相應的研究成果。』[一〇]

周士琦爲《中國大百科全書·語言文字》所撰寫的《經典釋文》條，對該書的内容、價值、版本等作了言簡意賅而又深入淺出的概括，其中提到：

陳代以前先儒作音，大多祇給經文注音，不給注文注音。所音經文則都録出經文全句。陸德明一改舊章，既注經文讀音，也給注文加音，各書先標明篇章，然後摘字，標明音義，遇到必須分别的才全録文句。惟有《孝經》是當時童蒙開始要讀的書，《老子》傳本衆多，文有差異，所以這兩種書特標全句。他對前代的書音頗有斟酌，大體都照顧注者所理解的原書文義來採録讀音。凡是典籍常用，他又認爲合理合時的寫在前面。其他音讀，茍有可取，一併登録，標明氏姓，以免相亂。這種作法，成爲後來作音義書的楷式。陸德明生在陳末，所見古書極多，所以能兼綜各家，經他採録的有二百三十多家。書中卷首敘述《周易》、《古文尚書》、《毛詩》、《三禮》、《春秋》三傳、《孝經》、《論語》、《老子》、《莊子》、《爾雅》諸書的傳受和注解的人極爲詳備，是研究古籍流傳歷史的重要參考資料。諸書的作者姓名、地望、官職都有記載，或詳或略，都可以補史傳的缺失。書中記載的音義對考證晉宋以後音韻的變遷和古代詞義的轉變以及一字的多音多義都有很大用處。這是一部極有價值的語言資料書。[一一]

趙振鐸云：『現在保存下來最早而又最完整的音義是陸德明的《經典釋文》。』[一二]又云：『《經典釋文》和唐代定於一尊的正義之類的著作不同，它是音訓並重而以音爲主。根據前代學者『多聞闕疑』的讀書方法，對前代的舊音舊注廣爲收羅。』[一三]潘悟雲稱贊：『陸德明的《經典釋文》三十卷，是對中國語言學所作的不朽貢獻。……《經典釋文》這部博大精深的學術著作，對中國語言學一直發生巨大的影響。從唐以後，研究《經典釋文》，或者以《經典釋文》作爲材料來源的著作，舉不勝舉。』[一四]李建國指出：『《經典釋文》是漢魏至六朝傳注派訓詁的總彙，它採集二百三十餘家音切，又兼載各家義訓和傳本異同，集訓詁、音韻、校勘、目録、考據之學於一書，成爲唐以前注疏而外考求古義、古形、古音的最重要的訓詁書，一直受到後世學者的重視。』[一五]徐時儀曰：『漢魏六朝的音義著作今多已佚，而陸德明的《經典釋文》可以説是漢魏六朝音義著作的集大成者。《經典釋文》建構了古今兼顧、縱横交互的專書辭書編纂體例……訓釋羅列諸説，考證斟酌，辨明正誤，闡明自己的看法。』[一六]吴澤順認爲：『《經典釋文》不僅是文獻異文的集大成之作，也是訓詁材料尤其是音訓材料的集大成之作。衹有這樣認識，我們才能確定它在漢語音訓史上的地位。』[一七]

除了正文之外，《經典釋文》卷一《敘録》中的『序』和『條例』同樣很有價值。誠如李開所言，該書的『序』和『條例』部分是極重要的經學史、諸子學史文獻。後世概述六朝以前的經學史、諸子學史的發展，往往以陸氏『條例』爲准。在『序』和『條例』中，陸氏對十四種典籍作了概述，給人留下完整的印象。陸氏反對把古書搞得支離破碎，反對『碎義逃難，便詞巧説』。在《條例·注解傳述人》中，陸氏系統敘述了學術史的發展，保存了極珍貴的僅見於此的文獻資料。[一八]

王利器的《〈經典釋文〉考》一文，長達近五萬字，分爲『唐書陸德明傳注』等六大部分，對《經典釋文》所涉及的作者、書名、成書年代、序録因襲、宋人改竄、版本流布等同題進行了具體而深入的考辨，頗有價值，值得參閱。[一九]此外，余行達的《〈經典釋文〉在學術上的價值》、虞萬里的《〈經典釋文〉單刊單行考略》也是重要的學術論文，可以參閱。[二〇]

除了唐寫本殘卷[二一]之外，現存最早的《經典釋文》版本是宋刻宋元遞修本《經典釋文》。該書原爲清宮天禄琳琅舊藏，《天禄琳琅書目後編》有著録。[二二]該書數百年來深藏秘府，清代學者未曾寓目，因此包括盧文弨《經典釋文攷證》在内的清代關於《經典釋文》的各種校勘成果，均未能利用該書。該書後來被溥儀偷運出宫，攜至東北，抗戰勝利後曾流失民間，經張嘉璈、金毓黻、馬衡等多方努力，方運回故宫。二十世紀五十年代末，故宫將所藏天禄琳琅善本古籍移交給北京圖書館（今國家圖書館）收藏，該書也在其中，保存至今。[二三]上海古籍出版社一九八〇年影印出版了該書（綫裝），一九八五年又出版了縮印本（平裝），二〇一三年再次出版了縮印本（精裝）。《中華再造善本》也收録該書，由北京圖書館出版社於二〇〇三年影印出版。該宋刻宋元遞修本《經典釋文》共計三十卷，原書框高一九三毫米，寬一六四毫米，每半葉十一行，行十七字，小字雙行二十四字，白口，左右雙邊。[二四]丁瑜在《南宋浙刻本〈經典釋文〉》一文中，對該書作了詳盡考述，可以參閱。[二五]

另有明末葉林宗影宋抄本《經典釋文》，現存二十二卷（卷三至卷十二、卷十五至卷十六、卷二十一至卷三十），一九三三年刊印的《國立北平圖書館善本書目》、王重民的《中國善本書提要》、傅增湘的《藏園羣書經眼録》和《藏園批注讀書敏求記校證》等均有著録。[二六]王重民在《中國善本書提要》中明確指出：『按此即清代經師所盛傳之葉林宗影寫宋文淵閣本也。』該抄本卷首有民國五年（一九一六）二月一日杭縣（今杭州）余仁手書題記，卷末有過録的明末清初馮班之跋和清道光元年（一八二一）九月十二日大興（今屬北京市）朱錫庚手書之跋。馮班之跋云：『《經典釋文》三十卷，原書文淵閣秘籍也，不知何自出於人間。震澤葉林宗購書工影寫一部，凡八百六十幀。……崇禎十年歲次丁丑寫畢，越十四年，上鄗馮班識其後。』不過，《國立北平圖書館圖書展覽會目録》之著録如下：『經典釋文三十卷，唐陸元朗撰，曹氏楝亭重鈔葉林宗影宋本，存十册，卷末有朱錫庚手跋。』[二七]因此，該抄本是否確係葉林宗影宋抄本，抑或爲曹氏楝亭還是他人重鈔葉林宗影宋本，筆者暫且衹能存疑待考。

一九四一年十二月珍珠港事變前夕，當時南遷上海的國立北平圖書館（今國家圖書館）之古籍善本，經過多方努力，從中挑選出一百零二箱轉運美國，寄存於美國國會圖書館。一九六五年十一月，這批運美善本轉運臺灣，目前保存在臺北故宫博物院。因此，上海古籍出版社一九八九—一九九六年出版的《中國古籍善本書目》、書目文獻出版社一九八七年出版的《北京圖書館古籍善本書目》等，均未著録這批運美善本。國家圖書館出版社於二〇一三年刊行了《原國立北平圖書館甲庫善本叢書》，該叢書共計一千册，收書二千六百二十一種，其中二千六百種是根據美國國會圖書館於二十世紀四十年代拍攝的這批運美善本的縮微膠捲製作而成（另有現藏於國家圖書館的原甲庫善本二十種，存臺北、存國圖合璧者一種），這部影宋抄本《經典釋文》就收録在該叢書第二十八—二十九册。

再則，臺北藏有一部舊抄本《經典釋文》三十卷，共計九册。原書框高一九七毫米，寬一五八毫米，每半葉十一行，行十七字，注文小字雙行（字數同），白口，單白魚尾，左右雙邊。書後有馮班、葉萬、陸隴其、

盧文弨、段玉裁、吴德崇跋語。文中有多處浮簽校正錯字。[二八]

此外，據《日藏漢籍善本書録》記載，日本名古屋市蓬左文庫藏有明崇禎覆宋刻本《經典釋文》。[二九]《經典釋文》成書後一直受到高度重視，歷代出現了大量校勘考釋、研究評論之著述，其中盧文弨的《經典釋文攷證》堪稱其中最有代表性的著作之一，總體水平甚高。

在《抱經堂叢書》本《經典釋文》問世之前，海内流行的是徐乾學《通志堂經解》本，該本據葉林宗影宋本修訂刊印，但是錯訛不少。盧文弨認爲宋人每好臆改舊文，不能『唯宋是從』，因而對葉氏所藏影宋本《經典釋文》另行校讎，並撰《經典釋文攷證》，一併收入《抱經堂叢書》雕印，於清乾隆五十六年（一七九一）刊布。根據《經典釋文攷證》書前所列的『引用姓氏』，盧文弨充分吸收了顧炎武、閻若璩、馮景、臧琳、何焯、惠棟、錢大昕、畢沅、趙曦明、許烺、戴震、孔繼汾、孫志祖、段玉裁、丁杰、陳樹華、吴騫、梁履繩、臧鏞堂、顧明、丁履恒等多位學者的相關成果，可謂彙合衆家、博採群言，乃集大成之作。盧文弨對於《經典釋文》之校勘、考辨及其刊刻可以説傾注了大量心血，他在《重雕經典釋文之緣起》中曾感慨：『第以遲暮之年，精力慮有不周，刻成猶再三校，目幾爲之昏弗恤也。』[三〇]

《抱經堂叢書》本《經典釋文》及其《經典釋文攷證》受到學者的重視和好評。周中孚称其『爲盧抱經（文弨）得葉石君（樹廉）所藏影宋鈔本，再三校勘重梓，至爲精密』[三一]。江翰在爲《續修四庫全書總目提要》所撰的《經典釋文攷證》之提要中指出：『唐陸元朗《經典釋文》一書，固清《四庫全書提要》所謂『殘膏賸馥，沾溉無窮者也』，但清《四庫》所收爲通志堂刻本，何焯點校《經解目録》，嘗嗤顧湄校勘之疏，自不及此本精善。』[三二]羅振玉贊曰：『陸氏《音義》盧抱經先生作《考證》，勘訂至精。』[三三]羅常培云：『及盧召弓、段懋堂更據葉本重加校讎，別白是非，附以考證，而後宋本之佳處乃以復顯。』[三四]林燾、陸志韋認爲：『抱本後附盧氏《考證》，亦研究《釋文》者不可或缺之材料。』[三五]姜聿華說：『因《經典釋文》散附注疏之中，原書遂致衰微，至清代徐乾學得寫本，遂有通志堂刻本，這是清人最早的刻本，但是本校勘不精，訛誤殊多。清乾隆間盧文弨得影宋鈔本之《經典釋文》，校勘重刻，收入《抱經堂叢書》，這是比較好的版本。商務印書館《叢書集成》本，即據盧本影印，並附盧氏所作《考證》三十卷。』[三六]富金壁謂：『目前比較通行的《經典釋文》本子，有商務印書館《叢書集成》本，是據清盧文弨《抱經堂叢書》本影印的，並附有盧文弨所作的考證三十卷，而盧本是他據影宋鈔本校勘重刻的，所以這個本子較好。』[三七]樊寧提到：『抱經堂本所附的盧氏《經典釋文考證》三十卷進行了極爲詳盡的考辨，並充分吸收了顧炎武、閻若璩、臧琳、何焯、惠棟、錢大昕、段玉裁等多位學者的研究成果，可謂彙集衆家，博採群言，水準極高，後出著作如阮元《經典釋文校勘記》、黃焯先生《經典釋文彙校》多有採入，其深遠影響可見一斑。』[三八]

楊軍、黃繼省的《盧文弨抱經堂本〈經典釋文〉再評價》一文有云：『盧氏於古書校勘見解精闢，而考校《釋文》用力尤深。』又云：『盧本校補改正皆有依據，是此本之於通志堂本，其善固不可以道里計。』[三九]該文以《抱經堂叢書》本《經典釋文》卷一所有校改處與通志堂本等別本互勘，詳考查驗，以充分的事實說明盧氏校正皆有所據，從而得出如下結論：顧廣圻詆毀盧校之由，源於校勘理念與盧文弨、段玉裁等相悖而爭氣使然，以致評價有失公允。盧文弨學識深厚，所校《經典釋文》極精，段玉裁『善本』之譽不誣，堪稱今傳三種刻本中之最爲精善者。同時，楊軍、曹曉雲在《〈經典釋文〉文獻研究述論》一文中高度評價了《經典釋文攷證》：『清代校勘《經典釋文》最重要的成果是盧文弨的《經典釋文攷證》三十卷。……盧氏校勘極精，頗多特見，學識深厚，可資參考者多而大抵皆有據，非如俗人之妄論。然撲塵掃葉，難免偶疏，誠所謂千慮之失，不可苛責。《釋文》多歷竄亂，非一人之力可治，而盧氏之校，寔陸元朗之功臣也。』[四〇]黄焯的《經典釋文彙校》大量引用了盧文弨在《經典釋文攷證》中的相關成果。

值得一提的是，筆者曾經在校點《經典釋文攷證》[四一]時發現，《抱經堂叢書》本《經典釋文》中的盧文弨之校勘，有溢出《經典釋文攷證》者。之所以出現這種情況，乃因《經典釋文攷證》在《抱經堂叢書》本《經典釋文》刊布之前已先成書，而盧文弨在後來的校勘（包括刻成之後的校勘）過程中又有新的發現。由此亦可窺見盧文弨之精益求精。關於這一點，我們注意到，此前王重民在其所撰的《中國善本書提要》關於北京圖書館（今國家圖書館）藏清段玉裁等校通志堂本《經典釋文》之提要中已有提及：『又考盧校多出考證之外，當是考證成書在前，而以此彌其闕也。』[四二]因此我們在利用盧文弨之校勘成果時，應該同時關注《抱經堂叢書》本《經典釋文》本身以及《經典釋文攷證》，二者缺一不可。

此外，盧文弨在《羣書拾補》、《儀禮注疏詳校》、《鍾山札記》、《讀史札記》以及《抱經堂文集》等著作中，大量引用《經典釋文》之音義作爲相關考釋的依據，足見他對《經典釋文》的高度重視。

當然，《抱經堂叢書》本《經典釋文》及《經典釋文攷證》也存在一些不足，前人已有所補正。如：清代學者錢馥《小學盦遺書》卷一中的《校盧本經典釋文》和《經典釋文攷證札記》，對《抱經堂叢書》本《經典釋文》及《經典釋文攷證》中的某些問題予以考辨和訂正。近現代學者黄焯的《經典釋文彙校》，在吸收盧文弨之校勘成果的同時，也指出了其疏誤之處。另有黄六平的《盧文弨經典釋文毛詩音義攷證訂補》[四三]和《盧文弨經典釋文莊子音義攷證訂補》[四四]等。

《經典釋文》三十卷（附《經典釋文攷證》），有清乾隆五十六年（一七九一）盧文弨校刻《抱經堂叢書》本（即常州龍城書院刻本）、清同治八年（一八六九）湖北崇文書院刻本、清同治十年（一八七一）粵秀山文瀾閣重刻抱經堂本、清光緒十五年（一八八九）湘南書局刻本，以及日本文化六年（一八〇九）江户和泉屋庄次郎覆刻抱經堂本等。後四種刻本的底本均係《抱經堂叢書》本。

黄焯的《經典釋文彙校》，以《通志堂經解》本《經典釋文》爲底本，以宋刻宋元遞修本《經典釋文》爲對校本，旁及唐石經、唐寫本等，同時將清代名家如何煌、王筠、惠棟、臧鏞堂、戴震、盧文弨、顧廣圻、孫星衍、黄丕烈、阮元等校語，以及近現代學者如黄侃、吴承仕等之箋識，加上自己近五十年之研治所得，彙集而成《經典釋文彙校》一書。《彙校》原稿是以箋識形式記於清同治十年（一八七一）粵秀山文瀾閣重刻抱經堂本《經典釋文》之上，由黄焯弟子賀鏞抄寫彙集成書，中華書局於一九八〇年影印出版；武漢大學出版社於二〇〇八年又據中華書局版影印出版，作爲《武漢大學百年名典》之一種。中華書局於一九八三年又影印出版了由黄焯斷句的《經典釋文》（通志堂本）。另有臺北中國文化大學中文研究所國字整理小組一九八三年編印的潘重規主編的《經典釋文韻編》（含《經典釋文韻編索引》），中華書局一九九七年出版的黄焯、鄭仁甲編的《經典釋文索引》。由於當年受條件所限，並且黄焯亦罹重症，故原稿上有許多校語漏收。

再則，《彙校》單出，與《釋文》對照不易。有鑒於此，黄焯從弟黄延祖對原稿進行重輯，校勘整理，並將《經典釋文》（通志堂本）與《彙校》排成上下兩欄，一一對應，以便比對，由中華書局於二〇〇六年出版，名爲《經典釋文彙校》。此次出版，另將黄焯撰寫的《關於經典釋文》、《經典釋文正誤》（未竟稿）、《經典釋文略例》（未竟稿）三篇文章一併附於後。《經典釋文彙校》爲廣大學者提供了極大便利。

另外，臺北學海出版社一九八八年出版的黄坤堯、鄧仕樑編校的《新校索引經典釋文》，以《經典釋文彙校》爲基礎，將黄焯的彙校分别移録到通志堂本《經典釋文》當條之眉端，並專門編製了索引，同時尚有不少校勘，對《經典釋文》前後抵牾之處進行考辨。上海古籍出版社二〇一二年出版的張一弓點校的《經典釋文》，以上海古籍出版社一九八五年影印出版的宋刻宋元遞修本《經典釋文》爲底本，以《四部叢刊》影印通志堂本《經典釋文》爲對校本。凡此種種，均有助於對《經典釋文》作進一步的利用和研究。

不過，凡是從事過學術研究、古籍整理者應該都有體會，就是任何彙校、點校本均無法完全取代影印本（尤其是底本理想、版面清晰的高質量影印本）。並且，就《經典釋文》而言，通志堂本影印較多，流布較廣，宋刻宋元遞修本亦已多次影印，而歷代學者評價甚高的《抱經堂叢書》本則從未單獨影印出版，以前的《叢書集成初編》本清晰度不够高，同時也不便於讀者個人購置。

浙江大學圖書館所藏的《抱經堂叢書》本《經典釋文》（附《經典釋文攷證》），品相甚好，版面清晰，同時尚有近現代著名學者、詩人和藏書家屈彊之批校，書前另有屈彊過録佚名之跋以及署名『仲琢生』的題識，十分珍貴！『仲琢生』之題識全文如下：

此書抱經堂外有通志堂刊本，然通志堂本踳譌甚多，不及此本之善，故行世最多，不久漫漶，今則其板已毀矣。余所見初印凡數本，李春生太守家所藏極佳，然《爾雅》下卷稍有爛板，卷首校勘姓氏，鎮洋畢秋帆先生三人皆書名銜，與諸人一例，乃後來更定。余所舊藏與此本同，惜第五行墨釘作『鹿邑梁偃坡觀察』，此本尚未譌里居及號，則又在兩本之前矣。

壬寅春仲琢生識

此處壬寅當爲清光緒二十八年（一九〇二）。如今浙大圖書館的古籍藏書主要來自於四校合併之前的原杭州大學圖書館。二十世紀五十年代，當時的浙江師範學院（原杭州大學前身）圖書館購入屈彊藏書數千册，[四五]其中就包括這部《經典釋文》。屈伯剛（一八八〇—一九六三），名爔，號彈山，晚又自署屈彊，浙江平湖人，自幼在蘇州外祖父家長大。屈氏早年曾在日本早稻田大學留學，歸國後清廷授予其舉人銜，民國初年在南京臨時政府以及北京政府實業部、農商部任參事、僉事，之後又在江蘇、浙江地方政府中任文書。離開政界後，屈氏曾一度在聖約翰大學等校執教，並任商務印書館舊書股主任及館外編輯、安徽通志館編纂等，新中國成立後任浙江省文史研究館館員。屈伯剛秉承家學，精通校讎、小學、詩詞，有《詩經韻語》、《詩經韻論與韻補》、《管子韻語》、《讀管小言》、《廣韻吴語證》、《宋詩紀事拾遺》、《嘉興乙酉抗清記》、《漢文合理行簡筆字考》、《雉尾集》、《望絶自紀》、《彈山文集》、《彈山詩集》、《彈山劫餘詩集》、《八載集》、《抗戰時期詩集》等著述。

此外，屈伯剛還曾批校清乾隆至嘉慶段氏經韻樓刻同治六年至十一年（一八六七—一八七二）蘇州保息局補刻《説文解字注》（附《六書音均表》）、清光緒十一年（一八八五）維揚識小居刻《説文楬原》、清光緒五年（一八七九）影宋刻本《管子》、清光緒二十二年（一八九六）長沙王氏刻《韓非子集解》、清乾隆五十三年至五十四年（一七八八—一七八九）畢氏靈嚴山館刻《經訓堂叢書》本《吕氏春秋》、清光緒十年至十八年（一八八四—一八九二）金陵刻經處和江北刻經處刻《高僧傳初集》、清抄本《陶詩匯注》、清乾隆六年（一七四一）黄氏養素堂刻《文心雕龍》等。

此次出版的《經典釋文》，即據浙江大學圖書館藏本影印。在此，我要衷心感謝浙大圖書館黄晨副館長、浙大圖書館古籍特藏部韓松濤主任和程惠新老師等對本書出版的熱情關心和大力支持！同時，我還要衷心感謝浙江大學出版社王榮鑫老師所付出的辛勤勞動！這也是我跟浙大出版社的再一次友好合作。

陳東輝

二〇二一年十月謹誌於浙江大學漢語史研究中心

注

[一]陸德明，名元朗，字德明（以字行），蘇州人。生卒年不詳，大多數學者認爲其大約生於梁末陳初（五五〇年左右），卒於唐貞觀初年（六三〇年左右）。

[二]參見吴承仕著，秦青點校：《經典釋文序録疏證》，中華書局一九八四年版，第二一四頁；黄焯：《關於〈經典釋文〉》，載陸宗達主編：《訓詁研究》第一輯，北京師範大學出版社一九八一年版，第二一八頁。

[三]參見孫玉文：《〈經典釋文〉成書年代新考》，《中國語文》一九九八年第四期，第三〇九—三一二頁。

[四]參見王弘治：《〈經典釋文〉成書年代釋疑》，《語言研究》二〇〇四年第二期，第一〇五—一〇六頁。

[五]參見黄華珍：《〈經典釋文〉の成立・校勘及び雕版を巡る諸問題について》，日本《二松學舍大學人文論叢》第五十四輯（一九九五年三月），第八四—一〇四頁；黄華珍：《〈經典釋文〉成立時期再考》，日本《岐阜聖德學園大學紀要（教育學部・外國語學部）》第三十八號（一九九九年九月），第一五九—一六九頁。

[六]參見趙永磊：《〈經典釋文〉撰述時代及過程再探》，載北京大學中國語言學研究中心《語言學論叢》編委會編：《語言學論叢》第六十一輯，商務印書館二〇二〇年版，第一九九—二二二頁。

[七]（清）永瑢等：《四庫全書總目》卷三十三《經部・五經總義類》，中華書局一九六五年版，第二七〇頁。

[八]（清）盧文弨：《抱經堂文集》卷二《重雕經典釋文之緣起》，載陳東輝主編：《盧文弨全集》第八册，浙江大學出版社二〇一七年版，第三三頁。

[九]參見黄焯：《關於〈經典釋文〉》，載陸宗達主編：《訓詁研究》第一輯，北京師範大學出版社一九八一年版，第二一八—二二五頁。

[一〇]何九盈：《中國古代語言學史》（第四版），商務印書館二〇一三年版，第二二七頁。

[一一]中國大百科全書總編輯委員會《語言文字》編輯委員會、中國大百科全書出版社編輯部編：《中國大百科全書·語言文字》，中國大百科全書出版社一九九二年版，第二三一—二三二頁。

[一二]趙振鐸：《訓詁學史略》，中州古籍出版社一九八八年版，第一二八頁。

[一三]趙振鐸：《中國語言學史》（修訂本），商務印書館二〇一七年版，第一九八頁。

[一四]潘悟雲：《陸德明》，載濮之珍主編：《中國歷代語言學家評傳》，復旦大學出版社一九九二年版，第一三二—一三三頁。

[一五]李建國：《漢語訓詁學史》（修訂版），上海辭書出版社二〇〇二年版，第一一四頁。

[一六]徐時儀：《漢語語文辭書發展史》，上海辭書出版社二〇一六年版，第二六〇—二六一頁。

[一七]吴澤順：《清以前漢語音訓材料整理與研究》，商務印書館二〇一六年版，第一七一頁。

[一八]參見李開：《漢語語言研究史》，江蘇教育出版社一九九三年版，第八五頁。

[一九]參見王利器：《〈經典釋文〉考》，載王利器：《曉傳書齋集》，華東師範大學出版社一九九七年版，第九—七五頁（原係《國立北京大學五十周年紀念論文集》文學院第八種單行本，北京大學出版部一九四八年版，共計四七頁）。

[二〇]參見余行達：《〈經典釋文〉在學術上的價值》，載吴文祺主編：《中華文史論叢》增刊《語言文字研究專輯（上）》，上海古籍出版社一九八二年版，第一四一—一五〇頁；虞萬里：《〈經典釋文〉單刊單行考略》，載虞萬里：《榆枋齋學術論集》，

江蘇古籍出版社二〇〇一年版，第七三二—七五九頁（原載《語言研究》一九九四年增刊《中國音韻學研究會第八次學術討論會論文集》，第一三八—一五二頁）。

［一二一］參見羅常培：《唐寫本〈經典釋文〉殘卷五種跋》，載《羅常培文集》編委會編：《羅常培文集》第八卷，山東教育出版社二〇〇一年版，第五九—一〇四頁（原載《國立北京大學國學季刊》第七卷第二號，一九五一年七月，第一七七—二一〇頁）；許建平：《敦煌經籍叙録》，中華書局二〇〇六年版，第六〇—六六、一二八—一三四、二一九—二二〇頁；黃華珍：《奈良興福寺藏旧鈔〈經典釋文〉殘卷再考》，日本《岐阜聖德學園大学紀要（外國語學部編）》第四十五號（二〇〇六年二月），第六一—九〇頁；黃華珍：《日本奈良興福寺藏兩種古鈔本研究：附〈講周易疏論家義記〉〈經典釋文〉殘卷書影》，中華書局二〇一一年版，第一一六—一六六、二九七—三六六頁；［日］河野貴美子：《興福寺藏〈經典釋文〉及び〈講周易疏論家義記〉について》，日本《汲古》第五十二號（二〇〇七年十二月），第三〇—四四頁（中文本《關於興福寺藏〈經典釋文〉以及〈講周易疏論家義記〉》，載張伯偉編：《風起雲揚——首届南京大學域外漢籍研究國際學術研討會論文集》，中華書局二〇〇九年版，第五三一—五四七頁）；孫猛：《日本國見在書目録詳考》，上海古籍出版社二〇一五年版，第三三六—三四〇頁。

［一二二］參見（清）彭元瑞等著：《天禄琳琅書目後編》，載（清）于敏中、彭元瑞等著，徐德明標點：《天禄琳琅書目　天禄琳琅書目後編》，上海古籍出版社二〇〇七年版，第四三八—四四一頁。

［一二三］參見樊長遠：《宋刻宋元遞修本〈經典釋文〉》，載陳紅彦主編：《善本古籍掌故（一）》，上海遠東出版社二〇一七年版，第六五頁。

［一二四］參見李致忠：《〈經典釋文〉提要》，載中華再造善本工程編纂出版委員會編著：《中華再造善本總目提要·唐宋編》，國家圖書館出版社二〇一三年版，第一〇九—一一一頁。

[二五]參見丁瑜：《南宋浙刻本〈經典釋文〉》，《文獻》一九八〇年第一輯，第一八一—一八四頁。

[二六]參見趙萬里撰集：《國立北平圖書館善本書目》，載《舊京書影·北平圖書館善本書目》，人民文學出版社二〇一一年版，第七八八頁；王重民：《中國善本書提要》，上海古籍出版社一九八三年版，第三五—三六頁；傅增湘：《藏園羣書經眼録》，中華書局一九八三年版，第一〇六—一〇七頁；（清）錢曾原著，管庭芬、章鈺校證，傅增湘批注，馮惠民整理：《藏園批注讀書敏求記校證》，中華書局二〇一二年版，第八一—八四頁。

[二七]國立北平圖書館編：《國立北平圖書館圖書展覽會目録》，國立北平圖書館一九三〇年編印，第一頁。

[二八]參見臺北「國家圖書館」特藏組編：《「國家圖書館」善本書志初稿·經部》，臺北「國家圖書館」一九九六年版，第三二〇—三二一頁。

[二九]參見嚴紹璗編著：《日藏漢籍善本書録》，中華書局二〇〇七年版，第一九四頁。

[三〇]（清）盧文弨：《抱經堂文集》卷二《重雕經典釋文之緣起》，載陳東輝主編：《盧文弨全集》第八册，浙江大學出版社二〇一七年版，第三三頁。

[三一]（清）周中孚著，黄曙輝、印曉峰標校：《鄭堂讀書記》中的《鄭堂讀書記補逸》，上海書店出版社二〇〇九年版，第一三一〇頁。

[三二]中國科學院圖書館整理：《續修四庫全書總目提要·經部》，中華書局一九九三年版，第一三二三頁。

[三三]羅振玉：《雪堂校刊群書叙録》卷下《敦煌本易釋文殘卷跋》，載羅振玉著，羅繼祖主編：《羅振玉學術論著集》第九集，上海古籍出版社二〇一三年版，第二六五頁。

[三四]羅常培：《法偉堂校本〈經典釋文〉跋》，載《羅常培文集》編委會編：《羅常培文集》第八卷，山東教育出版社二〇〇一年版，第五五頁。

[三五]林燾、陸志韋：《經典釋文異文之分析》，《燕京學報》第三十八期（一九五〇年六月），第四頁。

[三六]姜聿華：《中國傳統語言學要籍述論》，書目文獻出版社一九九二年版，第一七五頁。

[三七]富金壁：《訓詁學説略》，湖北人民出版社二〇〇三年版，第三一〇頁。

[三八]樊寧：《盧文弨〈經典釋文考證·周易音義考證〉所引『錢本』考辨》，載北京大學《儒藏》編纂與研究中心編：《儒家典籍與思想研究》第十二輯，北京大學出版社二〇二〇年版，第一六九頁。

[三九]楊軍、黄繼省：《盧文弨抱經堂本〈經典釋文〉再評價》，載華學誠主編：《文獻語言學》第二輯，中華書局二〇一六年版，第二〇七、二一四頁。

[四〇]楊軍、曹曉雲：《〈經典釋文〉文獻研究述論》，《合肥師範學院學報》二〇一五年第四期，第三—四頁。

[四一]（清）盧文弨：《經典釋文攷證》，載陳東輝主編：《盧文弨全集》第五册，浙江大學出版社二〇一七年版。

[四二]王重民：《中國善本書提要》，上海古籍出版社一九八三年版，第三六頁。

[四三]香港《東方文化》第八卷第二期（一九七〇年七月），第二八九—三〇一頁。

[四四]香港《東方文化》第十一卷第二期（一九七三年七月），第二三七—二四五頁。

[四五]參見陳東輝：《〈浙江大學國家珍貴古籍名録圖録〉序》，載楊國富主編：《浙江大學國家珍貴古籍名録圖録》卷首，浙江大學出版社二〇一四年版，第五頁。

目録

第一册

第二册

第三册

第四册

第五册

宋本參校

經典釋文

乾隆辛亥重雕
抱經堂藏版

此書於經堂外有通志堂刊本筆跡訛甚多，不及此本之善。故行世最多，不久漫漶。今則其板已燬矣。余所見印本凡數本，李春生太守家所藏極佳，然亦稍不卷精當撤板卷首校勘姓氏鎮洋畢秋帆先生三人皆書名銜，與諸人一例，乃後來更定。余所舊藏與此本同，惟第五行墨釘作鹿邑梁偃陂。歎賞此本尚未詳里居及歸刻，又在兩本之前矣。

壬寅春仲琢生識

重雕經典釋文緣起

前　日講起居注官翰林院侍讀學士盧文弨撰

此書雕版行於海內者止崑山徐氏通志堂經解中有之宋雕本不可見其影鈔者尚間儲於藏書家余借以校對則宋本之譌脫反更甚焉當徐氏梓入經解時其撲塵掃葉誠不爲無功然有宋本是而或不得其意因而誤改者亦所不免且今之所貴於宋本者謂經屢寫則必不逮前時也然書之失眞亦每由於宋人宋人每好逞臆見而改舊文如陸氏雖吳產而其所彙輯前人之音則不盡吳產也乃毛居正著六經正誤一書譏陸氏偏於土音因輒取他字以易之後人信其說遽以改本書矣又凡切音有音

和亦有類隔陸氏在當時或用類隔未嘗不可以得聲而後人疑其不諧亦復私爲改易注疏本多有之幸本書尚無恙然其浸淫以疑惑後人者不少矣古來所傳經典類非一本陸氏所見與賈孔諸人所見本不盡同今取陸氏書附於注疏本中非强彼以就此即强此以就彼欲省兩讀翻致兩傷又本書中如孝經論語爾雅多以校者之詞羼入之今雖不遽删削唯略爲之閒隔使有辨焉唐人經典多不全用説文陸氏意在隨時不取駭俗此書中閒亦引許氏以正流俗之非而不能畫一信從且有以俗字作正文而以正體爲附注者至其點畫之閒亦每失正觀唐人石經及五經文字所載皆是習相沿用今亦仍而不革

庶乎不損本眞然於六朝人所用甚鄙俗字陸氏固未嘗闌入也余念此書爲經訓之菑畬導後人以涂徑洗專己守殘之陋匯博學詳説之資先儒之精藴賴以畱俗本之譌文賴以正實天地閒不可無之書也而年來流傳漸少學者不能盡見因爲之手校重雕第以遲暮之年精力慮有不周刻成猶再三校目幾爲之昏弗恤也其文舊皆連屬今審其可離者離之以便觀者書中是非及今所因革以嘗所聞於師友者别爲攷證附於當卷之後不以殽亂本書時

乾隆五十有六年歲在重光大淵獻九月既望書於常州龍城書院之取斯堂

江寧劉文奎楷鐫字

經典釋文審定及校勘姓氏不及次序

鎮洋畢秋帆先生

江都秦西巖先生

錢塘梁山舟先生

甘泉唐悔菴觀察名侍陛

[redacted]梁[redacted]觀察名羣英

長白金葦齋太守名城

山陰李松雲太守名堯棟

武進趙味辛中翰名懷玉

江都秦敦夫太史名恩復

金壇段懋堂明府名玉裁

新會譚敷五明府名大經
江都唐柘田明府名仁埴
順德何日臨明府名曾
吳江楊列歐進士名復吉
錢塘梁處素孝廉名履繩
東吳朱文游兄名奐見借影鈔宋本
海鹽吳槎客兄名騫
東吳嚴豹人兄名蔚
桐鄉金雲莊兄名德輿
蘇州袁又愷兄名廷檮
杭州汪仲連兄名璐

杭州汪季懷兄名瑜

杭州孫仲芬兄名廷楫

蘇州許梅軒兄名仁綬

靖江朱榮曾上舍名基繹

杭州錢晴江老友名潮

江寧孫嘉五及門名祖瑞

武進臧在東及門名鏞堂

武進李紳琦及門名兆洛

武進顧子述及門名明

江陰沙曉滄及門名照

經典釋文日本有舊鈔殘卷存卷第十四禮記中庸第三十一
至昏義第四十四但脫奔喪一篇而中庸緇衣大學冠義昏義
亡逸不完日人狩野直喜曰第三行唐國子博士以下二十四字鈔本所無
而第一行經典釋文第十四下上記陸氏二字案陸氏成書之年據其自序
言粵以癸卯之歲承乏上庠循省舊音若其太簡又言輒撰集五典
孝經論語及老莊爾雅等音合為三袠三十卷號曰經典釋文舊唐書
德明本傳陳大建中太子徵四方名儒講于承先殿德明年始弱冠往
參焉解褐始興王國左常侍遷國子助教陳亡歸鄉里又云太宗徵為秦
府文學館學士命中山王承乾從其受業尋補太學博士貞觀初拜國子博士封
吳縣男尋卒蓋德明生於陳卒於唐初其間凡二癸卯一則陳後主至德元年一則
唐太宗貞觀十七年以史不記卒年諸家聚訟遂無能決之錢氏大昕言史雖不言
其卒年在貞觀之初若癸卯歲則貞觀十七年也時德明已先卒即或尚存亦
年近九十不復能著書矣錢氏此論極確而未知冊府元龜帝王部九十七貞觀
十六年四月甲辰太宗閱陸德明經典音義美其弘益學者嘆曰德明雖
亡此書足可傳習因賜其家布帛百疋案十六年即壬寅明貞觀癸卯德明
已沒書成於陳更莫容疑知鈔本止題陸氏二字原本體裁如此入唐官銜
則宗人所加未可據為成於唐初之證也

丙戌歲莫　彊山逸錄

經典釋文卷第一　序録

唐國子博士兼太子中允贈齊州刺史吳縣開國男陸德明撰

序

夫書音之作作者多矣前儒撰著光乎篇籍其來既久誠無閒然但降聖已還不免偏尚質文詳略互有不同漢魏迄今遺文可見或專出己意或祖述舊音各師成心製作如面加以楚夏聲異南北語殊是非信其所聞輕重因其所習後學鑽仰罕逢指要夫筌蹄所寄唯在文言差若毫釐謬便千里夫子有言必也正名乎名不正則言不順言不順則事不成故君子名之必可言也言之必可行也斯富哉言乎大矣盛矣無得而稱矣然人稟二儀之淳和含

五行之秀氣雖復挺生天縱必資學以知道故唐堯師於許由周文學於虢叔上聖且猶有學而況其餘乎至於處鮑居蘭翫所先入染絲斲梓功在初變器成采定難復改移一薰一蕕十年有臭豈可易哉豈可易哉余少愛墳典留意藝文雖志懷物外而情存著述粤以癸卯之歲承乏上庠循省舊音苦其太簡況微言久絕大義愈乖攻乎異端競生穿鑿不在其位不謀其政既職司其憂寧可視成而已遂因暇景救其不逮研精六籍采摭九流搜訪異同校之蒼雅輒撰集五典孝經論語及老莊爾雅等音合爲三秩三十卷号曰經典釋文古今並録括其樞要經注畢詳訓義兼辯質而不野繁而非蕪示傳一家之學用貽後

嗣令奉以周旋不敢墜失與我同志亦無隱焉但代匠指南固取誚於博識既述而不作言其所用復何傷乎云爾

條例

先儒舊音多不音注然注既釋經經由注顯若讀注不曉則經義難明混而音之尋討未易今以墨書經本朱字辯注用相分別使較然可求舊音皆録經文全句徒煩翰墨今則各標篇章於上摘字爲音慮有相亂方復具録唯孝經童蒙始學老子衆本多乖是以二書特紀全句五經人所常習理有大宗義行於世無煩覼縷至於莊老讀學者稀故于此書微爲詳悉又爾雅之作本釋五經既解者不同故亦略存其異文字音訓今古不同前儒作音多不依

注注者自讀亦未兼通今之所撰微加斟酌若典籍常用會理合時便即遵承標之於首其音堪互用義可並行或字有多音衆家別讀苟有所取靡不畢書各題氏姓以相甄識義乖於經亦不悉記其或音一音者蓋出於淺近示傳聞見覽者察其衷焉然古人音書止爲譬況之說孫炎始爲反語魏朝以降蔓衍寔繁世變人移音訛字替如徐仙民反易爲神石郭景純反餤爲羽鹽劉昌宗用承音乘許叔重讀皿爲猛若斯之儔今亦存之音內既不敢遺舊且欲俟之來哲書音之用本示童蒙前儒或用假借字爲音更令學者疑昧余今所撰務從易識援引衆訓讀者但取其意義亦不全寫舊文典籍之文雖夫子刪定子思讀

詩師資已別而況其餘乎鄭康成云其始書之也倉卒無其字或以音類比方假借爲之趣於近之而已受之者非一邦之人人用其鄉同言異字同字異言於兹遂生矣戰國交爭儒術用息秦皇滅學加以坑焚先聖之風埽地盡矣漢興改秦之弊廣收篇籍孝武之後經術大隆然承秦焚書口相傳授一經之學數家競爽章句既異踳駮非一後漢黨人既誅儒者多坐流廢後遂私行金貨定蘭臺漆書經字以合其私文靈帝乃詔諸儒正定五經於石碑之上爲古文篆隷三體書法以相參檢樹之學門使天下取則未盈一紀尋復廢焉班固云後世經傳既已乖離傳學者又不思多聞闕疑之義而務碎義逃難便詞巧説安其

所習毀所不見終以自弊此學者之大患也誠哉是言余既撰音須定紕繆若兩本俱用二理兼通今竝出之以明同異其涇渭相亂朱紫可分亦悉書之隨加刊正復有他經別本詞反義乖而又存之者示博異聞耳經籍文字相承已久至如悅字作說閑字爲閒智但作知汝止爲女若此之類今竝依舊音之然音書之體本在假借或經中過多或尋文易了則翻音正字以辯借音各於經內求之自然可見其兩音之者恐人惑故也尚書之字本爲隸古既是隸寫古文則不全爲古字今宋齊舊本及徐李等音所有古字蓋亦無幾穿鑿之徒務欲立異依傍字部改變經文疑惑後生不可承用今皆依舊爲音其字有別體則見

之音内然亦兼采說文字詁以示同異者也春秋人名字氏族及地名或前後互出或經傳更見如此之類不可具舉若國異名同及假借之字兼相去遼遠不容疎略皆斟酌折衷務使得宜爾雅本釋墳典字讀須逐五經而近代學徒好生異見改音易字皆采雜書唯止信其所聞不復考其本末且六文八體各有其義形聲會意寧拘一揆豈必飛禽即須安鳥水族便應著魚蟲屬要作虫旁草類皆從兩屮如此之類實不可依今竝校量不從流俗方言差别固自不同河北江南最爲鉅異或失在浮清或滯於沈濁今之去取冀袪兹弊亦恐還是鼓音更成無辯夫質有精麤謂之好惡（竝如字）心有愛憎稱爲好惡（上呼報反下烏路反）當體

即云名譽(音預)論情則曰毁譽(音餘)及夫自敗(蒲邁反)敗他(補邁反)之殊自壞(呼怪反)壞撤(音怪)之異此等或近代始分或古已爲別相仍積習有自來矣余承師說皆辯析之比人言者多爲一例如而靡異邪(不定之詞)也(助句之詞)弗殊莫辯復(扶又反重也)復(音服反也)寧論過(古禾反經過)過(古臥反超過)又以登升共爲一韻攻公分作兩音如此之儔恐非爲得將來君子幸留心焉五經字體乖替者多至如黿鼉從龜亂辭從舌席下爲帶惡上安西析旁著片離邊作禹直是字譌不亂餘讀如寵(丑隴反)字爲寵(力孔反)錫(思歷反)字爲鍚(音陽)用攴(普卜反字林普角反)代文(武云反)將无(音無)混旡(音既)若斯之流便成兩失又來旁作力俗以爲約勑字說文以爲勞倈之字水旁作曷俗以爲飢渴字字

書以爲水竭之字如此之類改便驚俗止不可不知耳

次第

五經六籍聖人設教訓誘機要寧有短長然時有澆淳隨病投藥不相沿襲豈無先後所以次第互有不同如禮記經解之說以詩爲首七略藝文志所記用易居前阮孝緒七録亦同此次而王儉七志孝經爲初原其後前義各有旨今欲以著述早晚經義揔別以成次第出之如左

周易

雖文起周代而卦肇伏犧既處名教之初故易爲七經之首周禮有三易連山久亡歸藏不行於世故不詳録

古文尚書

既起五帝之末理後三皇之經故次於易伏生所誦是曰今文闕謬處多故不別記馬鄭所有同異今亦附之音後

毛詩

既起周文又兼商頌故在堯舜之後次於易書詩雖有四家齊魯韓世所不用今亦[redacted]不取

三禮

周儀二禮竝周公所制宜次文王禮記雖有戴聖所録然忘名已久又記二禮闕遺[redacted]相從次於詩下三禮次第周爲本儀爲末先後可見然古有樂經謂之六籍滅亡既久今亦闕焉

春秋

既是孔子所作理當後於周公故次於禮左丘明受經於仲尼公羊高受之於子夏穀梁赤乃後代傳聞三傳次第自顯

孝經

雖與春秋俱是夫子述作然春秋周公垂訓史書舊章孝經專是夫子之意故宜在春秋之後七志以孝經居易之首今所不同

論語

此是門徒所記故次孝經藝文志及七録以論語在孝經前今不同此次

老子

雖人不在末而衆家皆以爲子書在經典之後故次於論語

莊子

雖是子書人又最後故次老子

爾雅

爾雅周公復爲後人所益既釋於經又非[redacted]次故殿末焉衆家皆以爾雅居經典之後在諸子之前今微爲異

注解傳述人

宓犧氏之王天下仰則觀於天文俯則察於地理觀鳥獸之文與地之宜近取諸身遠取諸物始畫八卦或云因河圖而畫八卦因而重之爲六十四文王拘於羑里作卦辭周公作爻

辭孔子作彖辭象辭文言繫辭說卦序卦雜卦是爲十翼班固曰孔子晚而好易讀之韋編三絕而爲之傳傳即十翼也先儒說重卦及爻辭爲十翼不同解見余所撰[redacted]自魯商瞿子木受易於孔子以授魯橋庇子庸子庸授江東馯戶旦反徐廣音寒臂子弓子弓授燕周醜子家子家授東武孫虞子乘子乘授齊田何子莊高士傳云字莊漢書儒林傳云臨淄人及秦燔書易爲卜筮之書獨不禁故傳授者不絕漢興田何以齊田徙杜陵號杜田生授東武王同子中及洛陽周王孫梁人丁寬字子襄事田何復從周王孫受古義作易說三萬言訓故舉大誼而已藝文志云易說八篇爲梁孝王將軍齊服生劉向別録云齊人号服先皆著易傳漢初言易者本之田生同授淄川楊何字叔一本作字叔元太中太夫寬授同郡碭田王孫王孫授施讎及孟喜梁丘

賀由是有施孟梁丘之學焉施讎字長卿沛人爲博士傳易授張禹
字子文河內軹人從家蓮勺以論語授成帝官至丞相安昌侯及琅邪魯伯會稽太守禹受淮
陽彭宣字子佩大司空長平侯作易傳及沛戴崇字子平少府作易傳伯授太山毛
莫如字少路常山太守及琅邪邴丹字曼容後漢劉昆字桓公陳留東昏人侍中
弘農太守光祿勳受施氏易於沛人戴賓其子軼字君文官至宗正孟喜
字長卿東海蘭陵人曲臺署長丞相掾父孟卿善爲禮春秋孟卿以禮經多
春秋煩雜乃使喜從田王孫受易喜爲易章句授同郡白
光字少子及沛翟牧字子況後漢洼丹字子玉南陽育陽人世傳孟氏易作易通論七
篇官至大鴻臚觟陽鴻字孟孫中山人少府任安字定祖廣漢緜竹人皆傳孟氏易梁
丘賀字長翁琅邪諸人少府本從太中大夫京房受易房淄川楊何弟子後
更事田王孫傳子臨黃門郎少府臨傳五鹿充宗字君孟代郡人少府玄菟

太守及琅邪王駿（王吉子御史大夫）充宗授平陵士孫張（字仲方博士揚州牧）
光祿大夫給事中家世傳業及沛鄧彭祖（字長夏眞定太守）齊衡咸（字長賓王莽講學大
夫）後漢范升（代郡人博士）傳梁丘易（一本作傳孟氏易）以授京兆楊政
（字士行左中郎將）又潁川張興（字君上太子少傅）傳梁丘易弟子著録且
萬人子魴傳其業（魴官至張掖屬國都尉）京房（字君明東郡頓丘人本姓李推律自定爲
京至魏郡太守）受易梁人焦延壽（字延壽名贛）延壽云嘗從孟喜問易
會喜死房以延壽易即孟氏學翟牧白生不肯曰非也延
壽嘗曰得我術以亡身者京生也房爲易章句說長於災
異以授東海段嘉（漢書儒林傳作殷嘉）及河東姚平河南乘弘（一本作桑
弘）皆爲郎博士由是前漢多京氏學後漢戴馮（字次仲汝南平輿人
侍中兼領虎賁中郎將）孫期（字仲奇濟陰成武人兼治古文尚書不仕）魏滿（字叔牙南陽人弘農太守）

並傳之費直字長翁東萊人單父令傳易授琅邪王璜字平仲又傳古文尚書爲費氏學本以古字號古文易無章句徒以彖象繫辭文言解說上下經七録云直易章句四卷殘缺漢成帝時劉向典校書考易說以爲諸易家說皆祖田何楊叔元丁將軍大義略同唯京氏爲異向又以中古文易經校施孟梁丘三家之易經或脫去無咎悔亡唯費氏經與古文同范曄後漢書云京兆陳元字長孫司空南閣祭酒兼傳左氏春秋扶風馬融字季長茂陵人南郡太守議郎爲易傳又注尚書毛詩禮記論語河南鄭衆字仲師大司農兼傳毛詩周禮左氏春秋北海鄭玄字康成高密人師事馬融大司農徵不至還家凡所注易尚書三禮論語尚書大傳五經中候箋毛氏作毛詩譜駁許慎五經異議鍼何休左氏膏肓去公羊墨守起穀梁廢疾休見大慙潁川荀爽字慈明官至司空爲易言並傳費氏易沛人高相治易與費直同時其易亦無

章句專說陰陽災異自言出丁將軍傳至相相授子康康以明易爲郎及蘭陵母將永豫章都尉爲高氏學漢初立易楊氏博士宣帝復立施孟梁丘之易元帝又立京氏易費高二家不得立民間傳之後漢費氏興而高氏遂微永嘉之亂施氏梁丘之易亡孟京費之易人無傳者唯鄭康成王輔嗣所注行於世江左中興易唯置王氏博士太常荀崧奏請置鄭易博士詔許值王敦亂不果立而王氏爲世所重今以王爲主其繫辭已下王不注相承以韓康伯注續之今亦用韓本

子夏易傳三卷卜商字子夏衛人孔子弟子魏文侯師七略云漢興韓嬰傳中經簿録云丁寛所作張璠云或馯臂子弓所作薛虞記虞不詳何許人孟喜章句十卷無上經七録云又下經無旅至節無上繫京房章句十二卷七録云十卷録一卷目費直章句四卷殘缺馬

融傳十卷七録云九卷荀爽注十卷七録云十一卷鄭玄注十卷録一卷七録云十二卷劉表章句五卷字景升山陽高平人後漢鎮南將軍荊州牧南城侯中經簿録云注易十卷七録云九卷録一卷宋衷注九卷字仲子南陽章陵人後漢荊州五等從事七志七録云十卷虞翻注十卷字仲翔會稽餘姚人後漢侍御史陸績述十三卷字公紀吴郡吴人後漢偏將軍鬱林太守七志云録一卷董遇章句十二卷字季直弘農華陰人魏侍中大司農七志七録並云十卷王肅注十卷字子邕東海蘭陵人魏衛將軍太常蘭陵景侯又注尚書禮容服論語孔子家語述毛詩注作聖證論難鄭玄王弼注七卷字輔嗣山陽高平人魏尚書郎年二十四卒注易上下經六卷作易略例一卷又注老子七志云注易十卷姚信注十卷字德祐七録云字元直吴興人吴太常卿七録云十二卷王廙注十二卷字世將琅邪臨沂人東晉荊州刺史贈驃騎將軍武陵康侯七志七録云十卷張璠集解十二卷安定人東晉祕書郎參著作集二十二家解序云依向秀本鍾會字士季潁川人魏鎮西將軍爲易無互體論向秀字子期河內人晉散騎常侍爲易義庾運字玄度新

野人官至尚書爲易義一云易注應貞字吉甫汝南人晉散騎常侍爲明易論荀煇字景文潁川潁陰人晉太子中庶子爲易義七志云注易十卷張輝字義元梁國人晉侍中平陵亭侯爲易義王宏字正宗弼之兄晉大司農贈太常爲易義阮咸字仲容陳留人籍之兄子晉散騎常侍始平太守爲易義阮渾字長成籍之子晉太子中庶子馮翊太守爲易義揚乂字玄舒汝南人晉司徒左長史爲易卦序論王濟字武子太原人晉河南尹爲易義衞瓘字伯玉河東人晉太保蘭陵成侯爲易義欒肇字永初太山人晉太保掾尚書郎爲易論鄒湛字潤甫南陽新野人晉國子祭酒爲易統略杜育字方叔襄城人國子祭酒爲易義楊瓚不知何許人晉司徒右長史爲易義張軌字士彦安定人涼州刺史謚武公爲易義宣舒字幼驥陳郡人晉宜城令爲通知來藏往論邢融裴藻許適楊藻四人不詳何人竝爲易義七録云集二十八家七志云十卷

干寶注十卷 字令升新蔡人東晉散騎常侍領著作

黃穎注十卷 南海人晉廣州儒林從事

蜀才注十卷 七録云不詳何人七志云是王弼後人案蜀李書云姓范名長生一名賢隱居青城山自號蜀才李雄以爲丞相

尹濤注六卷 不詳何人

費元珪注九卷 蜀人齊安西參軍

荀爽九家集注十卷 不知何人所集稱荀

爽者以爲主故也其序有荀爽京房馬融鄭玄宋衷虞翻陸績姚信翟子玄子玄不詳何人爲易義注內又有張氏朱氏並不詳何人**謝万**字万石陳郡人東晉豫州刺史**韓伯**字康伯潁川人東晉太常卿**袁悅之**字元禮陳郡人東晉驃騎諮議參軍**桓玄**字敬道譙國龍亢人僞楚皇帝**卞伯玉**濟陰人宋東陽太守黃門郎**荀柔之**潁川潁陰人宋奉朝請**徐爰**字季玉琅邪人宋太中大夫**顧懽**字景怡或云字玄平吳郡人齊太學博士徵不起**明僧紹**字承烈平原人國子博士徵不起**劉瓛**字子珪沛國人齊步兵校尉不拜謚貞簡先生七録云作繫辭義疏**自謝万以下十人並注繫辭爲易音者三人**王肅已見前李軌字弘範江夏人東晉祠部郎中都亭侯徐邈字仙民東莞人東晉中書侍郎太子前衛率

右易近代梁褚仲都陳周弘正弘正作老莊義疏官至尚書僕射謚簡子**並作易義此其知名者**

書者本王之号令右史所記孔子刪録斷自唐虞下訖秦

穆典謨訓誥誓命之文凡百篇而爲之序及秦禁學孔子
之末孫惠壁藏之家語云孔騰字子襄畏秦法峻急藏尚書孝經論語於夫子舊堂壁中漢紀尹
敏傳以爲孔鮒藏之漢興欲立尚書無能通者聞濟南伏生名勝故秦博士
傳之文帝欲徵時年已九十餘不能行於是詔太常使掌
故晁錯受焉古文官書云伏生年老不能正言言不可曉使其女傳言教錯伏生失其本
經口誦二十九篇傳授漢書云伏生爲秦禁書壁藏之漢定伏生求其書亡數十篇獨得二
十九篇以教齊魯之閒以其上古之書謂之尚書鄭玄以爲孔子撰書尊而命之曰尚
書尚者上也蓋言若天書然王肅云上所言下爲史所書故曰尚書伏生授濟南張生千乘
歐陽生字和伯千乘人生授同郡兒寬御史大夫寬又從孔安國受業
以授歐陽生之子歐陽大小夏侯尚書皆出於寬歐陽氏世傳業至曾孫
高作尚書章句爲歐陽氏學高孫地餘字長賓侍中少府以書授

元帝傳至歐陽歙（字正思後漢大司徒）歙以上八世皆爲博士濟南林尊（字長賓爲博士論石渠官至少府太子太傅）受尚書於歐陽高以授平當（字子思下邑人徙平陵官至丞相封侯子晏亦明經至大司徒）及陳翁生（梁人信都太傅家世傳業）翁生授殷崇（瑯邪人爲博士）及龔勝（字君賓楚人右扶風）當授朱普（字公文九江人爲博士）及鮑宣（字子都勃海人官至司隸）後漢濟陰曹曾（字伯山諫大夫）受業於歐陽歙傳其子祉（河南尹）又陳留陳弇（字叔明受業於丁鴻）樂安牟長（字君高河內太守中散大夫）竝傳歐陽尚書沛國桓榮（字春卿太子太傅太常五更關內侯）受尚書於朱普（東觀漢紀云榮事九江朱文文即普字）以授漢明帝遂世相傳東京最盛（漢紀云門生爲公卿者甚衆學者慕之以爲法榮子郁以書授章帝而官至侍中太常郁子焉復以書授安帝官至太子太傅太常）張生（濟南人爲博士）授夏侯都尉（魯人）都尉傳族子始昌（始昌通五經以齊詩尚書教授爲昌邑太傅）始昌傳族子勝（字長公後屬東

平長信少府太子太傅勝從始昌受尚書及洪範五行傳說災異又

事同郡簡卿卿者兒寬門人又從歐陽氏問爲學精熟所

問非一師善說禮服受詔撰尚書論語說藝文志夏侯勝尚書章句二十

九卷号爲大夏侯氏學傳齊人周堪堪字少卿太子少傅光祿勳及魯國

孔霸字次孺孔子十三世孫爲博士以書授元帝官至太中大夫關内侯号褒成君霸傳子光字子

夏丞相博山侯光又事牟卿堪授魯國牟卿爲博士及長安許商字伯長四至九

卿善筭著五行論商授沛唐林字子高王莽時爲九卿及平陵吳章字偉君王莽時

傳士重泉王吉字少音王莽時爲九卿齊炔欽字幼卿王莽時博士後漢北海牟

融亦傳大夏侯尚書夏侯建字長卿勝從父兄子爲博士議郎太子少傅師事

夏侯勝及歐陽高左右采獲又從五經諸儒問與尚書相

出入者牽引以次章句爲小夏侯氏學傳平陵張山拊字長

寳爲博士論石渠至少府山拊授同縣李尋字子長騎都尉及鄭寬中字少君爲博士
授成帝官至光祿大夫領尚書事關內侯山陽張無故字子孺廣陵太傅信都秦恭字延
君城陽內史增師法至百萬言陳留假倉字子驕以謁者論石渠至膠東相寬中授東郡
趙玄御史大夫無故授沛唐尊王莽太傅恭授魯馮賓爲博士後漢東
海王良亦傳小夏侯尚書漢宣帝本始中河內女子得泰
誓一篇獻之與伏生所誦合三十篇漢世行之然泰誓年
月不與序相應又不與左傳國語孟子衆書所引泰誓同
馬鄭王肅諸儒皆疑之漢書儒林傳云百兩篇者出東萊
張霸分析合二十九篇以爲數十又采左傳書序爲作首
尾凡百二篇篇或數簡文意淺陋成帝時劉向校之非是
後遂黜其書古文尚書者孔惠之所藏也魯恭王壞孔子

舊宅漢景帝程姬之子名餘封於魯謚恭王、於壁中得之并禮論語孝經皆科斗文字博士孔安國字子國魯人孔子十二世孫受詩於魯申公官至諫大夫臨淮太守以校伏生所誦爲隸古寫之增多伏生二十五篇藝文志云多十六篇又伏生誤合五篇凡五十九篇爲四十六卷藝文志云尚書古文經四十六卷五十七篇安國又受詔爲古文尚書傳值武帝末巫蠱事起經籍道息不獲奏上藏之私家安國并作古文論語古文孝經傳藝文志云安國獻尚書傳遭巫蠱事未列於學官以授都尉朝司馬遷亦從安國問故遷書多古文說劉向以中古文校歐陽大小夏侯三家經文脫誤甚衆藝文志云酒誥脫簡一召誥脫簡二文異者七百有餘脫字數十都尉朝授膠東庸生名譚亦傳論語庸生授清河胡常字少子以明穀梁春秋爲博士至部刺史又傳左氏春秋常授虢徐敖右扶風掾又傳毛詩敖授琅邪王璜及平陵塗惲（字子眞）惲授河南乘欽（字君長一本作桑欽）王莽時諸學皆立惲璜等貴顯范曄後漢書云中興扶風杜林傳古文尚書賈逵（字景伯扶風人左中郎將侍中）爲之作訓馬融作傳鄭玄注解由是古文尚書遂顯于世案今馬鄭所注並伏生所誦非古文也孔氏之本絕是以馬鄭杜預之徒皆謂之逸書王肅亦注今文而解大與古文相類或肅私見孔傳而祕之乎江左中興元帝時豫章內史枚賾（字仲眞汝南人）奏上孔傳古文尚書亡舜典一篇購不能得乃取王肅注堯典從愼徽五典以下分爲舜典篇以續之（孔序謂伏生以舜典合於堯典孔傳堯典止於帝曰往欽哉而馬鄭王之本同爲堯典故取爲舜典）學徒遂盛後范甯（字武子順陽人東晉豫章太守兼注穀梁）變爲今文集注俗閒或取舜典篇以續孔氏齊明帝建武中吳

興姚方興采馬王之注造孔傳舜典一篇云於大航頭買得上之梁武時爲博士議曰孔序稱伏生誤合五篇皆文相承接所以致誤舜典首有曰若稽古伏生雖昬耄何容合之遂不行用漢始立歐陽尚書宣帝復立大小夏侯博士平帝立古文永嘉喪亂衆家之書並滅亡而古文孔傳始興置博士鄭氏亦置博士一人近唯崇古文馬鄭王注遂廢今以孔氏爲正其舜典一篇仍用王肅本

孔安國古文尚書傳十三卷馬融注十一卷（字季長）鄭玄注九卷王肅注十卷謝沈注十五卷（字行思會稽人東晉尚書祠部郎領著作録一卷）李顒注十卷（字長林江夏人東晉本郡太守）范甯集解十卷姜道盛集解十卷（天水人宋給事中字道盛）尚書大傳三卷（伏生作）爲尚書音者四

人孔安國鄭玄李軌徐邈案漢人不作音後人所託

右尚書梁國子助敎江夏費甝作義疏行於世

詩者所以言志吟詠性情以諷其上者也古有采詩之官王者巡守則陳詩以觀民風知得失自考正也動天地感鬼神厚人倫美敎化移風俗莫近乎詩是以孔子最先刪錄既取周詩上兼商頌凡三百一十一篇毛公爲故訓時已亡六篇故藝文志云三百五篇以授子夏子夏遂作序焉或曰毛公作序解見[redacted]口以相傳未有章句戰國之世專任武力雅頌之聲爲鄭衛所亂其廢絕亦可知矣遭秦焚書而得全者以其人所諷誦不專在竹帛故也漢興傳者有四家魯人申公亦謂申培公楚王大傅武帝以安車蒲輪徵之時申公年八十餘以爲大中大夫受詩於浮丘伯以詩經爲訓

故以教無傳疑者則闕不傳号曰魯詩弟子爲博士者十餘人郎中令王臧蘭陵人御史大夫趙綰代人臨淮太守孔安國膠西内史周霸城陽内史夏寛東海太守魯賜碭人長沙内史繆生蘭陵人膠西中尉徐偃膠東内史闕門慶忌鄒人皆申公弟子也申公本以詩春秋授瑕丘江公盡能傳之徒衆最盛魯許生免中徐公免中縣名皆守學教授丞相韋賢受詩於江公及許生傳子玄成賢字長孺玄成字少翁父子竝爲丞相封扶陽侯又治禮論語玄成兄子賞以詩授哀帝大司馬車騎將軍又王式字翁思東平新桃人昌邑王師受詩於免中徐公及許生以授張生長安名長安字幼君山陽人爲博士論石渠至淮陽中尉及唐長賓東平人爲博士楚王太傅褚少孫沛人爲博士褚氏家傳云即續史記褚先生張生兄子游卿諫大夫以詩授元帝傳王扶琅邪人泗水中尉扶授

許晏（陳留人爲博士）又薛廣德（字長卿沛國相人御史大夫）受詩于王式授龔舍（字君倩楚國人太山太守）齊人轅固生（漢景帝時爲博士至淸河太傅）作詩傳号齊詩傳夏侯始昌始昌授后蒼（字近君東海郯人通詩禮爲博士至少府）蒼授翼奉（字少君東海下邳人爲博士諫大夫）及蕭望之（字長倩東海蘭陵人御史大夫前將軍兼傳論語）匡衡（字稚圭東海承人丞相樂安侯子咸亦明經歷九卿家世多爲博士）衡授師丹（字公仲琅邪人大司空）及伏理（字游君高密太傅家世傳業）滿昌（字君都潁川人詹事）昌授張邯（九江人）及皮容（琅邪人）皆至大官徒衆尤盛後漢陳元方亦傳齊詩燕人韓嬰（漢文帝時爲博士至常山太傅）推詩之意作內外傳數万言号曰韓詩淮南賁生受之武帝時嬰與董仲舒論於上前仲舒不能難（嬰又爲易傳燕趙閒好詩故其易微唯韓氏自傳之）其孫商爲博士孝宣時涿韓生其後也河內趙子事燕韓生授同郡蔡誼（誼以

詩授昭帝至丞相封侯 誼授同郡食子公 爲博士 及琅邪王吉 字子陽王駿父 昌邑中尉諫大夫吉兼五經能爲騶氏春秋以詩論教授 子公授太山栗豐 部刺史 吉授淄川長孫順 爲博士 豐授山陽張就順授東海髮福 一本作段福 竝至大官藝文志云齊韓詩或取春秋采雜說咸非其本義魯最爲近之毛詩者出自毛公河閒獻王好之徐整 字文操豫章人吳太常卿 云子夏授高行子高行子授薛倉子薛倉子授帛妙子帛妙子授河閒人大毛公毛公爲詩故訓傳於家以授趙人小毛公 一云名萇 小毛公爲河閒獻王博士以不在漢朝故不列於學一云子夏傳曾申 字子西魯人曾參之子 申傳魏人李克克傳魯人孟仲子 鄭玄詩譜云子思之弟子 孟仲子傳根牟子根牟子傳趙人孫卿子孫卿子傳魯人大毛公漢書儒林

傳云毛公趙人治詩爲河閒獻王博士授同國貫長卿徐整作長公長卿授解延年爲阿武令詩譜云齊人延年授號徐敖敖授九江陳俠王莽講學大夫或云陳俠傳謝曼卿元始五年公車徵說詩後漢鄭衆賈逵傳毛詩馬融作毛詩注鄭玄作毛詩箋申明毛義難三家於是三家遂廢矣魏太常王肅更述毛非鄭荆州刺史王基字伯輿東萊人駮王肅申鄭義晉豫州刺史孫毓字休朗北海平昌人長沙太守爲詩評評毛鄭王肅三家同異朋於王徐州從事陳統字元方難孫申鄭宋徵士鴈門周續之字道祖及雷次宗俱事廬山惠遠法師豫章雷次宗字仲倫宋通直郎徵不起齊沛國劉瓛並爲詩序義前漢魯齊韓三家詩列于學官平帝世毛詩始立齊詩久亡魯詩不過江東韓詩雖在人無傳者唯毛

詩鄭箋獨立國學今所遵用

毛詩故訓傳二十卷 鄭氏箋 馬融注十卷 無下袠 王肅注二十卷謝沈注二十卷江熙注二十卷 字太和濟陽人東晉兖州別駕 鄭玄詩譜二卷 徐整暢大叔裘隱 孫毓詩同異評十卷陸璣毛詩草木鳥獸蟲魚疏二卷 字元恪吳郡人吳太子中庶子烏程令 爲詩音者九人鄭玄徐邈蔡氏孔氏阮侃王肅江惇干寶李軌 阮侃字德恕陳留人河內太守江惇字思俊河內人東晉徵士蔡氏孔氏不詳何人

右詩粱有桂州刺史清河崔靈恩集衆解爲毛詩集注二十四卷俗閒又有徐爰詩音近吳興沈重亦撰詩音義

安上治民莫善於禮鄭子太叔云夫禮天之經地之義民

之行也左傳云禮所以經國家定社稷序民人利後嗣者也禮教之設其源遠哉帝王質文世有損益至於周公代時轉浮周公居攝曲爲之制故曰經禮三百威儀三千及周之衰諸侯始僭將踰法度惡其害己皆滅去其籍自孔子時而不具矣孔子反魯乃始刪定值戰國交爭秦氏坑焚惟故禮經崩壞爲甚漢興有魯高堂生傳士禮十七篇即今之儀禮也而魯徐生善爲容孝文時爲禮官大夫景帝時河間獻王好古得古禮獻之鄭六藝論云後得孔氏壁中河間獻王古文禮五十六篇記百三十一篇周禮六篇其十七篇與高堂生所傳同而字多異劉向別録云古文記二百四篇藝文志曰禮古經五十六篇出于魯淹中蘇林云淹中里名或曰河間獻王開獻書之路時有李氏上周官五篇失事官一篇乃購千金不得取考工

記以補之瑕丘蕭奮以禮至淮陽太守授東海孟卿（孟喜父）卿授同郡后蒼及魯閭丘卿其古禮經五十六篇蒼傳十七篇所餘三十九篇以付書館名爲逸禮蒼說禮數万言号曰后蒼曲臺記（在曲臺校書著記因以爲名）孝宣之世蒼爲最明蒼授沛聞人通漢（字子方以太子舍人論石渠至中山中尉）及梁戴德（字延君号大戴信都太傅）戴聖（字次君号小戴以博士論石渠至九江太守）沛慶普（字孝公東平太傅）由是禮有大小戴慶氏之學普授魯夏侯敬又傳族子咸（豫章太守）大戴授琅邪徐良（字斿卿爲博士州牧郡守家世傳業）小戴授梁人橋仁（字季卿大鴻臚家世傳業）及楊榮（字子孫琅邪太守）王莽時劉歆爲國師始建立周官經以爲周禮河南緱氏杜子春受業於歆還家以敎門徒好學之士鄭興父子（興字少贛河南人後漢太中大夫子衆巳見前竝作周禮解詁）等

多徃師之賈景伯亦作周禮解詁禮記者本孔子門徒共撰所聞以爲此記後人通儒各有損益故中庸是子思伋所作緇衣是公孫尼子所制鄭玄云月令是吕不韋所撰盧植（字子幹涿郡人後漢北中郎將九江太守）云王制是漢時博士所爲陳卲（字節良下邳人晉司空長史）周禮論序云戴德删古禮二百四篇爲八十五篇謂之大戴禮戴聖删大戴禮爲四十九篇是爲小戴禮（漢劉向別録有四十九篇其篇次與今禮記同名爲他家書拾撰所取不可謂之小戴禮）後漢馬融盧植考諸家同異附戴聖篇章去其繁重及所敘略而行於世即今之禮記是也鄭玄亦依盧馬之本而注焉范曄後漢書云中興鄭衆傳周官經後馬融作周官傳授鄭玄玄作周官注（鄭注引杜子春鄭大夫鄭司農之義鄭玄三禮目録云二鄭信同宗之大儒今贊而

辯之玄本治小戴禮後以古經校之取其於義長者順者故爲鄭氏學玄又注小戴所傳禮記四十九篇通爲三禮焉漢初立高堂生禮博士後又立大小戴慶氏三家王莽又立周禮後漢三禮皆立博士今慶氏曲臺久亡大戴無傳學者唯鄭注周禮儀禮禮記並列學官而喪服一篇又別行於世今三禮俱以鄭爲主

馬融注周官十二卷鄭玄注十二卷王肅注十二卷干寶注十三卷

右周禮

鄭玄注儀禮十七卷馬融王肅孔倫字敬序會稽人東晉盧陵太守集衆家注陳銓不詳何人裴松之字士期河東人宋太中大夫西鄉侯雷次宗蔡超字希遠濟陽人

宋丞相諮議參軍田僑之字僧紹馮翊人齊東平太守劉道拔彭城人宋海豐令周續之自馬融以下竝注喪服

右儀禮

盧植注禮記二十卷鄭玄注二十卷王肅注三十卷孫炎注二十九卷字叔然樂安人魏秘書監徵不就業遵注十二卷字長儒燕人宋奉朝請庾蔚之略解十卷字季隨潁川人宋員外常侍

右禮記

鄭玄三禮音各一卷王肅三禮音各一卷七録唯云撰禮記音李軌周禮儀禮音各一卷禮記音三卷劉昌宗周禮儀禮音各一卷禮記音五卷徐邈周禮音一卷七録無禮記音三卷射慈字孝宗彭城人吳中書侍郎齊王傅禮記音一卷謝楨不詳何人禮記音一卷孫毓禮記音一卷繆炳禮記音一卷曹耽字愛道譙國人東晉安北諮議參軍禮記音二卷尹毅天水人東晉國

子助教禮記音二卷　蔡謨字道明濟陽考城人晉司徒文穆公禮記音二卷　范宣字宣子濟陽人東晉貟外郎不就禮記音二卷　徐爰禮記音三卷　王曉作周禮音一卷云定鄭氏音北土江南無此書不詳何人

右作音人近有戚袞作周禮音沈重撰問禮禮記音梁國子助教皇侃撰禮記義疏五十卷又傳喪服義疏竝行於世

古之王者必有史官君舉則書所以愼言行昭法式也諸侯亦有國史春秋即魯之史記也孔子應聘不遇自衛而歸西狩獲麟傷其虛應乃與魯君子左丘明觀書於太史氏因魯史記而作春秋上遵周公遺制下明將來之法褒善黜惡勒成十二公之經以授弟子弟子退而異言丘明

恐弟子各安其意以失其眞故論本事而爲之傳明夫子不以空言說經也春秋所貶損人當世君臣其事實皆形於傳故隱其書而不宣所以免時難也及末世口說流行故有公羊名高齊人子夏弟子受經于子夏穀梁名赤魯人糜信云與秦孝公同時七録云名淑字元始風俗通云子夏門人鄒氏王吉善鄒氏春秋夾氏之傳鄒氏無師夾氏有録無書故不顯于世桓譚新論云左氏傳遺戰國寢藏後百餘年魯人穀梁赤作春秋殘略多有遺文又有齊人公羊高緣經文作傳彌失本事漢興齊人胡毋生字子都景帝時爲博士年老歸教于齊齊之言春秋者宗事之公孫弘亦頗受焉趙人董仲舒官至江都膠西相竝治公羊春秋蘭陵褚大梁相東平嬴公諫大夫廣州段仲温吕步舒步舒丞相長史皆仲舒弟子嬴公守學不失師法授東海孟卿及魯眭弘字孟符節令弘授嚴彭祖字公子東海下邳人爲博士至左馮翊太子太

傳及顏安樂字翁孫魯國薛人也孟姊子也爲齊郡太守丞由是公羊有嚴顏之
學弘弟子百餘人常曰春秋之意在二子矣彭祖授琅邪
王中少府家世傳業中授同郡公孫文東平太傅徒衆甚盛及東門雲荊州刺史
安樂授淮陽泠豐字次君菑川太守及淄川任翁少府豐授大司徒
馬宮字游卿東海戚人封扶德侯及琅邪左咸郡守九卿徒衆甚盛始貢禹字少翁琅
邪人御史大夫事嬴公而成於眭孟以授潁川堂谿惠惠授泰山
冥都丞相史又踈廣字仲翁東海蘭陵人太子太傅事孟卿以授琅邪筦路
筦路及冥都又事顏安樂路授大司農孫寶字子嚴潁川鄢陵人瑕
丘江公受穀梁春秋及詩於魯申公武帝時爲博士傳子至孫
皆爲博士使與董仲舒論江公吶於口而丞相公孫弘本爲公
羊學比輯其義卒用董生於是上因尊公羊家詔太子受

衛太子復私問穀梁而善之其後浸微唯魯榮廣字王孫浩星公二人受焉廣盡能傳其詩春秋蔡千秋字少君諫大夫郎中戸將梁周慶字幼君丁姓字子孫至中山太傅皆從廣受千秋又事浩星公爲學最篤宣帝即位聞衛太子好穀梁乃詔千秋與公羊家竝說上善穀梁說後又選郎十人從千秋受會千秋病死徵江公孫爲博士詔劉向受穀梁欲令助之江博士復死乃徵周慶丁姓待詔使卒授十人十餘歲皆明習乃召五經名儒太子太傅蕭望之等大議殿中平公羊穀梁同異時公羊博士嚴彭祖侍郎申輓伊推宋顯穀梁議郎尹更始待詔劉向周慶丁姓竝論望之等多從穀梁由是大盛慶姓皆爲博士姓授楚申章昌曼君爲博士至長沙太傅初尹更始字翁君汝南邵陵人議郎諫大夫長樂戸將事蔡千秋又受

左氏傳取其變理合者以爲章句傳子咸（大司農）及翟方進（字子威汝南上蔡人丞相封侯）房鳳（字子元琅邪不其人光祿大夫五官中郎將青州牧）始江博士授胡常常授梁蕭秉（字君房）王莽時爲講學大夫

左丘明作傳以授曾申申傳衛人吳起（魏文侯相）起傳其子期期傳楚人鐸椒（楚太傳）椒傳趙人虞卿（趙相）卿傳同郡荀卿名況況傳武威張蒼（漢丞相北平侯）蒼傳洛陽賈誼（長沙梁王太傅）誼傳至其孫嘉嘉傳趙人貫公（漢書云賈誼授貫公爲河間獻王博士）貫公傳其少子長卿（蕩陰令）長卿傳京兆尹張敞（字子高河東平陽人徙杜陵）及侍御史張禹（字長子清河人）禹數爲御史大夫蕭望之言左氏望之善之薦禹徵待詔未及問會病死禹傳尹更始更始傳其子咸及翟方進胡常常授黎陽賈護（字季君哀帝時待詔爲郎）護授蒼梧

陳欽（字子佚以左氏授王莽至將軍）漢書儒林傳云漢興北平侯張蒼及梁太傅賈誼京兆尹張敞大中大夫劉公子皆修春秋左氏傳始劉歆（字子駿向之子王莽國師）從尹咸及翟方進受左氏（哀帝時歆與房鳳王龔欲立左氏爲師丹所奏不果平帝世始得立）由是言左氏者本之賈護劉歆歆授扶風賈徽（字元伯後漢潁陰令作春秋條例二十一卷）徽傳子逵逵受詔列公羊穀梁不如左氏四十事奏之名曰左氏長義章帝善之逵又作左氏訓詁司空南閤祭酒陳元作左氏同異大司農鄭衆作左氏條例章句南郡太守馬融爲三家同異之說京兆尹延篤（字叔堅南陽人）受左氏於賈逵之孫伯升因而注之汝南彭汪（字仲博）記先師奇說及舊注太中大夫許淑（字惠卿魏郡人）九江太守服虔（字子慎河南人）侍中孔嘉（字山甫扶風人）魏

司徒王朗字景興肅之父荆州刺史王基大司農董遇徵士燉煌周生烈並注解左氏傳梓潼李仲欽著左氏指歸陳郡潁容字子嚴後漢公車徵不就作春秋條例又何休字邵公任城人後漢諫大夫作左氏膏肓公羊墨守穀梁癈疾鄭康成鍼膏肓發墨守起癈疾自是左氏大興漢初立公羊博士宣帝又立穀梁平帝始立左氏後漢建武中以魏郡李封爲左氏博士羣儒蔽固者數廷爭之及封卒因不復補和帝元興十一年鄭興父子奏上左氏乃立於學官仍行於世迄今遂盛行二傳漸微江左中興立左氏傳杜氏服氏博士太常荀崧奏請立二傳博士詔許立公羊云穀梁膚淺不足立博士王敦亂竟不果立左氏今用杜預注公羊用何休注穀梁用范甯注二傳近代無講者恐其學遂絶故爲音以示將來

士燮注春秋經十一卷字彥威蒼梧人吳衛將軍龍編侯賈逵左氏解詁三十卷服虔解誼三十卷王肅注三十卷董遇章句三十卷杜預經傳集解三十卷字元凱京兆杜陵人晉鎮南大將軍開府儀同三司當陽穆侯孫毓注二十八卷杜預春秋釋例十五卷四十篇服虔音一卷魏高貴鄉公音三卷曹髦字士彥魏廢帝嵇康音三卷字叔夜譙國人晉中散大夫杜預音三卷李軌音三卷荀訥音四卷字世言新蔡人東晉尚書左民郎徐邈音三卷

右左氏梁東宮學士沈文何撰春秋義疏闕下秩陳東宮學士王元規續成之元規又撰春秋音

何休注公羊十二卷王愆期注十二卷字門子河東人東晉散騎常侍辰陽

伯高龍注十二卷字文范陽人東晉河南太守孔衍集解十四卷字舒元魯人東晉廣陵相李軌音一卷江惇音一卷

右公羊

尹更始穀梁章句十五卷唐固注十二卷字子正丹陽人吳尚書僕射糜信注十二卷字南山東海人魏樂平太守孔衍集解十四卷徐邈注十二卷徐乾注十三卷字文祚東莞人東晉給事中范甯集注十二卷段肅注十二卷不詳何人胡訥集解十卷

右穀梁

孝經者孔子爲弟子曾參説孝道因明天子庶人五等之孝事親之法亦遭焚燼河閒人顔芝爲秦禁藏之漢氏尊學芝之子貞出之是爲今文長孫氏博士江翁少府后蒼諫

大夫龔奉安昌侯張禹傳之各自名家凡十八章又有古文出于孔氏壁中別有閨門一章自餘分析十八章揔爲二十二章孔安國作傳劉向校書定爲十八後漢馬融亦作古文孝經傳而世不傳世所行鄭注相承以爲鄭玄案鄭志及中經簿無唯中朝穆帝集講孝經云以鄭玄爲主檢孝經注與康成注五經不同未詳是非江左中興孝經論語共立鄭氏博士一人古文孝經世既不行今隨俗用鄭注十八章本

孔安國馬融鄭衆鄭玄王肅蘇林字孝友陳留人魏散騎常侍何晏字平叔南陽人魏吏部尚書駙馬都尉關內侯劉邵字孔才廣平人魏光祿勳一云劉熙韋昭字弘嗣吳郡人吳侍中領左國史高陵亭侯爲晉諱改爲曜徐整謝万孫氏不詳何人揚泓天水人東晉給事中袁宏字彥伯陳郡人東晉東陽太守虞槃佑字弘猷高平人東晉處士庾氏不詳何人殷

仲文陳郡人東晉東陽太守　**車胄**字武子南平人東晉丹陽尹　**荀昶**字茂祖潁川人宋中書郎

孔光字文泰東莞人　**何承天**東海人宋廷尉卿　**釋慧琳**秦郡人宋世沙門　**王玄戴**

字彥運下邳人齊光禄大夫　**明僧紹**

右竝注孝經皇侃撰義疏先儒無爲音者

論語者孔子應答弟子及時人所言或弟子相與言而接聞於夫子之語也當時弟子各有所記夫子既終微言已絕弟子恐離居已後各生異見而聖言永滅故相與論撰因輯時賢及古明王之語合成一法謂之論語鄭康成云仲弓子夏等所撰定漢興傳者則有三家魯論語者魯人所傳即今所行篇次是也常山都尉龔奮長信少府夏侯勝丞相韋賢及子玄成魯扶卿鄭云扶先或說先先生太子少傅夏

侯建前將軍蕭望之竝傳之各自名家齊論語者齊人所傳別有問王知道二篇凡二十二篇其二十篇中章句頗多於魯論昌邑中尉王吉少府宋畸琅邪王卿御史大夫貢禹尚書令五鹿充宗膠東庸生竝傳之唯王陽名家古論語者出自孔氏壁中凡二十一篇有兩子張（如淳云分堯曰篇後子張問何如可以從政以下爲篇名曰從政）篇次不與齊魯論同（新論云文異者四百餘字）孔安國爲傳後漢馬融亦注之安昌侯張禹受魯論于夏侯建又從庸生王吉受齊論擇善而從号曰張侯論最後而行於漢世禹以論授成帝後漢包咸（字子長吳人大鴻臚）周氏（不詳何人）竝爲章句列于學官鄭玄就魯論張包周之篇章考之齊古爲之注焉魏吏部尚書何晏集孔安國包咸周氏馬

融鄭玄陳羣字長文潁川人魏司空王肅周生烈燉煌人七録云字文逢本姓唐魏博士侍中之說并下己意爲集解正始中上之盛行於世今以爲主

鄭玄注十卷王肅注十卷虞翻注十卷何晏集解十卷譙周注十卷字允南巴西人晉散騎常侍不拜陽城亭侯衛瓘注八卷少二卷宋明帝補闕崔豹注十卷字正熊燕國人晉尚書左中兵郎李充集注十卷東晉人孫綽集注十卷字興公太原人東晉廷尉卿長樂亭侯盈氏注十卷不詳何人孟整注十卷一云孟陋陋字少孤江夏人東晉撫軍參軍不就梁覬注十卷天水人東晉國子博士袁喬注十卷字彥叔陳國人東晉益州刺史湘西簡侯尹毅注十卷江熙集解十二卷張馮注十卷字長宗吳人東晉司徒左長史孔澄之注十卷字仲淵會稽人宋新安太守虞遐注十卷會稽人齊員外郎王弼釋疑三卷欒肇釋

疑十卷徐邈音一卷

右論語皇侃撰義疏行於世

老子者姓李名耳河上公云名重耳字伯陽陳國苦縣厲鄉人也史記云字聃又云曲里人一云陳國相人生而皓首劉向列仙傳云受學於容成生於殷時爲周柱下史史記云爲周守藏史或言是老萊子蓋百六十餘歲或言二百餘歲衆家皆云先爲柱下史轉爲守藏史葛洪云文王時爲主藏史武王時爲柱下史或云老子在黃帝時爲廣成子一云爲天老在堯時爲務光子在殷時爲彭祖在周爲柱下史覩周之衰乃西出關周敬王時爲關令尹喜說道德二篇尚虛無無爲劉向云西過流沙莫知所終班固云道家者清虛以自守卑弱以自持此人君南面之術也漢文帝竇皇后好黃老言有河上公者居河之湄結草爲菴以老子教授文帝徵之不至自詣河上責之河上公乃踊身空中文

帝改容謝之於是作老子章句四篇以授文帝言治身治國之要其後談論者莫不宗尚玄言唯王輔嗣妙得虛無之言今依王本博采衆家以明同異

河上公章句四卷不詳名氏　毋丘望之章句二卷字仲都京兆人漢長陵三老　嚴遵注二卷字君平蜀都人漢徵士　虞翻注二卷　王弼注二卷又作老子指略一卷又作老子指歸十四卷　鍾會注二卷　羊祜解釋四卷字叔子泰山平陽人晉太傅鉅平成侯　范望州注訓二卷字叔文會稽人吳尚書郎　王尚述二卷字君曾琅邪人東晉江州刺史封杜忠侯　程韶集解二卷鉅鹿人東晉郎中關內侯　邯鄲氏注二卷不詳何人　常氏注二卷不詳何人　盈氏注二卷　孟子注二卷或云孟康康字公休安平廣宗人魏中書監廣陵亭侯　巨生內解二卷不詳何人　袁眞注二卷字彥仁陳郡人東晉西中郎將豫州刺史　張嗣注二卷　張憑注二卷　孫登集

注二卷字仲山太原中都人東晉尚書郎 蜀才注二卷 釋慧琳注二卷 釋慧嚴注二卷陳留人本姓范宋世沙門 王玄載注二卷 顧懽堂誥四卷一作老子義疏 節解二卷不詳作者或云老子所作一云河上公作 劉遺民玄譜一卷字遺民彭城人東晉柴桑令 想余注二卷不詳何人一云張魯或云劉表魯字公旗沛國豐人漢鎮南將軍關內侯 戴逵音一卷字安道譙國人東晉散騎常侍太子中庶子徵不就

右老子近代有梁武帝父子及周弘正講疏北學有杜弼注世頗行之

莊子者姓莊名周太史公云字子休 梁國蒙縣人也六國時爲梁漆園吏與魏惠王齊宣王楚威王同時李頤云與齊愍王同時 齊楚嘗聘以爲相不應時人皆尚遊說莊生獨高尚其事優遊自得依老氏之旨著書十餘萬言以逍遙自然無爲齊物

而巳大抵皆寓言歸之於理不可案文責也然莊生宏才命世辭趣華深正言若反故莫能暢其弘致後人增足漸失其眞故郭子玄云一曲之才妄竄奇說若閼弈意脩之首危言游鳧子胥之篇凡諸巧雜十分有三漢書藝文志莊子五十二篇即司馬彪孟氏所注是也言多詭誕或似山海經或類占夢書故注者以意去取其内篇衆家並同自餘或有外而無雜唯子玄所注特會莊生之旨故爲世所貴徐仙民李弘範作音皆依郭本以郭爲主

崔譔注十卷二十七篇清河人晉議郎内篇七外篇二十　向秀注二十卷二十六篇一作二十七篇一作二十八篇亦無雜篇爲音三卷　司馬彪注二十一卷五十二篇字紹統河内人晉祕書監内篇七外篇二十八雜篇十四解說三爲音三卷　郭象注

三十三卷三十三篇字子玄河內人晉太傅主簿內篇七外篇十五雜篇十一爲音三卷李頤集解三十卷三十篇字景眞潁川襄城人晉丞相參軍自号玄道子一作三十五篇爲音一卷孟氏注十八卷五十二篇不詳何人王叔之義疏三卷字穆[redacted]琅邪人宋處士亦作注李軌音一卷徐邈音三卷

右莊子

爾雅者所以訓釋五經辯章同異實九流之通路百氏之指南多識鳥獸草木之名博覽而不惑者也爾近也雅正也言可近而取正也釋詁一篇蓋周公所作釋言以下或言仲尼所增子夏所足叔孫通所益梁文所補張揖論之詳矣前漢終軍始受豹鼠之賜自茲迄今斯文甚矣先儒多爲億必之說乖蓋闕之義唯郭景純洽聞強識詳悉古

今作爾雅注爲世所重今依郭本爲正

犍爲文學注三卷一云犍爲郡文學卒史臣舍人漢武帝時待詔闕中卷劉歆注三卷與李巡注正同疑非歆注樊光注六卷京兆人後漢中散大夫沈旋疑非光注李巡注三卷汝南人後漢中黃門孫炎注三卷音一卷郭璞注三卷字景純河東人東晉弘農太守著作郎音一卷圖贊二卷

右爾雅梁有沈旋約之子集衆家之注陳博士施乾國子祭酒謝嶠舍人顧野王並撰音既是名家今亦采之附於先儒之末

目録

經典釋文卷第三　古文尚書音義上起第一盡第五

經典釋文卷第四　古文尚書音義下起第六盡第十三

經典釋文卷第五　毛詩音義上起第一盡第六

經典釋文卷第六　毛詩音義中起第七盡第十五

經典釋文卷第七　毛詩音義下起第十六盡第二十

經典釋文卷第八　周禮音義上起天官盡春官下

經典釋文卷第九　周禮音義下起夏官盡考工記下

經典釋文卷第十　儀禮音義

右上帙十卷

經典釋文卷第十一　禮記音義之一起第一盡第五

經典釋文卷第十二　禮記音義之二起第六盡第十

經典釋文卷第二十三　孝經音義

經典釋文卷第二十四　論語音義

經典釋文卷第二十五　老子音義

經典釋文卷第二十六　莊子音義上內篇七

經典釋文卷第二十七　莊子音義中外篇十五

經典釋文卷第二十八　莊子音義下雜篇十五

經典釋文卷第二十九　爾雅音義上上中二卷

經典釋文卷第三十　爾雅音義下下卷

經典釋文卷第一

經九千九百九十二字
注六千一百二十九字

經典釋文卷第二

周易音義

唐國子博士兼太子中允贈齊州刺史吳縣開國男陸德明撰

周 代名也周至也遍也備也今名書義取周普 易 盈隻反此經名也虞翻注參同契云字從日下月正從日勿 上經 上者對下立名經者常也法也徑也由也 乾 卦名 傳 直戀反以傳述爲義謂夫子十翼也解見發題 第一 亦作弟 王弼注 本亦作王輔嗣注音張具反今本或無注字師說無者非

☰ 乾 竭然反依字作𠦝下乙𠦝從旦㫃㫃音偃說卦云乾健也此八純卦象天 元亨 許庚反卦德也訓通也餘放此 潛 捷鹽反 龍 喻陽氣及聖人 見龍 賢遍反示也注及下見龍皆同 利見 如字下皆同 大人 王肅云聖人在位之目 離隱 力智反 處於 昌呂反衆經不音者放此 德施 始豉反與也 不偏 音篇 則過 古臥反諸經內皆同 夕惕 他歷反怵惕也鄭玄云懼也廣雅同 若厲 力世反危也 无 音無易內皆作此字說文云奇字無也通於元者虛

无道也王育說天屈西北爲无　咎其久反易內同　重剛直龍反下同　竭知音智　或

躍羊灼反廣雅云上也上音時掌反　所處一本作可處　近乎附近之近　猶以救

反　與音預　不謬靡幼反本或作繆音同　夫位音符下皆同　亢苦浪反子夏傳

云極也廣雅云高也　則佞乃定反　邪字又作耶似嗟反　彖吐亂反斷也斷音都亂反

資始鄭云資取也　乃統鄭云統本也　雲行如字　雨施始豉反卦內皆同

之累劣僞反　者邪或作耶同餘嗟反後協句辭皆放此　象翔丈反精象擬象也　自

強其良反　反復芳服反注同本亦作覆　大人造鄭徂早反爲也王肅七到反就也至

也劉歆父子作聚　文言文飾卦下之言也夫子之十翼梁武帝云文言是文王所制

張丈反　之幹古旦反　體仁如字京房荀爽董遇本作體信　利物孟喜京荀陸績

作利之　不成名一本作不成乎名　遯世徒頓反　无悶門遜反　樂則音洛

確乎苦學反鄭云堅高之貌說文云高至　可拔蒲八反鄭云移也廣雅云出也　庸行

下孟反　閑邪似嗟反下同　幾既依反注同理初始微名幾　能全一本作能令

彪克本亦作鮮同仙善反少也　怵勑律反　解怠佳賣反　上下並如字王

肅上音時掌反　非離力智反　相應應對之應易內不出者並同　流濕申入反

就燥蘇早先早二反　聖人作如字鄭云起也馬融作起　而當都浪反易內皆同有

異者別出　故盡津忍反　當其如字　上治直吏反下及注同　放遠于萬

反　見而賢遍反　粹雖遂反　揮音輝廣雅云動也王肅云散也本亦作輝義取光輝

為行下孟反下之行行而皆同　日可人實反　未見賢遍反　以辯如字徐扶

免反　重剛直龍反下同　夫大人音符發端之字皆放此　先天悉薦反

後天胡豆反　知喪息浪反　其唯聖人乎王肅本作愚人後結始作聖人

☷巛本又作坤坤今字也同困魂反說卦云順也八純卦象地　利牝頻忍反徐邈扶忍反又扶死反

有攸音由所也　喪朋息浪反馬云失也下及注並同　必離力智反　无疆

或作壇同居良反下及注同 必爭 爭鬬之爭 履霜 如字鄭讀履爲禮 積著 張慮反衆經不音者皆同 始凝 魚冰反 馴 似遵反向秀云從也徐音訓此依鄭義 任其 而鴆反衆經皆同 知光 音智注同 不擅 善戰反專也 括 古活反結也方言云閉也 廣雅云塞也 囊 乃剛反 无譽 音餘又音預 不造 七到反又曹早反 否 皮鄙反 閉 必計反字林兵結反云闔也 施慎 並如字慎謹也象詞同本或作順非 之飾 申職反本或作餝俗字 坤至柔 本或有文言曰者 爲邪 似嗟反 餘殃 於良反鄭云禍惡也說文云凶也 臣弑 式志反本或作殺音同下同 由辯 如字馬云別也荀作變

言順 如字 直方大不習无不利則不疑其所行 張璠本此上有易曰衆家皆無 木蕃 伐袁反 而暢 勑亮反 陰疑 如字荀虞姚信蜀才本作凝 爲其 于僞反注爲其同 嫌 戸謙反注同鄭作溓荀虞陸董作嗛 未離 力智反

䷂屯 張倫反難也盈也坎宮二世卦 則否 備鄙反 得主則定 本亦作則寧

而難乃旦反卦內除六二注難可餘並同賈逵注周語云畏憚也　天造徂早反、注同　草昧音妹廣雅云草造也董云草昧微物　而不寧而辭也鄭讀而曰能能猶安也　經論音倫鄭如字謂論撰書禮樂施政事黃穎云經論匡濟也本亦作綸　磐本亦作盤又作槃步干反　桓馬云槃桓旋也

晏安本又作宴各依字晏一諫反宴一見反　下賤遐嫁反　屯如子夏傳云如辭也　邅如張連反馬云難行不進之皃　乘馬繩證反四馬曰乘下及注並同鄭云馬牝牡曰乘子夏傳音繩　班如如字子夏傳云相牽不進皃鄭本作般　媾古后反馬云重婚本作冓鄭云猶會本或作構者非

相近附近之近下近五同又如字　即鹿王肅作麓云山足　君子幾徐音祈辭也注同又音機近也速也鄭作機云弩牙也　如舍武夜反止也注下同徐音捨　往吝力刃反又力慎反馬云恨也　睢比毗志反下皆同　之易以豉反　不揆葵癸反　以從如字鄭黃子用反　合好呼報反下同　恢弘苦回反大也　博施式豉反及下文皆同　拯拯救之拯　亨于許庚反　他閒閒廁之閒　漣如音連說文云泣下也

應援于眷反又音袁 闉音因塞也春秋傳云當陳隧者井堙木刊是也 阨於革反又於賣反

委仰如字又魚亮反 長也直良反

☶☵蒙莫公反蒙蒙也稚也稽覽圖云無以教天下曰蒙方言云蒙萌也離宮四世卦 童如字字書作僮鄭云未冠之稱廣雅云癡也 筮市制反決也鄭云問 告古毒反示也語也 再三息暫反又如字 瀆音獨亂也鄭云褻也 則復扶又反 能斷丁亂反 夫疑音扶六五注同 閡山五代反

時中張仲反注時中決中同又如字和也 童蒙求我一本作來求我

不諳本亦作沓又作資並通 果行下孟反注及六三注象同 用說吐活反注同徐又音稅 桎音質 梏古毒反在足曰桎在手曰梏廣雅云杻謂之梏械謂之桎杻音丑 所惡烏路反

苞蒙如字鄭云苞當作彪彪文也 用取七住反本又作娶下及注同 獨遠于万反下文同

能比毗志反 以巽音遜鄭云當作遜 擊蒙經歷反王肅云治也馬鄭作繫

擊去起呂反下同 爲之于僞反又如字 扞胡旦反 禦魚呂反本又作衞

☵需音須字從雨重而者非飲食之道也訓養鄭讀爲秀解云陽氣秀而不直前者畏上坎也坤宮遊魂卦
有孚徐音敷信也又作旉光師讀絕句亨貞吉一句馬鄭摠爲一句不陷陷沒之陷
位乎如字鄭音涖雲上時掌反干寶云升也於天王肅本作雲在天上宴烏練反徐
烏殄反安也下同鄭云享宴也李軌烏衍反樂音洛注同最遠袁万反下遠險同於難乃旦
反下文及注皆同利用恒未失常也本亦有无咎者于沙如字鄭作沚
轉近附近之近後時胡豆反衍在以善反徐怡戰反致寇如字鄭王肅本
作戎則辟音避下同己得音紀又音巳所復扶又反不速如字馬云
召也釋詁云疾也釋言云徵也召也
☰訟才用反爭也言之於公也鄭云辯財曰訟離宮遊魂卦窒張栗反徐得悉反又得失反馬作咥
云讀爲躓猶止也鄭云咥覺悔貌惕湯歷反王注或在惕字上或在下皆通在中吉下者非中如字
馬丁仲反吉有孚窒一句惕中吉一句涉難乃旦反猶復扶又反下同不枉

紆往反　**而令**力呈反　**正夫**音符下注同　**斷不**丁亂反下注並同　**契**

之苦計反下同　**其分**符問反　**相濫**力暫反　**爭何**爭鬭之爭　**陰和**胡臥反

反　**而逋**補吳反徐方吳反　**眚**生領反子夏傳云妖祥曰眚馬云災也鄭云過也　**下**

物遐嫁反　**竄**七亂反徐七外反逃也　**掇**徐都活反說文云拾取也鄭本作惙陟劣反憂也

忤也五故反　**復即**音服後同者更不音　**渝**以朱反變也馬同鄭云然也　**不**

邪似嗟反　**錫**星歷反又星自反賜也　**鞶**步干反馬云大也徐云王肅作槃　**帶**音帶亦作

帶　**終朝**馬云旦至食時爲終朝　**三**息暫反注同或如字　**褫**徐敕紙反又直是反本又作褫音同王肅

云解也鄭本作拕徒可反

☷**師**彖云衆也馬云二千五百人爲師師坎宮歸魂卦　**貞丈人**絕句丈人嚴莊之稱鄭云能以法度長於

人　**之稱**尺證反　**以王**如字物歸往也徐又往況反　**毒**徒篤反役也馬云治也

畜衆敕六反聚也王肅許六反養也　**否**音鄙惡也注同馬鄭王肅方有反　**臧**作郎反善也

三錫星歷反徐音賜鄭本作賜　天寵如字鄭云光燿也王肅作龍云寵也　背高音佩

有禽徐本作擒　長子丁丈反注及下同　軍師色類反

䷇比毗志反卦內並同彖云輔也序卦云比比也子夏傳云地得水而柔水得地而流故曰比徐又甫履反坤宮歸魂卦　凶邪似嗟反　求有本亦作求得　其炎于廉反　缶方有反瓦器也鄭云汲器也爾雅云盎謂之缶　有它敕多反本亦作他　匪人非鬼反馬云匪非也王肅本作匪八凶　三驅匡愚反徐云鄭作毆馬云三驅者一曰乾豆二曰賓客三曰君庖　狹矣戶夾反　則舍音赦又音捨　背己音佩　則射食亦反　惡而烏路反

舍逆音捨

䷈小畜本又作蓄同敕六反積也聚也卦內皆同鄭許六反養也巽宮一世卦　施未始豉反注皆同　陽上時掌反　蒸職膺反　車說吐活反下文并注並同說文云解也　輻也音福　雖復扶又反上九注同　輿音餘　輻音福本亦作輹音服馬云車下縛也鄭云伏菟

陰長丁丈反下同　血如字馬云當作恤憂也　去起呂反注同　亦惡烏路反履卦同　攣力專反馬云連也徐又力轉反子夏傳作戀云思也　幾徐音祈又音機注同子夏傳作近

唯泰也則然一本作然則讀即以也字絕句　有難乃旦反　可盡津忍反

☰☱履利恥反禮也艮宮五世卦　咥直結反齧也馬云齕　說而音悅注及後同　行夫音符下同　佞邪似嗟反　疚久又反馬云病也陸本作疾　坦坦吐旦反說文云安也廣雅云平也明也蒼頡篇云著也　不憙虚備反又音喜　險厄於革反又音戹　眇妙小反字書云盲也說文云小目　跛波我反足跛也依字作彼　不脩本又作循　行未下孟反　愬愬山革反子夏傳云恐懼貌何休注公羊傳云驚愕也馬本作虩虩音許逆反云恐懼也說文同廣雅云懼也　逼近附近之近　夬古快反　考祥本亦作詳

周易上經泰傳第二

☷☰泰如字大通也鄭云通也馬云大也坤宮三世卦　道長丁丈反　財成音才徐才載反

苟作裁　輔相息亮反注同　以左音佐注同　右民音佑注同左右助也　拔蒲八
反　茅卯交反鄭音苗　茹汝據反牽引也鄭湛同王肅音如　彙音胃類也李于鬼反傅氏注云彙古
偉字美也古文作蕢董作賁出也鄭云勤也　苞本又作包必交反下卦同音薄交反　荒本亦作巟音同
鄭注禮云穢也說文水廣也又大也鄭讀爲康云虛也　用馮音憑注同　荒穢於廢反
不陂彼僞反徐甫寄反傾也注同又破河反偏也　象曰无平不陂一本作无往不復
篇篇如字子夏傳作翩翩向本同云輕舉貌古文作偏偏　以祉音恥一音勑子反又音止
女處本亦作爻處　盡夫音符後皆放此以意求之　隍音皇城塹也子夏作堭姚作湟
所應如字舊音應對之應　上承時掌反　下施始豉反　否道備鄙反
䷋否備鄙反卦內同閉也塞也乾宮三世卦　道長丁丈反　辟難上音避下乃旦反
入邪似嗟反　不諂勑檢反　否亨許庚反　疇直留反鄭作古𠷎字
休否虛虯反美也又許求反息也注同

䷌同人和同也離宮歸魂卦　以邪似嗟反　炎上時掌反　辯物如字王肅卜免反　繫吝繫或作係本作黨係　則否方有反又備鄙反　褊必淺反　狹戶夾反　于莽莫蕩反王肅冥黨反鄭云叢木也　物黨物或作朋　所比毗志反　所當如字　量斯音良又音亮　其墉徐音容鄭作庸　而效下教反　不克則反反則得吉也一本作反則得得則吉也　號戶羔反　咷道刀反號咷啼呼也　而遠袁万反　內爭爭鬬之爭　異災一本作它災

䷍大有包容豐富之象乾宮歸魂卦　遏於葛反止也徐又音謁　休命虛虯反美也徐又許求反　大車王肅剛除反蜀才作輿　不泥乃計反　用亨許庚反通也下同衆家並香兩反京云獻也干云享宴也姚云享祀也　其彭步郎反子夏作旁干云彭亨驕滿貌王肅云壯也虞作尫姚云彭旁徐音同　上近如字亦附近之近　下比毗志反　至知音智　可舍音捨　斯數色助反　晢章舌反王廙作晣同音徐李之世反又作哲字鄭本作遰

云讀如明星晢晢陸本作逝虞作折 何難一依象宜如字一音乃旦反 易而以豉反 祐
音又之 不累劣僞反下同 盡夫津忍反 繫辭音係
䷎謙卑退爲義屈己下物也兑宫五世卦子夏作嗛云嗛謙也 下濟節細反 而上時掌
反下注上承上行同 虧盈馬本作毁盈 而福京本作而富 惡盈烏路反卦末注 稱物尺證
同 而好呼報反 裒蒲侯反鄭荀董蜀才作捊云取也字書作掊廣雅云掊減
反 平施始豉反注同 大難乃旦反 自牧牧養之牧徐音目一音茂 名者聲
名聞之謂也一讀名者聲絶句聞音問 匪解佳賣反 撝毁皮反指撝也義與麾同
書云右秉白旄以麾是也馬云撝猶離也鄭讀爲宣 下下上遐嫁反下如字下句同 用侵王廙
作寑 征國本或作征邑國者非 不與音預 爲爭爭鬭之爭
䷏豫餘慮反悅豫也備豫也馬云豫樂震宫一世卦 不忒他得反鄭云差也京作貸 地奮
方問反 殷於勤反馬云盛也說文云作樂之盛稱殷京作隱 薦將電反本又作藨同本或作廌獸名

耳非　**介于**音界纖介古文作砎鄭古八反云謂磨砎也馬作扴云觸小石聲　**苟說**音悅　**盱**香于反睢盱也向云睢盱小人喜悅之貌王肅云盱大也鄭云誇也說文云張目也字林火孤反又火于反子夏作紆京作汙姚作盱云日始出引詩盱日始旦　**睢**香維反說文云仰目也字林火佳反　**由豫**由從也鄭云用也馬作猶云猶豫疑也　**盍**胡臘反合也　**簪**徐側林反子夏傳同疾也鄭云速也埤蒼同王肅又祖感反古文作貸京作撍馬作臧荀作宗虞作戠戠叢合也蜀才本依京義從鄭　**冥**覓經反馬云冥昧耽於樂也王廙云深也又亡定反鄭讀爲鳴　**有渝**羊朱反　**盡**津忍反　**樂**音洛

䷐**隨**從也震宮歸魂卦　**而下**遐嫁反注下柔同　**而說**音悅注下皆同　**大亨**

貞本又作大亨利貞　**而天下隨時**王肅本作隨之　**隨時之義**王肅本作隨之時義

而令力呈反　**否之**備鄙反　**以嚮**本又作向許亮反王肅本作鄉音同　**入宴**徐烏練反王肅烏顯反　**官有**蜀才作館有　**故舍**音捨下文同　**以擅**市戰反　**盡隨**津忍反盡卷末同　**位正中也**一本作中正　**拘**句于反　**用**

亨許庚反通也陸許兩反云祭也之濱音賓

䷑蠱音古事也惑也亂也左傳云於文皿蟲爲蠱又云女惑男風落山謂之蠱徐又姬祖反一音故巽宮歸魂

卦先甲息薦反彖幷注同後甲胡豆反彖幷注同以斷丁亂反施

令力政反下同競爭爭鬬之爭治也直吏反注同說隨音悅創制

初亮反此俗字也依字作刱復始扶又反以振舊之愼反濟也師讀音眞振振仁厚也當事

育德王肅作毓古育字有子考无咎絕句周依馬王肅以考絕句當事

丁堂反蠱承津忍反下皆同裕父羊樹反馬云寬也不累劣僞反

䷒臨如字序卦云大也坤宮二世卦剛浸子鴆反而長丁丈反除六三注末及象咎不長皆

同一音此治良反說而音悅下同敎思息吏反注同无疆居良反注同剛

勝升證反下同佞邪似嗟反下同媚密備反位當也本或作當位實非也

知臨音智注同又如字

䷓觀官喚反示也乾宮四世卦　盥音管　而不薦王又作虆同牋練反王肅本作而不觀薦　顒魚恭反　足復扶又反　既灌官喚反　不忒吐得反　神道設教一本作以神道設教　省方悉井反　童觀馬云童猶獨也鄭云稚也　最遠袁万反　朝美直遙反　所鑒古暫反下同　趣促裕反　闚古規反本亦作窺　者狹戶夾反　象曰闚觀女貞一本有利字　不比毗志反　觀國之光如字或音官喚反　最近附近之近　居近如字　德見賢遍反　平易以豉反　盡夫觀盛　故觀至　大觀在上王肅音官　以觀天下徐唯此一字作官音　觀盥而不薦　觀之爲道　而以觀感　風行地上觀　處於觀時　君子處大觀之時　處大觀之時　大觀廣鑒亦音官　居觀之時　爲觀之主　觀之盛也從盡夫觀以下並官喚反餘不出者並音官

周易上經噬嗑傳第三

䷔噬市制反齧也　嗑胡臘反合也巽宮五世卦　齧研節反　有閒如字下同又音閒廁之閒　與過一本作有過　頤以之反　不合本又作而合　不溷胡困反濁也雜也亂也韋昭云汗辱也　上行時掌反注同　勑法恥力反此俗字也字林作勅鄭云勑猶理也一云整也　屨紀具反　校爻教反注及下同馬音教　滅止本亦作趾趾足也　桎章實反　足懲直冰反　木絞交卯反　械戶戒反　不行也本或作止不行也　噬膚方于反馬云柔脃肥美曰膚　未盡津忍反下同　其分扶問反　脃七歲反　腊肉音昔馬云晞於陽而煬於火曰腊肉鄭注周禮小物全乾曰腊　乾音干　胏緇美反馬云有骨謂之胏鄭云簀也字林云䏌食所遺也一曰脯也子夏作脯徐音甫荀董同　未光　大也本亦無大字　何校何可反又音河本亦作荷音同下同王肅云荷擔　聰不明也馬云耳無所聞鄭云目不明耳不聰王肅云言其聰之不明　可解佳買反

周易音義　九

䷕賁 彼僞反徐甫寄反李軌府瓮反傅氏云賁古斑字文章貌鄭云變也文飾之貌王肅符文反云有文飾黃白色艮宮一世卦 剛上 時掌反注剛上皆同 解天 音蟹下同 以明 蜀才本作命

折 之舌反注同鄭云斷也斷音丁亂反 其趾 一本作止鄭云趾足 舍 音捨下及注同 車 音居鄭張本作輿從漢時始有居音 安夫 音符 其須 如字字從彡水邊作非 而比 毗志反下同 上附 時掌反 循 似遵反 濡 如臾反 皤 白波反說文云老人皃董音槃云馬作足橫行曰皤鄭陸作蹯音煩荀作波 翰 戶旦反董黃云馬舉頭高巾也馬荀云高也鄭云幹也亦作寒案反 媾 古豆反 而閱 五戴反 寇難 乃旦反下同 賁于丘

園 黃本賁作世 束帛 子夏傳云五匹爲束三玄二纁象陰陽 戔戔 在千反馬云委積貌薛虞云禮之多也又音殘黃云猥積貌一云顯見貌子夏傳作殘殘 有喜 如字徐許意反无妄大畜卦放此

䷖剝 邦角反彖云剝剝也馬云落也說文云裂也乾宮五世卦 人長 丁丈反下注皆同 激 經歷反 拂 附弗反 觸忤 五故反 以殞 于敏反 失處 昌呂反又昌預反 蔑

莫結反猶削也楚俗有削蔑之言馬云無也鄭云輕慢荀作滅　**猶削**相略反或作消此從荀本也下皆然

辨徐音辨具之辨足上也馬鄭同黃云牀簀也薛虞膝下也鄭符勉反王肅否勉反　**道浸**子鴆反下同　**稍近**附近之近　**六三剝无咎**一本作剝之无咎非　**以膚**方于反京作簠謂祭器　**切近**如字徐巨靳反鄭云切急也　**貫魚**古亂反徐音官穿也　**駢頭**薄田反　**得輿**音餘京作德輿董作德車　**盧**力居反　**覆蔭**於鴆反　**所芘**本又作庇必利反又悲備反

䷗**復**音服反也還也坤宮一世卦　**朋來**如字京作崩　**反復**芳福反劉本同本又作覆彖并注反復皆同　**剛反**絕句　**剛長**丁丈反下文注皆同　**心見**賢遍反　**具存**本亦作其存　**商旅**鄭云賫貨而行曰商旅客也　**无祇**音支辭也馬同音之是反韓伯祁支反云大也鄭云病也王肅作禔時支反陸云禔安也九家本作敍字音支　**幾悔**音機下同又音祈

患難乃旦反　**遠矣**袁万反　**錯之**七故反　**休復**虛虬反　**最比**毗志

反　仁行下孟反　下仁遐嫁反　以下仁也如字王肅云下附於仁徐戶嫁反　頻復如字本又作嚬嚬眉也鄭作顰音同馬云憂頻也　頻戚千寂反下同憂也又子六反　自考也鄭云考成也向云察也　有災本又作災鄭作裁案說文裁正字也災或字也　量災籀文也　眚生領反下卦同子夏傳云傷害曰災妖祥曰眚鄭云異自內生曰眚自外曰祥害物曰災　斯音良　雖復扶又反

☰无妄亡亮反无妄无虛妄也說文云妄亂也馬鄭王肅皆云妄猶望謂无所希望也巽宮四世卦　柔邪似嗟反　不佑音又鄭云助也本又作祐馬云右謂天不右行　茂對時茂盛也馬云茂勉也對配也　下賤遐嫁反　不耕穫黃郭反或依注作不耕而穫非下句亦然　不菑側其反馬云田一歲也董云反草也　畬音餘馬云田三歲也董云悉耨曰畬說文云二歲治田也字林弋恕反　不擅市戰反　行達下孟反下之行同　稼音嫁　穡音色　爲獲如字或作穫非　比毗志反　近附近之近　可試試驗一云用也

䷙大畜 本又作蓄，敕六反。義與小畜同。艮宮二世卦。 大畜剛健 絕句 篤實煇 音揮

光 絕句 日新其德 鄭以日新絕句，其德連下句。 厭而 於豔反 夫能 音符，發句。

皆然 下非夫同 令賢 力呈反，下同。 險難 乃旦反，下遇難同。 多識 如字，又音試。劉

作志 往行 下孟反 利已 夷止反，下及注已則能已同。或音紀，姚同。 輿 音餘，下同。本或

作轝，音同。 說 吐活反，注及下同。馬云：解也。 輹 音服，又音福。蜀才本同。或作輻。一云：車旁作复，音服，車下縛也。

作畐者，音福，老子所云三十輻共一轂是也。釋名云：輹似人屐。又曰：伏菟在軸上似之。又曰：輹伏於軸上。 馮

河 皮冰反 良馬逐 如字。鄭本作逐逐，云：兩馬走也。姚云：逐逐，疾並驅之貌。一音胄。 曰 音越

劉云：曰猶言也。鄭人實反，云：日習車徒。 閑 如字，闌也。馬、鄭云：習。 險阸 於革反，本亦作厄。 童

牛 無角牛也。廣蒼作犝。劉云：童，妾也。 牿 古毒反。劉云：牿之言角也。陸云：牿當作角。九家作告，說文同，云：

牛觸角著橫木，所以告人。 抑銳 於力反，下同。本又作挫，炎臥反。 強 其良反 爭 爭鬬之爭

豶 符云反。劉云：豕去勢曰豶。 之牙 徐五加反。鄭讀爲互。 剛暴 一本作剛突 禁暴

音金 何天音河梁武帝音賀 衢其俱反馬云四達謂之衢 亨許庚反

䷚頤以之反養也此篆文字也巽宮遊魂卦 舍爾音捨注同 朶多果反動也鄭同京作揣

嚼詳略反 令物力呈反 離其力智反 而闚苦規反 顛頤

丁田反 拂符弗反違也薛同注下皆同一音敷弗反子夏傳作弗云輔弼也 此行下孟反下立行

同 悖也布內反逆也 虎視徐市志反又市止反 眈眈丁南反威而不猛也馬云虎下

視貌一音大南反 逐逐如字敦實也薛云速也子夏傳作攸攸志林云攸當爲逐蘇林音迪荀作悠悠

劉作跾云遠也說文跾音式六反 施賢始豉反下文同又如字 而比毗志反 得

頤一本作得一順 難未乃旦反 厲吉厲嚴厲也馬王肅云危

䷛大過徐古臥反罪過也超過也王肅音戈震宮遊魂卦 相過之過並古臥反 棟

徐丁貢反 橈乃教反曲折也下同 拯拯救之拯 弱本亦作溺並依字讀下救其弱拯弱皆同 而

說音悅注同 救難難乃並乃旦反上六注同 遯本又作遁同徒遜反 藉在夜反下

同馬云在下曰藉　**唯慎**辰震反　**枯楊**如字鄭音姑謂無姑山榆榆羊朱反　**稊**徒稽

反楊之秀也鄭作荑荑木更生音夷謂山榆之實　**老夫**如字下同　**特客**特或作持　**能令**

力呈反　**得少**詩照反下同　**則橈**直吏反　**者長**丁丈反　**淹溺**乃歷反

生華如字徐音花　**无譽**音預又音餘　**滅頂**徐都冷反

☵**習**便習也重也劉云水流行不休故曰習　**坎**徐苦感反本亦作埳京劉作欿險也陷也八純卦象水

險陷陷沒之陷　**謂便**婢面反下同　**重險**直龍反注下並同　**陗**七妙反

洊在薦反徐在悶反舊又才本反爾雅云再也劉云仍也京作臻干作荐　**德行**下孟反注同

險難乃旦反下險難同　**則夫**音符　**窞**徒坎反說文云坎中更有坎王肅又作徒感反

云窞坎底也字林云坎中小坎一曰旁入　**處欿**亦作坎字　**而復**扶又反下難復同　**險**

且如字古文及鄭向本作檢鄭云木在手曰檢　**枕**徐針鴆反王肅針甚反鄭玄云木在首曰枕陸云閑礙險

害之皃九家作玷古文作沈沈直林反　**出則之坎**一本作出則亦坎誤　**樽酒**音尊絕句

簋貳音軌絕句用缶方有反絕句舊讀樽酒簋絕句貳用缶一句自牖音酉陸作誘
承比毗志反下同之食音嗣飯也象曰樽酒簋一本更有貳字祇音支
又祁支反鄭云當爲坻小丘也京作禔說文同音支又上支反安也盍平津忍反徽許韋反
纆音墨劉云三股曰徽兩股曰纆皆索名寘之豉反置也注同劉作示言衆議於九棘之下也子夏傳
作湜姚作寔寔置也張作置叢才公反法峻荀潤反
☲離列池反麗也麗著也八純卦象日象火畜許六反注同牝頻忍反徐又扶死反外
強其良反猶著直略反卦內同草木麗如字說文作蘼乎土王肅本作地重
明直龍反明兩作鄭云作起也荀云用也明照相繼一本無明照二字
履錯鄭徐七各反馬七路反警京領反辟其音避象同日昃王嗣宗本作仄
音同鼓鄭本作擊大耋田節反馬云七十曰耋王肅又他結反云八十曰耋京作絰蜀才作咥
之嗟如字王肅又遭哥反荀作差下嗟若亦爾凶古文及鄭無凶字突徒忽反王肅唐屑反舊又

湯骨反字林同云暫出　**逼近**附近之近　**出**如字徐尺遂反王嗣宗勑類反　**涕**徐他米反又音弟

沱徒河反荀作池一本作沲　**嗟**古文若皆如此　**戚**千寂反子夏傳作嘁嘁子六反咨慙也

不勝音升　**逆首**本又作逆道兩得　**離王公也**音麗鄭作麗王肅云麗王者之後爲公粱武力智反王嗣宗同　**折首**徐之舌反注同　**以去**羌呂反　**王用出征以正邦也**王肅本此下更有獲匪其醜大有功也

周易下經咸傳第四

䷞**咸**如字彖云感也兊宮三世卦　**取**七具反本亦作娶音同　**相與**如字鄭云與猶親也　**而說**音悅　**男下**遐嫁反下注必下同　**見於**賢遍反　**各亢**口浪反本或作有

拇茂后反馬鄭薛云足大指也子夏作䟪荀作母云陰位之尊　**腓**房非反鄭云膞腸也膞音市轉反王廙云腓腓腸也荀作肥云謂五也尊盛故稱肥　**離拇**力智反　**動躁**早報反　**股**音古　**憧憧**昌容反馬云行貌王肅云往來不絕貌廣雅云往來也劉云意未定也徐又音童又音鍾

京作憧字林云憧遲也丈冢反**脢**武杯反又音每心之上口之下也鄭云背脊肉也說文同王肅又音灰廣雅云胂謂之脢胂音以人反**輔**如字馬云上頷也虞作酺云耳目之閒**頰**兼叶反孟作俠**滕**徒登反達也九家作乘虞作媵鄭云送也**口說**如字注同徐音脫又始銳反

䷟**恒**如字久也震宮三世卦**長陽長陰**並丁丈反大象注同**媲**普計反配也**復始**扶又反**見於**賢遍反**浚**荀潤反深也鄭作濬**令物**力呈反**餘緼**紆粉反廣雅云積也**或承**或有也一云常也鄭本作咸承**而分**扶運反**德行**下孟反**詰**去吉反**振恒**之刃反馬云動也鄭云搖落也張作震**夫靜**音扶

䷠**遯**徒巽反字又作遂又作遁同隱退也匿迹避時奉身退隱之謂也鄭云逃去之名序卦云遯者退也乾宮二世卦**非否**備鄙反下同**亢**苦浪反**浸**子鴆反注同**而長**丁丈反卦內同或如字**以遠**袁万反注並同**辟內**音避**難可**乃旦反**何災**音河褚河可反今不用**勝**升證反又音升注同**說**王肅如字解說也師同徐吐活反又始銳反**遯巳**音以

或音紀　係遯古詣反本或作繫　近二附近之近　憊蒲拜反鄭云困也廣雅云極也王肅作斃荀作備　好遯呼報反注下同　小人否音鄙注下同惡也徐方有反鄭王肅備鄙反云塞也　能舍音捨　肥遯如字子夏傳云肥饒裕　能累劣僞反　縉則能反　繳章畧反

䷡大壯莊亮反威盛強猛之名鄭云氣力浸強之名王肅云壯盛也廣雅云健也馬云傷也郭璞云今淮南人呼壯爲傷坤宮四世卦　而愼禮也愼或作順義亦通　用罔罔羅也馬王肅云无　羝羊音低張云羖羊也廣雅云吳羊曰羝　觸徐處六反　藩方袁反徐甫言反下同馬云籬落也　羸律悲反又力追反下同馬云大索也徐力皮反王肅作縲音螺鄭虞作纍蜀才作累張作虆　藩決音穴注下同　大輿音餘　之輹音福本又作輻　行不下孟反　能說吐活反　喪羊息浪反注下同　于易以豉反注下同鄭音亦謂佼易也陸作場謂壃場也　險難如字亦乃旦反　則難乃旦反　剛長丁丈反下剛長同　猶與音預一本

作預　其分扶問反　不詳詳審也鄭王肅作祥善也
䷢晉彖云進也孟作齊齊子西反義同乾宮遊魂卦　康美之名也馬云安也鄭云尊也廣也陸云安也樂也
蕃音煩多也鄭發袁反　庶如字衆也鄭止奢反謂蕃遮禽也　晝日竹又反　三徐息塹反下及
注同　接如字鄭音捷勝也　上行時掌反凡上行並同　以著直略反下三著明同
褫勑紙反又直紙反　摧如罪雷反退也鄭讀如南山崔崔之崔　未著張慮反　自
喪息浪反　愁狀由反鄭子小反云變色貌　介音戒大也馬同　聞乎聞亦作文又作
交義並通　和之胡臥反　鼫音石子夏傳作碩鼠鼫鼠五技鼠也本草螻蛄一名鼫鼠　失
得如字孟馬鄭虞王肅本作矢馬王云離爲矢虞云矢古誓字　失夫音符
䷣明夷夷傷也坎宮遊魂卦　以蒙大難乃旦反卦內同鄭云蒙猶遭也一云蒙冒也　文
王以之王肅云唯文王能用之鄭荀向作似之下亦然　莅履二反又律祕反　蔽僞本或
作弊僞　所辟音避下同　最遠袁万反下遠難同　遠遁徒遜反　匿形

女力反　不遑音皇　夷于如字子夏作睇鄭陸同云旁視曰睇京作眱　左股音古馬王
肅作般云旋也日隨天左旋也姚作右槃云自辰右旋入丑　用拯拯救之拯注同說文云舉也鄭云承也子
夏作拼字林云拼上舉音承　示行示或作亦　近難附近之近下最近同　疑憚但旦
反　然後而免也一本作然後乃獲免也　南狩手又反本亦作守同　去闇
羌呂反　逆忤五故反　箕子之明夷蜀才箕作其劉向云今易箕子作荄滋鄒湛云
訓箕爲荄詁子爲滋漫衍無經不可致詰以譏荀爽　爲比毗志反
䷤家人說文家居也案人所居稱家爾雅室內謂之家是也巽宮二世卦　熾也尺志反
而行下孟反注皆同　閑馬云闌也防也鄭云習也　中饋巨愧反食也　嗃嗃呼落
反又呼學反馬云悅樂自得貌鄭云苦熱之意荀作確確劉作熇熇　嘻嘻喜悲反馬云笑聲鄭云驕佚喜
笑之意張作嬉嬉陸作喜喜　之長丁丈反　以近附近之近　王假更白反注同至
也鄭云登也徐古雅反馬云大也　愛樂音洛　以著張慮反

䷥睽 苦圭反馬鄭王肅徐呂忱並音圭序卦云乖也雜卦云外也說文云目不相聽也艮宮四世卦

而上 時掌反下上行同

同行 如字王肅遐孟反

說而 音悅

喪馬 息浪反注同

自復 音服注同

必顯 一本作必類下相顯亦然

可援 于眷反下得援同又音袁

以辟 音避

于巷 戶絳反說文云里中道也廣雅云居也字書作衖

曳 以制反

掣 昌逝反鄭作㸷云牛角皆踊曰㸷徐市制反說文作觢之世反云角一俯一仰子夏作契傳云一角仰也荀作觭劉本從說文解依鄭

其人天 天剠也馬云剠鑿其額曰天

劓 魚器反截鼻也王肅作臲臲魚一反

相比 毗志反下同

元夫 如字

噬 市制反

之弧 音胡弓也

後說 吐活反注同一音始銳反

之弧 本亦作壺京馬鄭王肅翟子玄作壺

媾 古豆反

恢 苦回反大也

詭 久委反異也戾也

譎 古穴反本亦作決詐也乖也

吁可 況于反

四剠 其京反說文或作黥字

䷦蹇 紀免反彖及序卦皆云難也王肅徐紀偃反兊宮四世卦

以難 乃旦反卦內及解卦皆同

難解音蟹上六注同　未否備鄙反·知矣音智初六注同　得中如字鄭云和也又張仲反王肅云中適也解卦彖同　正邦荀陸本作正國爲漢朝諱　宜待也張本作宜時也鄭本宜待時也　遠害袁万反　內喜如字徐許意反猶好也　來連力善反馬云亦難也鄭如字遲久之意　之長直良反　長難丁丈反

䷧解音蟹序卦云緩也震宮二世卦　解之爲義音蟹下以解來復同　濟厄厄或作危

彖曰解音蟹自此盡初六注皆同　坼勑宅反說文云裂也廣雅云分也馬陸作宅云根也

否結備鄙反　者亨許庚反　宥罪音又京作尤　磐結步丹反　或有遇遇或作過　咎非其理也一本無此八字　所任而鴆反　斯解佳買反

之稱尺證反　失枉紆往反　且乘如字王肅繩證反　柔邪似嗟反

自我致戎本又作致寇　解而佳買反注同　拇茂后反陸云足大指王肅云手大指荀作母　而比毗志反　維有解音蟹注有解及象并下注爲解之極同　解難

佳買反　用射食亦反注下同　隼荀尹反毛詩草木鳥獸疏云鶻　高墉音容馬云城也

將解佳買反　荒悖布內反象同　以解佳買反

䷨損孫本反虧減之義也又訓失序卦云緩必有所失是也艮宮三世卦　曷何葛反　二篇

蜀才作軌　用亨香兩反下同蜀才許庚反　上行時掌反凡上行皆同　陰說音悅

非長丁丈反下德長遂長同　為邪似嗟反　能拯拯救之拯　大難乃旦反

二篇應師如字舊應對之應　偕行音皆　其分扶問反　徵直升反止也鄭

云猶清也劉作澂云清也蜀才作澄　忿芳粉反　窒珍栗反徐得悉反鄭劉作欲懫懫止也孟作恎陸作峪

如字孟作浴　已事音以本亦作以虞作祀　遄市專反速也荀作顓　復自扶又反九二注

同　以上時掌反　化淳尚春反　以離力智反　知者音智　以

盡津忍反　上祐音又本亦作佑　不制一本作下制　遂長丁丈反　尚

夫音符

䷩益增長之名又以弘裕爲義繫辭云益長裕而不設是也巽宮三世卦　民説音悦　无疆居良反下同　下下上遐嫁反下如字注同　涉難乃旦反下同　天施始豉反　之處昌預反下其處同　用亨香兩反注同王廙許庚反　用圭王肅作用桓圭　不爲于僞反　不處本或作不居　不費芳貴反　盡物津忍反　无厭於鹽反　莫和胡臥反　惡盈烏路反　偏辭音篇孟作徧云周帀也

周易下經夬傳第五

䷪夬古快反決也坤宮五世卦　剛幾音祈　坦然他但反　夬決徐古穴反　而説音悦注皆同　齊長丁丈反除上六象並同　則邪似嗟反下同　斷制丁亂反注同　澤上時掌反注同　以施始豉反注同　壯于側亮反　前趾荀作止　惕勑歷反荀翟作錫云賜也　號戶羔反注及下同鄭王廙音号　莫夜音暮注同鄭如字云無也莫夜非一夜　號呼火故反　頄求龜反顴也又音求又丘倫反翟云面顴頰間骨也鄭作

頯頯夾面也王肅音龜江氏音琴威反蜀才作仇　若濡而朱反　有慍紆運反恨也舊於問反

面權如字字書作顴　棄夫本亦作去羌呂反　情累劣偽反　臀徐徒敦反

次本亦作趑或作跌說文及鄭作趀同七私反注下同馬云卻行不前也說文倉卒也下卦放此　且本亦作超或作趄同七餘反注及下同馬云語助也王肅云趑趄行止之礙也下卦放此　牽羊苦年反子夏作掔

牴丁禮反本又作抵音同或作羝丁啼反　很胡懇反　莧閑辯反三家音胡練反一本作莞華板反　陸如字馬鄭云莧陸商陸也宋衷云莧莧菜也陸當陸也虞云莧說也陸和也蜀才作睦睦親也通也

柔脆七歲反　至易以豉反　最比毗志反　號咷徒刀反

䷫姤古豆反薛云古文作遘鄭同序卦及彖皆云遇也乾宮一世卦　用娶七喻反本亦作取音同注及下同　正乃如字正亦作匹　誥四方李古報反鄭作詰起一反止也王肅同　柅徐乃履反又女紀反廣雅云止也說文作檷云絡絲趺也讀若昵字林音乃米反王肅作抳從手子夏作鑈蜀才作尼止也

羸豕劣隨反王肅同鄭力追反陸讀為累　蹢直戟反徐治益反一本作躑古文作蹢

躅直錄反本亦作蠋蹢躅不静也古文作蹢　牝頻忍反　豭音家　包有本亦作庖同白交反下同鄭百交反虙云白茅苞之荀作胞　利賓如字　擅人市戰反　遠民袁万反　以杞音起張云苟杞馬云大木也鄭云柳也薛云柳柔韌木也並同　包瓜白交反子夏作苞馬鄭百交反瓜音工花反　不舍音捨下同　所復扶又反　物爭爭鬬之爭下卦同

䷬萃在季反彖及序卦皆云聚也兊宮二世卦　亨王肅本同馬鄭陸虞等並無此字　王假更白反　以說音悅下注皆同　則邪似嗟反　孝享香兩反　聚以正荀作取以正　澤上時掌反　除戎器如字本亦作儲又作治王肅姚陸云除猶脩治師同鄭云除去也蜀才云除去戎器脩行文德也荀作慮　若號絕句戶報反馬鄭王肅王廙戶羔反　一握烏學反傅氏作渥鄭云握當讀爲夫三爲屋之屋蜀才同　至好呼報反　愞乃亂反　正本亦作匹　妃音配　禴羊略反殷春祭名馬王肅同鄭云夏祭名蜀才作躍劉作爚　多僻匹亦反　以遠袁万反　之省生領反下同　以比毗志反　未光也一本作志未光

也　齎徐將池反王肅將啼反　咨音諮又將利反齎咨嗟歎之辭也鄭同馬云悲聲怨聲　涕徐音
體　洟他麗反又音夷鄭云自目曰涕自鼻曰洟
䷭升式陵反序卦云上也上音時掌反鄭本作昇馬云高也震宮四世卦　用見大人本或作利
見　以順德如字王肅同本又作慎師同姚本德作得　以高大本或作以成高大
允當如字下同　閑邪似嗟反　升虛如字空也徐去餘反馬云丘也　用亨許庚
反通也馬鄭陸王肅許兩反馬云祭也鄭云獻也　岐山其宜反或祁支反　攘來如羊反
冥覓經反闇昧之義也注同又云日冥也　則喪息浪反
䷮困窮也窮悴掩蔽之義故彖云剛掩也廣雅云困悴也兌宮一世卦　剛揜本又作掩於檢反李
於範反虞作弇　以說音悅卦內同　固窮如字或作困窮非　臀徒敦反　株
木張慮反　幽谷徐古木反。不覿大歷反見也注同　獲拯拯救之拯　隱
遯徒困反　數歲色主反本亦作三歲。困解音蟹　朱紱音弗下同　享祀

許兩反注同　難之乃旦反　不勝音升　豐衍延善反　蒺音疾　藜音梨蒺藜
茨草　上比毗志反　焉得於虔反　來徐徐徐徐疑懼貌馬云安行貌子夏作荼
荼翟同荼音圖云內不定之意王肅作余余　金車本亦作金輿　劓徐魚器反　刖徐五刮反
又音月荀王肅本劓刖作臲鼿云不安貌陸同鄭云劓刖當爲倪仉京作劓劊案說文劊斷也　祭祀本亦
作享祀　遐遠本或作遐邇　藟力軌反似葛之草本又作藟毛詩草木疏云一名巨荒似蘡薁
連蔓而生幽州人謂之䕬藟　臲五結反王肅妍喆反說文作劓牛列反薛同　卼五骨反又音月說文
作𡴫云𡴫不安也薛又作杌字同　曰動悔音越向云言其無不然　令生力呈反
䷯井精領反雜卦云通也彖云養而不窮周書云黃帝穿井世本云化益作井宋衷云化益伯益也堯臣廣雅
云井深也鄭云井法也字林作井子挺反周云井以不變更爲義師說井以清絜爲義震宮五世卦　无喪
息浪反　汔徐許訖反注同幾也王肅音其乞反　繘音橘徐又居密反鄭云綆也方言云關西謂綆
爲繘郭璞云汲水索也又其律反又音述　羸律悲反徐力追反下同蜀才作累鄭讀曰虆　瓶白經

反　**幾至**音祈或音機　**而覆**芳福反　**而上水**時掌反注及下注上水皆同

井養如字徐以上反　**木上**如字師又時掌反　**以勞**力報反注同　**勸相**息亮

反注同王肅如字　**井泥**乃計反注及下同　**滓穢**側里反　**不嚮**許亮反

棄舍音捨下文同　**井谷**古木反又音浴　**射**食亦反注同徐食夜反鄭王肅皆音亦云厭也荀作

耶　**鮒**音附魚名也子夏傳謂蝦蟇　**雍**屋送反李於鍾反鄭作甕云停水器也說文作罋汲缾也　**敝**婢世

反王肅徐扶滅反　**谿谷**口嗁反　**注下**章喻反下同　**而復**扶又反　**无**

與之也一本作則莫之與也　**渫**息列反徐又食列反黃云治也　**心惻**初力反說文云痛也

汲音急　**停汙**音烏　**其行**下孟反象并注皆同　**甃**側舊反馬云爲瓦裏下達上也

子夏傳云脩治也干云以甎壘井曰甃字林云井壁也　**洌**音列絜也說文云水清也王肅音例　**不**

橈乃孝反　**不食**如字又音嗣　**井收**徐詩救反又如字馬云汲也陸云井幹也荀作甃

勿幕音莫覆也干本勿作网

䷰革馬鄭云改也坎宮四世卦　樂成音洛上六注同　相息如字馬云滅也李斐注漢書同　說文作熄　欲上時掌反　革而信之一本無之字　以說音悅注同　鞏九勇反固也馬同　堅仞仁震反　行有如字又下孟反　相比毗志反　文炳兵領反　文蔚音尉又紆弗反廣雅云茂也數也說文作斐

䷱鼎丁冷反法象也即鼎器也離宮二世卦　革去羌呂反下皆同　賢愚別彼列反　尊卑序本亦作有別有序　以木巽火亨本又作亯同普庚反煮也下及注聖人亨大亨亨飪亨者並同　飪入甚反熟也徐而鴆反　以享香兩反注享上帝同　上行時掌反　凝魚承反嚴貌鄭云成也翟作擬云度也　顛丁田反倒也　趾音止　利出徐尺遂反或如字注及下同　否悲己反惡也注及下同　是覆芳目反下皆同　趾倒丁老反下同　以爲子于僞反下體爲同　未悖必內反逆也　我仇音求匹也鄭云怨耦曰仇　可復扶又反下同　其行下孟反注同　塞悉則反　雉膏如字鄭云雉膏食之美者　折足

之舌反　注同　**餗**送鹿反虞云八珍之具也馬云鍵也鍵音之然反鄭云茱也　**形渥**於角反沾

也鄭作剭音屋　**且施**始豉反　**所盛**音成　**知小**音智　**金鉉**玄典反徐又古

玄反又古冥反一音古螢反馬云鉉扛鼎而舉之也　**用勁**古政反

☳**震**止慎反動也八純卦象雷　**以成**成亦作威　**虩虩**許逆反馬云恐懼貌鄭同荀作愬愬

笑言言亦作語下同　**啞啞**烏客反馬云笑聲鄭云樂也　**恴**本又作殆　**惰**徒臥反下同

解慢佳賣反下同　**恐致**曲勇反下文注皆同　**不喪**息浪反卦內並同　**匕**必以反

鬯勑亮反香酒　**堪長**丁丈反　**己出**音紀　**洊**在薦反徐又在悶反　**億**本又

作噫同於其反辭也六五同鄭於力反云十万曰億　**喪**息浪反注同荀如字　**貝**如字荀音敗　**躋**本又作隮

子西反升也　**雖復**扶又反上六注同　**蘇蘇**疑懼貌王肅云躁動貌鄭云不安也馬云尸祿

素餐貌　**无眚**生領反　**遂泥**乃計反下同荀本遂作隊泥音乃低反　**困難**乃旦

反　**索索**桑洛反注及下同懼也馬云內不安貌鄭云猶縮縮足不正也　**視**如字徐市志反　**矍矍**

俱縛反徐許縛反馬云中未得之貌鄭云目不正・**婚媾**古豆反　**彼動故懼**故或作而

䷳**艮**根恨反止也鄭云艮之言很也八純卦象山　**其背**必內反徐甫載反　**相背**音佩下相背同　**否之**備鄙反　**令物**力呈反　**而強**其兩反　**紆邪**似嗟反

敵應應對之應又音膺　**其趾**如字荀作止　**腓**符非反本又作肥義與咸卦同　**不承**音拯救之拯馬云舉也　**不快**苦夬反　**其限**馬云限要也鄭荀虞同　**夤**引眞反馬云夾脊內也鄭本作䏰徐又音胂荀作腎云互體有坎坎爲腎　**薰**許云反荀作動云互體有震震爲動

喪息浪反

䷴**漸**捷檢反以之前爲義即階漸之道艮宮歸魂卦　**女歸吉也**王肅本還作女歸吉利貞　**善俗**王肅本作善風俗　**于干**如字鄭云干水傍故停水處陸云水畔稱干毛傳詩云涯也又云澗也荀王肅云山閒澗水也翟云涯也　**則困於小子**本又作則困讒於小子　**於謗**博浪反　**讒諛**音臾　**磐**畔干反山石之安也馬云山中磐紆　**衎衎**苦旦反馬云饒衍

祿養羊尚反　歡樂音洛　于陸陸高之頂也馬云山上高平曰陸　孕以證反說
文云懷子曰孕弋甑反鄭云猶娠也荀作乘　復反扶又反　邪配似嗟反　合好
呼報反　能閒閒廁之閒　離羣力智反鄭云猶去也　桷音角翟云方曰桷桷椽也馬陸
云桷榱也說文云秦曰榱周謂之椽齊魯謂之桷　安棲音西字亦作栖　不累劣偽反
巽巽五何反
䷵歸妹婦人謂嫁曰歸妹者少女之稱兑宮歸魂卦　少女詩照反下皆同　之稱尺證反下
同　爲長丁丈反下皆同　說以音悅後並同　所歸妹也本或作所以歸妹
不樂音洛　妖邪似嗟反　知弊婢世反　以娣大計反　跛波我
反　娣從才用反又如字　眇彌小反　以須如字待也鄭云有才智之稱荀陸作嬬陸
云妾也　愆期起虔反馬云過也　遲雉夷反晚也緩也陸云待也一音直冀反　不正无
應本亦作不應　有待而行也一本待作時　之袂彌世反　月幾音機

又音祈荀作旣　**承筐**曲亡反鄭作匡　**刲**苦圭反馬云刺也一音工惠反

周易下經豐傳第六

䷶豐芳忠反字林匹忠反依字作豐今並三直畫猶是變體若曲下作者禮字耳非也世人亂之久矣豕及序卦皆云大也案豐是腆厚光大之義鄭云豐之言腆充滿意也坎宮五世卦　**王假**庚白反至也下同馬古雅反大也　**闡**昌善反　**而令**力呈反　**以徧**音遍　**則昃**如字孟作稷　**則食**如字或作蝕非　**則溢**本或作則方溢者非　**以折**之舌反斷也下及注同　**其配**如字鄭作妃云嘉耦曰妃　**雖旬**如字均也王肅尚純反或音脣荀作均劉昞作鈞　**則爭**爭鬭之爭下皆同　**蔀**音部王廙同蒲戸反王肅普苟反略例云大暗謂之蔀馬云蔀小也鄭薛作菩云小席　**見斗**孟作見主　**曖**音愛　**鄣**音章又止尚反字又作障同　**斗見者**賢遍反下不見同　**不邪**似嗟反　**沛**本或作旆謂幡幔也又普貝反姚云滂沛也王廙豐蓋反又補賴反徐普蓋反子夏作芾傳云小也鄭干作芾云祭祀之蔽膝　**沬**徐武蓋反又亡對反微昧之光也字林作

昧亡太反，云斗杓後星。王肅云音妹。鄭作昧。服虔云日中而昏也。子夏傳云昧星之小者。馬同。薛云輔星也

肱古弘反，姚作股　幡芳袁反　幔末半反　以禦魚吕反　微昧音妹　豐

其屋說文作豐，云大屋也　闚苦規反，李登云小視　闃苦鶪反，徐苦鶪反，一音苦鹹反。馬鄭云无人貌。字林云靜也。姚作閴，孟作窒，並通　覿徒歷反　藏如字　癊於鴆反　其行下孟反

治道直吏反，下同　天際如字。鄭云當爲瘵。瘵，病也　翔鄭王肅作祥　翳光烏細反

自藏如字。衆家作戕，馬王肅云殘也，鄭云傷也　有爲于僞反　不出戶庭此引節卦九二爻辭。應云門庭作戶，誤也。或云門戶通語

䷷旅力舉反。羈旅也。序卦云旅而无所容，雜卦云親寡旅是也。離宮一世卦。王肅等以爲軍旅　特重直用反　物長丁丈反　而復扶又反，六五注同　令附力呈反　非知音智

瑣瑣悉果反。或作璅字者，非也。鄭云瑣瑣，小也。馬云疲弊皃。王肅云細小皃　懷其資本或作懷其資斧，非　喪息浪反，卦內并下卦同　爲施始豉反　與萌如字，又音預

得其資斧如字子夏傳及衆家並作齊斧張軌云齊斧蓋黄鉞斧也張晏云整齊也應劭云齊利也虞喜志林云齊當作齋齋戒入廟而受斧下卦同　不快苦夬反　斫諸若反　平坦吐但反　射雉食亦反注同　而上時掌反　上逮音代一音大計反　號戶羔反　咷道羔反　于易以豉反注同王肅音亦　所姨音疾字林音自本亦作疾下同

其義焚也馬云義宜也一本作宜其焚也　喪牛之凶本亦作喪牛于易

☴巽孫問反入也廣雅云順也八純卦象風象木　巽弟大計反本亦作悌　重巽直龍反　齊邪似嗟反下并下卦同　志治直吏反　紛芳云反廣雅云衆也喜也一云盛也　而復扶又反下同　神祇祁支反　頻顣千寂反又子六反此同鄭意　不樂音洛　遠不袁万反　之庖步交反　先庚西薦反注同　後庚胡豆反　卒以寸忽反下同　不說字又作悅同　先申音身或作甲字非　以斷丁亂反下同

䷹**兑**徒外反悦也八純卦象澤 **兑說**音悦卦内並同 **以先**西薦反又如字 **犯難**乃旦反 **麗澤**如字麗連也鄭作離云猶併也 **䕭繫**本亦作係也 **商兑**如字商商量也 **介疾**音界隔也馬云大也 **將近**附近之近 **比於**毗志反 **道**鄭云隱度也 **長**丁丈反

䷺**渙**呼亂反散也序卦云離也離宮五世卦 **王假**庚白反下同梁武帝音賈 **而上**如字又時掌反 **之難**乃旦反卦内同 **之累**劣僞反 **享于**香兩反 **用拯**拯救之拯馬云舉也伏曼容云濟也王肅云拔也子夏作拼拼取也 **以逝**逝又作遊 **厄劇**本又作危處又作厄處 **逃竄**七亂反 **險爭**爭鬬之爭 **机**音几 **有巨**姚作有近 **匪夷**荀作匪弟 **巨墟**去魚反 **渙汗**下旦反 **以盪**徒黨反 **險阸**於隔反 **以假**古雅反 **血去**羌呂反 **逖**湯歷反 **最遠**袁万反下於遠象遠害並同 **不近**附近之近

☵節萬絜反止也明禮有制度之名云分段支節之義坎宮一世卦　男女別彼列反

復正扶又反　說以音悅注同　澤上有水上或作中今不用　德行下孟反下注同

故匿女力反　所怨紆万反又紆元反

☴中孚芳夫反信也艮宮遊魂卦　豚徒尊反黃作遯　說而音悅下注皆同　乖爭

爭鬭之爭　之行下孟反　畜之許六反本或作獸　涉難乃旦反　有它

音他　燕音鷰　鶴戶各反　和之胡臥反注及下同　好爵如字王肅呼報反孟云好小也

爾靡本又作縻同亡池反散也干同徐又武寄反又亡彼反韓詩云共也孟同埤蒼作縻云散也陸作䌕京作劘

重陰直龍反　不徇似俊反　或罷如字王肅音皮徐扶彼反

少陰詩照反　長陰丁丈反　相比毗志反　而鬪五代反　僨備拜反

幾望音機又音祈京作近荀作既　而上時掌反象同　攣力圓反廣雅云拳也

可舍音捨　翰胡旦反高飛　內喪息浪反

☳小過 古臥反義與大過同王肅云音戈允宮遊魂卦 遺之 如字 不宜上 時掌反注同下及文不宜上上六注上極同鄭如字謂君也 而浸 子鴆反 以行 下孟反 所錯 本又作措又作厝同七路反 其妣 必履反 于僭 子念反 盡於 津忍反 或戕 徐在良反注同 故令 力呈反下同 先過 西薦反 而復 扶又反卦末同 晏安 於諫反又音宴 鴆 除蔭反本亦作酖 没怯 去業反 公弋 餘職反 則蒸 章勝反字又作烝或作塍字非 小畜 本又作蓄同勑六反 其施 始豉反 而難 乃旦反 已上也 並如字上又時掌反注同鄭作尚云庶幾也 陽已上故止也 本又作陽已上故少陰止少音多少之少 上六弗遇 王付反本多誤故詳之 災眚 生領反

☲既濟 節計反下卦同鄭云既已也盡也濟度也坎宮三世卦 亨小 絕句以小連利貞者非 則邪 似嗟反下同 曳 以制反 濡其 音儒注同 於燥 西早反 未造

七報反 易以豉反 棄難乃旦反卦末并下卦同 婦喪息浪反注皆同 其茀方拂反首飾也馬同干云馬鬣也鄭云車蔽也子夏作髴荀作紱董作髢 不比毗志反 鬼方蒼頡篇云鬼遠也 憊備拜反鄭云劣弱也陸作備云當爲憊憊困劣也 繻有而朱反鄭王肅云音須子夏作䌳王廙同薛云古文作繻 衣袽女居反絲袽也王肅音如說文作絮云絜縕也廣雅云絮塞也子夏作茹京作絮、 有卻去逆反 禴羊略反祭之薄者 沼之紹反 沚音止 蘋音頻 蘩音煩 非馨呼庭反

☲未濟離宮三世卦 小狐徐音胡 汔許訖反說文云水涸也鄭云幾也 令物力呈反 各得其所一本得作當 經綸本又作論同音倫又魯門反 屯張倫反 蹇紀勉反 循難似遵反猶履也 喪其息浪反 己比上音紀下毗志反 以近附近之近 暉許歸反字又作輝 而耽丁南反 於樂音洛

周易繫徐胡詣反本系也又音係續也字從毄下系若直作毄下系者音口奚反非 辭本亦作嗣依字

應作詞說也說文云詞者意內而言外也辭不受也受辛者宜辭之辭籀文辭字也

上第七 本亦作繫辭上王肅本皆作繫辭上傳訖於雜卦皆有傳字本亦有無上字者

韓伯注 本亦作韓康伯注案王輔嗣止注大經講者相承用韓注繫辭以下續之

地卑 如字又音婢本又作埤同 **其易之門** 本亦作其易之門戶 **斷矣** 丁亂反

之分 符問反章末注同 **著矣** 張慮反 **見矣** 賢徧反注同 **縣象** 音玄 **雨**

施 始豉反 **相摩** 本又作磨末何反京云相磑切也磑音古代反馬云摩切也鄭注禮記云迫也迫音百

相盪 眾家作蕩王肅音唐黨反馬云除也桓云動也唯韓云相推盪 **鼓之** 虞陸董皆云鼓鼓動也

霆 王肅呂忱音庭徐又徒鼎反又音定京云霆者雷之餘氣挺生萬物也說文同蜀才云疑為電

運行 姚作違行 **大始** 音泰王肅作泰 **坤作** 虞姚作坤化姚云化當為作 **易知** 以豉反訖章末同鄭荀董並音亦

簡能 如字姚云能當為從 **而成位乎其中** 馬王肅作而易成位乎其中

繫辭 音系卷內皆同 **焉而明吉凶** 虞本更有悔吝二字

迭田節反　剛柔者晝夜之象虞作晝夜者剛柔之象　三極陸云極至也馬云三統也鄭韓云三才也王肅云陰陽剛柔仁義爲三極　能見賢遍反　易之序也陸云序象也京云次也虞本作象　所樂音岳適會也虞本作所變　而玩五亂反研玩也馬云貪也鄭作翫　祐之音又後同　爻者戶交反說文云交也　小疵徐才斯反馬云瑕也　辯吉凶如字京云明也虞董姚顧蜀才並云別也音彼列反　見乎賢遍反　乎介音界　纖介注同王肅干韓云纖介也　纖息廉反　震无咎馬云震驚也鄭云懼也王肅韓云動也周云救也　險易以豉反注同京云險惡也易善也　之否備鄙反　天地準如字京云準等也鄭云中也平也　弥如字本又作彌　綸音倫京云彌遍綸知也王肅云綸纏裹也荀云弥終也綸迹也　天下之道一本作天地　俯以音甫　察於一本作觀於　反終鄭虞作及終　之說如字宋衷始銳反云舍也　烟音因熅紆云反　盡聚津忍反下同　知周音智注同　道濟如字鄭云道當作導　不流如字京作留　樂天音洛

注同虞作變天　功贍涉豔反　範圍鄭云範法也馬王肅張作犯違張云犯違猶裁成也　知

而知如字荀爽荀柔之明僧紹音智　以上時掌反　之稱尺證反下章及注同　知

者音智下之知注知者其知仁知知並同　其分符問反　鮮矣悉淺反注同師說云盡也鄭作

尟馬鄭王肅云少也　藏諸才剛反鄭作臧云善也　衣於既反　被皮寄反　則

有經營之功也一本亦无功字一本功作迹　成象蜀才作盛象　爻法胡孝反馬

韓如字云放也蜀才作效　形詰去吉反　大虛音泰下大極同　欻爾況勿反　自

造在早反下同　稱極尺征反　爲稱尺證反　不禦魚呂反禁止也　乎

迹本又作蹟音亦　也專如字陸作摶音同　也翕虛級反斂也　也闢婢亦反開

也　易簡以豉反　知崇音智注同　禮蜀才作體　卑必爾反本亦作埤徐音婢下同

賾仕責反下同九家作冊京作嘖云情也　典禮京作等禮姚作典體　以斷丁亂反下

注同　惡也於嫁反荀作亞亞次也又烏路反馬鄭烏洛反並通　言天下之至動而不

可亂也衆家本並然鄭本作至賾云賾當爲動九家亦作冊　可遠袁万反　惡之烏路

反　錯之七各反　議之陸姚桓玄荀柔之作儀之　則盡津忍反　子和

胡臥反注同　靡之本又作縻亡池反徐又亡彼反京作劘　行發下孟反下同　見

乎賢遍反　樞尺朱反王廙云戶樞也一云門臼　機王廙云弩牙也　先號戶羔反　咷

道羔反　或默亡北反字或作嘿　利斷丁亂反王肅丁管反　其臭昌又反　苟錯

初六藉在夜反下同　用白茅卯交反　无咎或以此爲別章今不用

七故反本亦作措　可重直勇反　慎斯術也時震反鄭干同一本作順師用義鄭云術

道　不德鄭陸蜀才作置鄭云置當爲德　下入遐嫁反後同　爲階姚作機

爲易者本又云作易者　乘釁許覲反　致寇至徐或作戎宋衷云戎誤　乘

也者如字一讀繩證反　慢藏才浪反　誨如字教也虞作悔謂悔恨　冶容音也鄭陸

虞姚王肅作野言妖野容儀教誨淫洪也王肅云作野音也　大衍延善反又注演同鄭云衍演也

周易音義

干云合也王廙蜀才云廣也　大極音泰　掛一卦買反別也王肅音卦　揲時設反案

揲猶數也說文云閱持也一音思頰反徐音息列反鄭云取也　歸奇紀宜反注下同　於扐郎得反下

同馬云指間也荀柔之云別也　後掛京作卦云再扐而後布卦　之策初革反字亦作筴

當如字下同　期本又作朞音基同　而伸本又作信音身　而長丁丈反　德行

下孟反　酬市由反徐又音疇　酢在洛反京作醋　與祐音又助也馬云配也荀作侑

聖人之道明僧紹作君子之道　以言者下三句無以字一本四句皆有　如嚮

許兩反又作響　能與音預下及注同　參伍七南反　錯七各反　綜宗統反

天地之文一本作天下虞陸本作之爻　无籌直周反　研蜀才作揅　幾也如字

本或作機鄭云機當作幾幾微也　夫易開王肅作闓音同　物成務一本無夫易二字

冒天莫報反注同覆也　以斷丁亂反下二章同　蓍音尸　圓而本又作負

音同　方以知音智注同下知以藏知注神知皆同　有分符問反　易以以豉反韓

音亦謂變易 貢如字告也京陸虞作工荀作功。洗心劉瓛悉殄反盡也王肅韓悉禮反京荀虞董張

蜀才作先石經同 洗濯直角反 藏往如字劉作臧善也 能與音預 不

殺馬鄭王肅干所戒反師同徐所例反陸韓如字 者夫音符下同 齊戒側皆反注同 以

神明其德夫荀虞顧絕句衆皆以夫字爲下句一本無夫字 闔戶胡臘反 闢戶

婢亦反王肅甫亦反 施生始豉反 見乃賢遍反 是故易有大極

大音泰注同大極无也馬云北辰也王肅云此章首獨言是故者揔衆章之意 无稱之稱並尺證反

縣象音玄 探吐南反 賾九家作冊 索隱色白反 亹亹亡偉反 莫

善乎著龜本亦作莫大 見吉賢遍反 河出如字又尺遂反下同 洛出

王肅作雒漢家以火德王故從各隹 又以尚賢也鄭本作有以 子曰書不

盡如字又津忍反下同 之縕紆粉反徐於憤反王肅又於問反 淵奧烏報反 而

上時掌反 而錯七故反注同本又作措 之賾本亦作之至賾 而裁音才本又

作財　默而成本或作默而成之　德行下孟反

周易繫辭下第八

而重直龍反注同　明治直吏反　繫辭音係卷內皆同　而命孟作明

或否備鄙反　而斷丁亂反　則見賢遍反下及注皆同　趣時七樹反

貞勝姚本作貞稱　乎累劣偽反　殉吉辭俊反後同　未離力智反　盡

會津忍反下同　貞觀官喚反又音官　貞夫音符　確然苦角反馬韓云剛貌說文

云高至　八易以豉反下注同　隤然大回反馬韓云柔貌也孟作退陸董姚作妥　像

此音象　施生始豉反　大寶孟作保　曰人王肅卞伯玉桓玄明僧紹作仁

禁民音金又金鴆反　包本又作庖白交反鄭云取也孟京作伏　犧許宜反字又作羲鄭云鳥

獸全具曰犧孟京作戲云伏服也戲化也　氏包犧氏太皞三皇之最先　之王于況反　不究又九

反　爲罟音古馬姚云猶网也黃本作爲网罟云取獸曰网取魚曰罟　以佃音田本亦作田　以

漁音魚本亦作魚又言庶反馬云取獸曰佃取魚曰漁 斲木陟角反 爲耜音似京云耒下耓也陸云廣五寸耓音勑丁反 爲耒力對反京云耜上句木也說文云耒手耕曲木垂所作字林同力佳反徐力猥反垂造作也本或作揉木爲之耒耨非 耒耨之利奴豆反馬云鉏也孟云耘除草 爲市世本云祝融爲市宋衷云顓項臣也說文云市時止反 噬市制反 嗑胡臘反 不解佳賣反 易窮則變變則通通則久一本作易窮則變通則久 祐之音又本亦作佑 下治直吏反章末同 以別彼列反一本作辯 挎本又作刳口孤反徐又口溝反 掞以冉反本亦作剡 楫本又作檝將輒反下同徐音集又子入反方言云楫謂之橈或謂之櫂說文云楫舟櫂也 致遠以利天下一本無此句 諸渙音喚 以利天下 蓋取諸隨一本無以利天下一句 重門直龍反 柝他洛反馬云兩木相擊以行夜說文作欜字林他各反同 暴客白報反鄭作虣 斷木丁緩反又徒緩反斷斷絕 爲杵昌呂反 掘地其月反又其勿反 爲臼求酉反 爲弧音胡說文云木弓 剡木以冉反字

林云鋭也因冉反　諸睽苦圭反又音圭　則爭爭鬭之爭下同　厚衣於旣反
卷期並如字　无數色具反　棺椁上音官下音郭　而治直吏反下同　書
契苦計反　決斷都亂反　象也者像也衆本並云像擬也孟京虞董姚還作
象　卦奇紀宜反注同　德行下孟反下同　畫奇音獲下同　憧憧本又
作憧昌容反　以貫古亂反　屈也丘勿反下同　信也本又作伸同音申下同韋
昭漢書音義云古伸字　尺蠖紆縛反蟲名也徐又烏郭反　龍蛇本又作虵同　之蟄
直立反　全身本亦作存身　思慮息吏反　而累劣僞反　蒺音疾
藜音棃　死其其亦作期　射食亦反下注同　隼恤允反　高墉音容　不括
古活反結也　結閡五代反　不懲直升反　屨俱遇反　校胡孝反下同　滅
止本亦作趾　弗去羌呂反　何校河可反又音河　其治直吏反下同　知
小音智　尟不本亦作鮮仙善反少也　折足之設反　覆公芳六反　餗音速馬作

渥形渥於角反　不勝音升　而上時掌反　未離力智反　先
見賢遍反　介于徐音戒衆家作砎徐云王廙古黠反　斷可丁亂反注同　復行扶又反注復行同　造形七報反　之分符問反　无祇韓音祁支反注同王廙輔嗣音支　舍凶音捨　絪本又作氤同音因　緼本又作氳紆云反　化醇音淳
易其以豉反　不迕五路反字亦作忤　其易之門邪本又作門戶邪
之撰仕勉反下章同數也廣雅云定也王肅士眷反　數也色主反　爻錄直救反下同服虔云抽也抽出吉凶也韋昭云由也吉凶所由而出也　於稽古兮反考也　闡幽昌善反明也
辯物如字徐扶勉反別也　斷辭丁亂反注同　辭文如字一音問　而
中丁仲反注同　因貳音二鄭云當爲式　民行下孟反注同　所蹈徒報反
之柄兵病反　之脩如字鄭云治也馬作循　之辯如字王肅卜免反
不厭於豔反注同　後易以豉反注同　長裕丁丈反注同　其施始豉反下

同　巽稱尺證反又尺升反　和行下孟反　以遠于万反注同　不濫力暫反　可遠馬王肅韓袁万反注皆同師讀如字　上下時掌反章末同　趣舍音捨　處昧音妹　而揆葵癸反度也　其方馬云方道　能循似倫反　以度待洛反　以要一遥反下文要中同　其要於妙反　易知以豉反　撰德鄭作算云數也　噫於其反王肅於力反辭也馬同　亦要一妙反絕句又一遥反則句至吉凶　則居馬如字處也師音同鄭王肅音基　知者音智　彖辭吐貫反馬云彖辭卦辭也鄭云爻辭也周同王肅云彖舉象之要也師說通謂爻卦之辭也一云即夫子彖辭　則思息吏反　貫之古亂反　轉近附近之近下章以近同　而上時掌反　須援于眷反　剛勝升證反一音升　勝其音升　閑邪似嗟反　其當如字下當文王同　紂直又反　蒙難乃旦反　·能亨許庚反　易者以豉反注同　其治直吏反　德行下孟反下德行同　易以以豉反下注險易同　知阻莊呂反

能說音悅注同　亹亹亡偉反鄭云沒沒也王肅云勉也　役思息吏反　探吐南反　射食亦反　不厭於豔反　以盡津忍反下同　愛惡烏路反注同鄭烏洛反　泯然亡忍反　比爻毗志反　辭枝音支　誣善音無

周易說卦第九

幽贊本或作讚子旦反幽深也贊明也　蓍音尸說文云蒿屬生千歲三百莖易以爲數天子九尺諸侯七尺大夫五尺士三尺毛詩草木疏云似藾蕭青色科生鴻範五行傳云蓍百年一本生百莖論衡云七十歲生一莖七百歲生十莖神靈之物故生遲也史記云生滿百莖者其下必有神龜守之其上常有雲氣覆之淮南子云上有叢蓍下有伏龜　如嚮香兩反本又作響　參七南反又如字音三　天或作夫者非　而倚於綺反馬云依也王肅其綺反云立也虞同蜀才作奇通　數色具反　參奇紀宜反　觀變一本作觀變化　發揮音輝鄭云揚也王廙韓云散也　盡性津忍反　要其一遙反　迭用田節反　六位而成章本又作六畫　相薄旁各反陸云相

附薄也馬鄭顧云薄入也 **相射**食亦反虞陸董姚王肅音亦云厭也 **數往**色具反又色主反 **而數**色主反下文同 **晅**況晚反京云乾也本又作晅徐古鄧反又一音香元反 **以說**音悅後皆同 **嚮明**許亮反 **而治**直吏反 **妙萬物**如字王肅作眇音妙董云眇成也 **橈**徐乃飽反王肅乃教反又呼勞反 **熯**王肅云呼但反火氣也徐本作暵音漢云熱暵也說文同 **莫盛**是政反鄭音成云裏也 **水火不相逮**音代一音大計反鄭宋陸王肅王廙無不字 **悖**必內反逆也 **爲家**京作彔 **爲狗**音苟 · **一索**色白反下同馬云數也王肅云求也 **長男**丁丈反下長女長子皆同 **中男**丁仲反下同 **少男**詩照反下少女皆同 **爲圜**音圓 **瘠**在亦反下同王廙云健之甚者爲多骨也京荀作柴云多筋幹 **駁**邦角反 **爲釜**房甫反 **爲吝**京作遴 **爲嗇**音色 **爲柄**彼病反 **爲龍**如字虞干作駹虞云倉色干云雜色 · **爲旉**王肅音孚干云花之通名鋪爲花貌謂之藪本又作專如字虞同姚云專一也鄭市戀反 **蒼莨**音郎或作琅通 **萑**音丸廣雅云蓫也蓫音狄 **葦**韋鬼反蘆

也　馵主樹反京作朱荀同陽在下　的丁歷反說文作馰　顙桑黨反的顙白顛　反

生麻豆之屬反生戴莩甲而出也虞作阪云陵阪也陸云阪當爲反　蕃音煩　鮮息連反　爲

臭昌又反王肅作爲香臭　寡髮如字本又作宣黑白雜爲宣髮　爲廣如字鄭作黃

爲近附近之近　三倍步罪反　其究九又反　矯紀表反一本作撟同　輮如九反王肅奴又反又女九反又如又反馬鄭陸王肅本作此宋衷王廙作揉宋云使曲者直直者曲爲揉京作柔荀作橈

弓輪姚作倫　美脊精亦反　爲亟紀力反王肅去記反荀作極云中也　爲

薄旁博反　蹄徒低反　爲曳以制反　眚生領反王廙云病也　甲胄直又反

乾卦古丹反鄭云乾當爲幹陽在外能幹正也董作幹　鱉必列反本又作鼈同　蟹戶買

反　蠃力禾反京作螺姚作蠡　蚌步項反本又作蜯同　科苦禾反空也虞作折　槁

苦老反鄭作槀干作熇　爲徑古定反　果蓏力火反馬云果桃李之屬蓏瓜瓠之屬應劭云木實曰果草實曰蓏說文云在木曰果在地曰蓏張晏云有核曰果無核曰蓏京本作果墮之字　閽音昏

寺如字徐音侍亦作閹字 黔其廉反徐音禽王肅其嚴反鄭作黚謂虎豹之屬貪冒之類 喙況廢反徐丁遘反 為堅多節一本無堅字 為巫亡符反 附決如字徐音穴

剛鹵力杜反鹹土也 為羊虞作羔此六子依求索而為次第也本亦有以三男居前三女後從乾健也章至此韓無注或有注者非也荀爽九家集解本乾後更有四為龍為直為衣為言巛後有八為牝為迷為方為囊為裳為黃為帛為漿震後有三為王為鵠為鼓巽後有二為楊為鸛坎後有八為宮為律為可為棟為叢棘為狐為蒺蔾為桎梏離後有一為牝牛艮後有三為鼻為虎為狐兌後有二為常為輔頰注云常西方神也不同故記之於此

周易序卦第十

之稺直吏反本或作稚 爭興爭鬬之爭下同 所比毗志反下注同 所畜敕六反本亦作蓄下及雜卦同 以否備鄙反下同 以觀官喚反 亨則許庚反鄭許兩反徐音向同 實壱息浪反 所錯七各反注同徐七路反 之緼紆粉反本又作

蘊

遠小人袁万反　有難乃旦反下同　以解音蟹下同　決邪似嗟反

而上時掌反　去故起呂反下同　以和胡臥反又如字　齊才細反又如字

若長丁丈反　說音悅下及注同　行過下孟反

周易雜卦韓云雜糅衆卦也孟云雜亂也第十一

雜糅如又反　比毗志反下同　樂音洛注同　臨觀古亂反　屯見賢遍反注及下皆同鄭如字　經綸本又作論音倫又力門反　上升時掌反下文離上并注同　豫怠如字姚同京作治虞作怡　則飭音敕注同整治也鄭本王肅作飾　剝爛老旦反

晝也竹又反　誅也荀云誅滅也陸韓云傷也　解音蟹　難也乃旦反　衆荀作終　去故起呂反　豐多故衆家以此絕句　親寡旅也荀本豐多故親絕句寡旅也別爲句　道長丁丈反

周易略例此是輔嗣所作既釋經文故相承講之今亦隨世音焉或有題爲第十者後人輒加之耳

明彖 動不能制動一本作天地不能制動 貞夫音符後皆同 琁悉全反又作旋 璣音機本又作機或作幾 輻音福 湊千豆反 則思息吏反 可遠于万反 能渝羊朱反 至賾仕責反 能與音預 觀彖以斯一本作以彖觀之

明爻通變 好靜呼報反 度量音亮 朝直遙反 廷音定 必比毗志反 隆墀本又作坻直其反坻螘冢 遠壑火各反 而濟一本作而載 能說音悅 善邇善又作繕 愛惡烏路反次章同 語成而後有格舊本如此一本格作括 能與音豫

明卦適變通爻本又作明卦通變適爻又一本直云適變通爻 否泰備鄙反 險易以豉反章內同 於斷丁亂反 要其一遙反 辟險音避本亦作避後章同 比復毗志反 好先呼報反 侮妻亡甫反 故當如字 其介音界

本又作分符問反
明象　觀意本亦作·見意　猶蹄音啼　在兔他故反字又作菟　筌者七全反筌蹄事見莊子　重畫直龍反下胡麥反下同　應健音鷹　滋漫末半反
縱復扶又反
辯位　繫辭戶計反下同　位分扶問反下同　去初羌呂反　無六
爻無亦作損
略例下舊本如此本或無下字
率音類又音律又所律反　相比毗志反　險易以豉反　之行下孟反　去六羌呂反　見咥直結反　所怨紆万反又紆元反
卦略凡十一卦
屯　難乃旦反遯明夷卦同　所馮皮冰反本亦作憑　蒙　陰昧音妹

不諮本亦作資　四遠袁万反觀明夷卦同　初比毗志反　履　不處
謂陽爻不處其位爲美　履者禮也今雜卦無此句韓注有或傳寫者誤　臨　剛
長丁丈反遯卦同　觀古亂反　以所見一本所作知　以近附近之近明夷　所
卦同　大過　棟橈乃孝反　拯弱拯救之拯　同好呼報反
瞻市豔反　褊矣必淺反　遯　浸子鴆反　長張丈反　難在乃旦反
亨在許庚反　大壯　觸昌録反　藩扶袁反　明夷　最遠
于万反　最近附近之近　而難乃旦反　能溺寧歷反　睽　最
見賢遍反豐卦同　洽乃咸夾反本亦作合　豐　惡闇烏路反　之沛
步貝反又普貝反　之蔀步口反　明昧音妹本亦作妹又作沬皆末貝反下文同　無
與如字又音預　折其之舌反

經典釋文卷第二

經四千二百一十九字
注一万七千七百四十字

經典釋文卷第三

尚書音義上　起第一　盡第五

唐國子博士兼太子中允贈齊州刺史吳縣開國男陸德明撰

尚書序 此孔氏所作述尚書起之時代并敘爲注之由故相承講之今依舊爲音

伏 古作虙 **犧** 本又作羲亦作戲許皮反說文云賈侍中說此犧非古字張揖字詁云羲古字戲今字 **氏** 一號庖犧氏三皇之最先風姓母曰華胥以木德王即太皞也 **之王** 于況反 **始畫** 乎麥反 **八卦** 俱賣反 **書契** 苦計反書者文字契者刻木而書其側故曰書契也一云以書契約其事也鄭玄云以書書木邊言其事刻其木謂之書契也 **結繩** 易繫辭云上古結繩以治後世聖人易之以書契

文籍 文字也籍書籍 **神農** 炎帝也姜姓母曰女登以火德王三皇之二也 **黃帝** 軒轅也姬姓少典之子母曰附寶以土德王三皇之三也史記云姓公孫名軒轅一號有熊氏 **三墳** 扶云反墳大也

少 施照反 **昊** 胡老反少昊金天氏名摯字青陽一曰玄囂己姓黃帝之子母曰女節以金德王五帝之最先

顓音專 頊許玉反顓頊高陽氏姬姓黃帝之孫昌意之子母曰景僕謂之女樞以水德王五帝之二也 高辛帝嚳也姬姓嚳音口毒反母名不見以木德王五帝之三也 唐帝堯也姓伊耆氏堯初爲唐侯後爲天子都陶故號陶唐氏帝嚳之子帝摯之弟母曰慶都以火德王五帝之四也 虞帝舜也姓姚氏國號有虞顓頊六世孫瞽瞍之子母曰握登以土德王五帝之五也先儒解三皇五帝多與孔不同並見發題 夏禹天下號也以金德王三王之最先 商湯天下號也亦號殷以水德王三王之二也 周文王武王有天下號也以木德王三王之三也 雅誥故報反告也示也 奧義烏報反深也 一揆葵癸反度也 八索所白反下同求也徐音素本或作素 左史史官在左 倚於綺反劉琴綺反 相息亮反倚相楚靈王時史官 刪色姦反 以黜丑律反 斷丁亂反 訖居乙反又許乙反 芟色咸反 剪咨淺反 撮七活反 機本又作幾 典凡十五篇正典二攝十三十一篇亡 謨莫胡反凡三篇正二攝一 訓凡十六篇正三二篇亡攝十三四篇亡 誥凡三十八篇正八攝三十十八篇亡 誓市制反凡十篇正八攝二一篇亡 命凡十八篇正十二三篇亡攝六四篇亡

恢苦回反大也　坦土但反　秦始皇名政二十六年初并六國自號始皇帝　焚

書　坑苦庚反　儒焚詩書在始皇之三十四年坑儒在三十五年　逃難乃旦反　解音蟹

學校戶教反詩箋云鄭國謂學爲校　闡尺善反大也明也　濟南子禮反郡名也　伏生名勝　年過古臥反後同　以傳直專反下傳之子孫同　裁二十餘篇即馬鄭所注二十九篇是也　魯共音恭亦作龔又作恭共王漢景帝之子名餘　好治呼報反下好古同　壞音怪下同字林作𣪊云公壞反毀也　及傳謂春秋也一云周易十翼非經謂之傳　論語上如字又音倫　科斗上苦禾反科斗蟲名蝦蟇子書形似之　隸古上音麗謂用隸書寫古文　增多伏生二十五篇謂虞書大禹謨夏書五子之歌胤征商書仲虺之誥湯誥伊訓太甲三篇咸有一德說命三篇周書泰誓三篇武成旅獒微子之命蔡仲之命周官君陳畢命君牙冏命　合

於舊音閼又如字下同　皋音高本又作咎　陶音遙本又作繇　盤步干反本又作般　復

出上扶又反下同　凡五十九篇即今所行五十八篇其一是百篇之序　其餘錯

亂磨滅謂虞書汨作九共九篇槀飫夏書帝告釐沃湯征汝鳩汝方商書夏社疑至臣扈典寶明居肆命徂后沃丁咸乂四篇伊陟原命仲丁河亶甲祖乙高宗之訓周書分器旅巢命歸禾嘉禾成王政將蒲姑賄肅慎之命亳姑凡四十二篇亡　悉上時掌反　詔爲于僞反　覃徒南反深也　思息嗣反　採本又作采　摭之石反一音之若反　敷芳夫反　暢丑亮反　序所以爲于僞反又如字　義見賢遍反　各冠工亂反　巫音無　蠱音古　事漢武帝末征和中江充造蠱敗戾太子故經籍道息焉　貽以之反遺也

堯典第一　卷之一　虞書凡十六篇十一篇亡五篇見存

孔氏傳傳即注也以傳述爲義舊說漢以前稱傳

昔古也　堯唐帝名馬融云謚也翼善傳聖曰堯　聰千公反　思息嗣反又如字下同　著張慮反　遁本又作遯徒遜反退也避也　禪時戰反讓也授也　放方往反注同徐云鄭王如字　勳許云反功也馬云放勳堯名皇甫謐同一云放勛堯字　欽明文思馬云威儀表備謂之

欽照臨四方謂之明經緯天地謂之文道德純備謂之思　**被**皮寄反徐扶義反　**名聞**音問本亦作問　**溢**音逸　**九族**上至高祖下至玄孫凡九族馬鄭同　**黎**力兮反　**羲和**馬云羲氏掌天官和氏掌地官四子掌四時　**昊**胡老反　**重**直龍反少昊之後　**黎**高陽之後

日月所會謂日月交會於十二次也寅曰析木卯曰大火辰曰壽星巳曰鶉尾午曰鶉火未曰鶉首申曰實沈酉曰大梁戌曰降婁亥曰娵訾子曰玄枵丑曰星紀　**嵎夷**音隅馬云嵎海嵎也夷萊夷也尚書考靈耀及史記作禺銕　**暘**音陽　**谷**工木反又音欲下同馬云暘谷海嵎夷之地名　**日出於谷**本或作日出於陽谷陽衍字　**寅**徐以眞反又音夷下同　**賓**如字徐音殯馬云從也　**出日**上尺遂反又如字注同

平如字馬作苹普庚反云使也下皆放此　**秩**如字　**日中**貞仲反又如字　**殷**於勤反馬鄭云中也　**七宿**音秀下同　**畢見**賢遍反下同　**析**星歷反

孳音字　**乳化**上儒付反說文云人及鳥生子曰乳獸曰產　**申重**直用反　**南訛**五禾反　**昧**武內反　**冥**莫定反　**餞**賤衍反馬云滅也滅猶沒也　**毨**先典反說

文云仲秋鳥獸毛盛可選取以爲器用也分別彼列反下同隩於六反馬云煖也氄
如勇反徐又而充反又如充反馬云溫柔貌辟音避耎如兖反本或作濡音儒氄尺銳反
暨其器反朞居其反下同旬似遵反十日爲旬迊子合反釐力之
反熙許其反興也疇直由反放方往反注同胤引信反馬云嗣也
吁況于反徐往付反一音于嚚魚巾反訟才用反馬本作庸又好呼報反下注同爭
鬭也若予音餘又羊汝反采七在反馬云官也復求上扶又反驩呼端反兜
丁侯反共工上音恭注同僝仕簡反徐音撰馬云具也都於下音烏官
稱尺證反滔土刀反漫末旦反下同又末寒反背音佩傲五報反下同
很恨懇反湯湯音傷洪戶工反浩浩胡老反滌大歷反襄上
時掌反俾必爾反僉七廉反又七劒反曰於音烏鯀故本反馬云禹父也朝
臣上直遙反咈扶弗反忿戾也方命如字馬云方放也徐云鄭王音放圮皮美反

戾力計反　异徐云鄭音異孔王音怡巳也　朕直錦反馬云我也　巽音遜馬云讓也

否方久反不也又音鄙　忝他簟反辱也　不肖音笑説文云肖骨肉相似也不似其先故曰不肖　錫星歷反　鯀故頑反　虞舜虞氏舜名也馬云舜謚也舜死後賢臣録之臣子爲諱故變名言謚　俞羊朱反　德行下孟反下其行同　瞽音古　傲五報反

瞍素后反　之稱尺證反又如字　諧戶皆反　烝烝之丞反　姦古顏反　女于上而據反　妻千計反　嬀居危反　汭如銳反水之內也杜預注左傳云水之隈曲曰汭　嬪毗人反

舜典第二王氏注相承云梅賾上孔氏傳古文尚書亡舜典一篇時以王肅注頗類孔氏故取王注從愼徽五典以下爲舜典以續孔傳徐仙民亦音此本今依舊音之

難乃旦反　曰若稽古帝舜曰重華協于帝此十二字是姚方興所上孔氏傳本無阮孝緒七録亦云然方興本或此下更有濬哲文明溫恭允塞玄德升聞乃命以位凡二十八字異聊出之

於王注無施也　徽許韋反王云美馬云善也　從才容反　八元左傳高辛氏有才子八人

伯奮仲堪叔獻季仲伯虎仲熊叔豹季貍忠肅恭懿宣慈惠和天下之民謂之八元　揆葵癸反　八

凱開在反左傳高陽氏有才子八八蒼舒隤敳檮戭大臨尨降庭堅仲容叔達齊聖廣淵明允篤誠天下之民謂

之八凱　來朝直遙反　麓音鹿王云錄也馬鄭云山足也　愆起虔反　詢音荀

厎之履反王云致也馬云定也本或作厔非　正月音政又音征　文祖王云文祖廟名

馬云文祖天也天爲文萬物之祖故曰文祖　璿音旋　上帝王云上帝天也馬云上帝太一神在

紫微宮天之最尊者　禋音因王云絜祀也馬云精意以享也　六宗王云四時寒暑日月星水旱也

馬云天地四時也　墳衍扶云反下音演　輯徐音集王云合馬云斂也　五瑞垂僞反

牧牧養之牧徐音目　巡似遵反徐養純反　守詩救反本或作狩　岱音代泰山也

柴士皆反爾雅祭天曰燔柴馬云祭時積柴加牲其上而燔之　巡行下孟反　燔扶表

反又扶云反　瀆徒木反　同律王云同齊也律六律也馬云律法也鄭云陰呂陽律也　度

如字丈尺也**量**力尚反注同斗斛也**衡**稱也**贄**音至本又作摯**纁**許云反**復**扶又
反下同**還**音旋**華**戶化反華山在弘農**十有**如字徐于救反**至于北岳**
如西禮方興本同馬本作如初**藝**魚世反馬王云禰也**四朝**直遥反注同馬王皆云四
面朝於方岳之下鄭云四朝四季朝京師也**敷**音孚**肇**音兆**十有二州**謂冀兗青徐荊
揚豫梁雍并幽營也**濬**荀俊反**宥**音又馬云宥三宥也**扑**普卜反徐敷卜反**榎**
皆雅反**贖**后欲反徐音樹**眚**所景反**怙**音戶**恤**峻律反憂也**共工**
上音恭左傳少皞氏有不才子毀信廢忠崇飾惡言靖譖庸回服讒蒐慝以誣盛德天下之民謂之窮奇杜預云即
共工**裔**以制反**驩**呼端反**兜**丁侯反左傳帝鴻氏有不才子掩義隱賊好行凶德醜類惡物
頑嚚不友是與比周天下之民謂之渾敦杜預云即驩兜也帝鴻黃帝也**竄**七亂反**三苗**馬王云三
苗國名也縉雲氏之後爲諸侯蓋饕餮也左傳縉雲氏有不才子貪于飲食冒于貨賄侵欲崇侈不可盈厭聚斂積
實不知紀極不念孤寡不恤窮匱天下之民以比三凶謂之饕餮杜預云縉雲黃帝時官名非帝子孫故以比三凶

也貪財曰饕貪食曰飻　**縉**音晉　**饕**七刀反　**飻**他節反　**殛**紀力反　**鯀**故本反左傳顓頊氏有不才子不可教訓不知話言告之則頑舍之則嚚傲很明德以亂天常天下之民謂之檮杌杜預云即鯀也檮杌凶頑無儔匹之貌　**殂**才枯反　**喪**如字又息浪反　**考妣**必履反父曰考母曰妣

遏安葛反或音謁　**八音**謂金鐘也石磬也絲琴瑟也竹篪笛也匏笙也土塤也革鼓也木柷敔也

匏白交反　**故復**扶又反　**闢**婢亦反徐甫亦反　**惇**音敦　**之長**丁丈反　**懋**音茂

反下同　**而難**乃旦反　**任**音壬又而鴆反　**奮**弗運反　**俞**以朱反

王云勉也馬云美也　**稽**音啓　**首**稽首首至地臣事君之禮　**契**息列反　**陶**音遙　**阻**莊呂反王云難也

播波左反　**猾**戶八反　**寇**苦豆反　**宄**音軌　**劓**魚器反截鼻也

刵扶味反刖足也　**大辟**婢亦反死刑也　**三處**昌慮反　**於朝**直遙反

垂如字徐音睡　**共**音恭　·**斨**七良反　**伯與**下音餘　**益**皋陶子也

羆彼皮反　**寅**如字徐音夷　**夔**求龜反　**胄**直又反王云胄子國子也馬云胄長也教

長天下之子弟　栗戰栗也　永徐音詠又如字　於如字或音烏而絕句者非　拊音撫
徐音府　堲徐在力反　讒切韻士咸反　說如字注同徐失銳反　殄切韻徒典反　行下孟反注
同　喉音侯　黜丑律反　北如字又音佩　令力呈反　釐力之反馬云賜
也理也　下土絕句一讀至方字絕句　別彼列反　分方云反徐扶問反　汩音骨
共音恭王已勇反法也馬同　槀苦報反　飫於庶反槀飫亦書篇名也汩作等十一篇同此序其
文皆亡而序與百篇之序同編故存今馬鄭之徒百篇之序總爲一卷孔以各冠其篇首而亡篇之序即隨其次第之
居見存者之閒衆家經文並盡此唯王注本下更有汩作九共故逸故亦作古

大禹謨第三　卷之二　徐云本虞書總爲一卷凡十二卷今依七志七録爲十三卷

皐音高　陶音遥　矢本又作夭　謨字又作謩　申重直用反下同　文命孔云文德
敎命也先儒云文命禹名　易以豉反　治直吏反　俞羊朱反　攸音由徐以帚反
寧安也說文安寧如此願辭也　舍音捨　告故毒反　矜居陵反　眷俱倦

反　奄於簡反　迪徒歷反　響許丈反　應應對之應下應風同　吁況俱
反　度徒布反注守度同　虞度下徒洛反後億度同　樂音洛　去起呂反
熙火其反　咈扶弗反　戾連悌反　怠音待　惰徒臥反　曰於音烏
歌樂下音洛　俾必爾反　壞乎怪反　治直吏反　格庚白反
朕直錦反　耄莫報反　倦其眷反　期頤以之反期要頤養也　厭於豔反
懈佳賣反　種章用反　降江巷反　治直吏反注下同　當丁浪反又如字
懋音茂　愆起虔反　宥音又　辜音孤　好生上呼報反　儆居領反
重直用反　假工雅反　盡津忍反　爲民于僞反　丕普悲反大也徐
甫眉反　聽徐天定反　出如字徐尺遂反　好如字徐許到反　枚音梅　蔽必世反徐
甫世反　斷丁亂反　僉七潛反　禁今鴆反又音金　正月音政徐音征
數音朔　濟濟子禮反　蠢春允反　侮亡甫反　慢亡諫反　咎其九反

誥古報反　憚徒旦反一音丹末反、　脅許業反　弗屆下音戒　田本或

作畋　號戶高反　旻武巾反　慝他側反　載見賢遍反　瞽音古　瞍素后

反　夔夔求龜反　齊側皆反　諴音咸　矧失忍反　易以豉反　當丁浪

反下同　還經典皆音旋　誕音但　喈徐音皆　楯食允反　翳於計反

闡尺善反　洞徒弄反　蠡音禮

皋陶謨第四

爲帝于僞反　夫音扶　治直吏反下同　蹈徒報反　身修絕句　惇

切韻都昆反　當丁浪反下同　亦行下孟反注性行正直之行同　愿音願　愨

切韻苦角反　恪苦各反　擾而小反徐音饒　毅五既反　斷丁亂反　撓

女孝反　浚息俊反馬云大也　嚴如字馬徐魚檢反　翕許及反　俊乂馬曰

千人曰俊百人曰乂　百僚本又作寮　撫方武反　凝魚淩反馬云定也　兢兢

居淩反 **業業** 如字徐五荅反 **幾** 徐音機 **有典** 馬本作五典 **有分** 符問反

有庸 馬本作五庸 **衷** 音中 **明畏** 畏如字徐音威馬本作威 **有知** 如字徐音

智 **思** 如字徐音息吏反 **襄** 息羊反上也馬云因也案爾雅作儴因也如羊反

益稷第五

當 丁浪反本亦作讜當蕩反李登聲類云讜言善言也 **思** 徐如字又息吏反 **孜孜** 音兹

浩浩 戶老反 **墊** 丁念反 **瞀** 音務一音茂本或作務 **溺** 乃歷反 **予乘**

下音繩 **刊** 苦安反 **輴** 丑倫反漢書作橇如淳音蕝謂以板置泥上服虔云木橇形如木箕擿行

泥上戶子云澤行乘蕝蕝音子絕反 **樏** 力追反史記作橋徐音丘遙反漢書作梮九足反 **隨行** 下孟

反 **槎** 士雅反下同說文云衺斫又莊下反 **暨** 其器反 **鮮** 徐音仙馬云鮮生也 **距**

音巨 **濬** 思俊反 **畎** 公犬反 **澮** 故外反 **廣尺** 上音光浪反 **深尺** 上尸鴆反下深

二仞同 **艱** 工閑反馬本作根云根生之食謂百穀 **食** **處** 昌慮反 **鼈** 必滅反

懋音茂　鹽余廉反　烝之丞反　粒音立　治直吏反下同　當丁浪反
好呼報反　惡烏路反又並如字　應應對之應　徯胡啓反　施始豉反　重
直用反　股音古　肱古弘反　觀舊音官又官喚反　蟲直弓反　會馬鄭作繪
胡對反　彝音夷馬同鄭云宗彝虎蜼　藻音早本又作藻　粉米說文作黺徐本作絑音
米　黼音甫白與黑謂之黼　黻音弗黑與青謂之黻　絺徐勑私反又勑其反馬同鄭陟里反刺也　繡音秀
背音佩　袞工本反　僭子念反　出如字又尺遂反注同　納如字又音內
撻他末反又他達反　笞勑疑反　颺音揚　否方有反徐音鄙　任汝鴆反
應應對之應　傲五報反字又作奡　好呼報反　傲五羔反徐五報反注同　額
額五客反　殄徒現反　娶促住反　復往扶又反上　呱呱音孤　弗
子如字鄭將吏反　度徒洛反　至于五千馬云面五千里爲方萬里鄭云五服已五千又
弼成爲　州十有二師二千五百人爲師鄭云師長也　要一遙反　薄蒲各反徐
萬里

扶谷反 **長** 丁丈反五長衆官之長 **別** 彼列反 **重美** 上直用反 **夔** 求龜反

夏 居八反徐古八反馬云櫟也 **球** 音求 **搏** 音博 **拊** 音撫 **柷** 尺叔反所以作樂 **敔** 魚呂反所以止樂 **糠** 音康 **歆** 許金反 **鼗** 音桃 **合** 如字徐音閤 **籥** 余若反

互 音冱 **見** 賢遍反下見細器同 **鏞** 音庸 **間** 間廁之間 **鳥獸** 孔以爲自舞也馬云鳥獸筍簴也 **蹌** 七羊反舞貌說文作牄云鳥獸求食聲 **迭** 直結反 **韶** 詩昭反 **於**

予 並如字 **喜樂** 下音洛 **盡忠** 上津忍反 **颺** 音揚 **屢** 力具反 **省** 悉井反

數 色角反 **懈** 佳賣反 **賡** 加孟反劉皆行反說文以爲古續字 **叢** 才公反 **脞** 倉果反徐音瑣馬云叢總也脞小也 **惰** 徒臥反 **墮** 許規反

禹貢第一 **卷之三** **夏書** 凡九篇五篇亡一云夏書唯四篇

別 彼列反 **九州** 周公職錄云黄帝受命風后受圖割地布九州鄹子云中國爲赤縣赤縣之內有九州春秋說題辭云州之言殊也 **圻** 其依反 **濬** 思俊反 **刊** 苦安反 **任** 而鴆反

貢 字或作贛　之王 于況反　數 芳無反馬云分也　汎 孚劒反　隨行 下孟反　奠 田遍反　瀆 音獨下同　冀 居器反　州 九州名義見爾雅音　載 如字載載於書也馬同鄭韋昭云載事也　壺 音胡馬云壺口山名　治 如字　岐 其宜反　雍 於用反後名州同　岳 字又作嶽太岳山名　陽 山南曰陽水北亦曰陽　覃 徒南反　厎 之履反　衡 如字橫也馬云水名　漳 音章　近河 附近之近　壤 汝丈反馬云天性和美也　塊 苦對反　上 如字賦第一　錯 倉各反馬云地有上下相錯通率第一　以供 音恭　中 丁仲反又如字　中 馬云土地有高下　肥 符非反　瘠 在亦反　既從 才容反　島 當老反馬云島夷北夷國　夾 音協注同帶也　碣 其列反韋昭其逝反　逆上 時掌反　篚 方尾反　濟 子禮反下同　兖 悅轉反　九河 徒駭一太史二馬頰三覆釜四胡蘇五簡六絜七鉤盤八鬲津九出爾雅　灉 徐音邕王於用反　沮 七餘反　蠶 在南反　墳 扶粉反後同韋昭音勃憤反起也馬云有膏肥也　繇 音遥馬云抽也　十有三載 馬鄭

本載作年　漆音七　盛音成　漯天荅反篇韻作他合反　岱音代泰山也　嵎音隅　濰音惟本亦作惟又作維　淄側其反　濱必人反　斥徐音尺說文云東方謂之斥西方謂之鹵鄭云斥謂地鹹鹵　涯魚佳反　鹽餘占反　絺勑其反　種章勇反　畎工犬反徐本作甽谷　枲思似反　鉛寅專反字從谷音似選反　怪如字石怪石　碱砆之屬　萊音來　牧牧養之牧徐音目一音茂注同　檿烏簟反山桑也　汶音問　沂魚依反水名　藝魚世反　豬張魚反馬云水所停止深者曰豬劉東胡反　埴市力反鄭作𢧐徐鄭王皆讀曰熾韋昭音試　漸如字本又作蔪字林才冉反草之相包裹也　包必茅反字或作苞非叢生也馬云相包裹也　黏女占反　進長丁丈反　叢才公反　燾音徒報反覆也　苴子餘反包裹也　夏行雅反　翟徒歷反　嶧音亦一音夕　泗音四水名　淮夷鄭云淮水之夷民也馬云淮夷二水名孔傳云淮夷之水本亦有作淮夷二水也　蠙蒲邊反徐扶堅反字又作蚍韋昭薄迷反蚌也　暨其器反　見石上賢遍反　纖息廉反　縞

古老反徐古到反**繒**似陵反**逹于河**如字說文作菏工可反云水出山陽湖陵南**彭蠡**下音禮張勃吳録云今名洞庭湖案今在九江郡界**三江**韋昭云謂吳松江錢唐江浦陽江也**震澤**吳都吳地記云松江東北行七十里得三江口東北入海爲婁江東南入海爲東江并松江爲三江太湖**厎**之履反致也史記作致**大湖**音太胡**篠**西了反**簜**徒黨反或作簜他莽反**夭**於嬌反馬云長也**喬**其驕反徐音驕**少**詩照反**長**丁丈反**瑤**音遥**琨**音昆美石也馬本作瑻韋昭音貫**犀**細兮反**旄**音毛**楩**音緶又婢善反**卉**徐許貴反**橘**均必反**柚**由究反**裹**音果**沿**悅專反鄭本作松松當爲沿馬本作均云均平**朝**直遥反**九江**尋陽地記云一曰烏白江二曰蚌江三曰烏江四曰嘉靡江五曰畎江六曰源江七曰廩江八曰提江九曰箘江張須元緣江圖云一曰三里江二曰五州江三曰嘉靡江四曰烏土江五曰白蚌江六曰白烏江七曰箘江八曰沙提江九曰廩江參差隨水長短或百里或五十里始于鄂陵終于江口會于桑落洲太康地記曰九江劉歆以爲湖漢九水入彭蠡澤也**沱**徒何反**潛**捷廉反馬云沱湖也其中泉出

而不流者謂之潛 雲徐本作云 夢亡弄反一音武仲反徐莫公反 治直吏反 杶
勑倫反徐勑荀反木名又作櫄 榦本又作幹故旦反 栝古活反馬云白栝也 柘章夜反 礪
力世反 砥音脂徐之履反韋昭音旨 砮音奴韋昭乃固反 磨末佐反 鏃子木反一音七
木反 箘求隕反韋昭一名聆風 簬音路 楛音戶馬云木名可以爲箭毛詩草木疏云葉如荊而赤莖
似著 近澤附近之近 匭音軌 菁茅上子丁反徐音精馬同鄭云茅有毛刺曰菁茅 匣
胡甲反又音甲 菹切韻側魚反 縮所六反 纁許云反 璣其依反又音機馬同說文
云珠不圜也字書云小珠也玉篇渠依居沂二反 組音祖馬云組文也 納馬云入也 江沱
潛漢四水名本或作潛于漢非 逾羊朱反 瀍直然反 澗故晏反 渾音魂又胡囷胡
昆二反 沔亡淺反又亡忍反下同陸渾沔池二縣屬河南郡 滎戶扃反滎澤也 波如字馬本
作播滎播澤名 遏烏葛反 導音道下同 菏徐音柯又工可反注同韋胡阿反 被皮寄
反徐扶義反注同 孟豬張魚反又音諸左傳爾雅皆作孟諸宋藪澤也 壚音盧說文黑剛土也

絺勑其反　紵直呂反　纊音曠　緜切韻武延反　華胡化反又胡瓜反　岷武巾反
嶓音波徐甫河反韋音播　·旅如字韋音盧　和如字又作龢鄭云和讀曰洹
言　治直吏反下同　黎鄭力兮反徐力私反馬云小疏也　璆音虯徐又居虯反又閒幼反馬
同韋昭郭璞云紫磨金案郭注爾雅鏐即紫磨金　鐵天結反　鏤婁豆反　熊音雄　羆彼宜
反如熊而黃　狸力疑反　·罽紀例反　傾窺并反　渭音謂　雍於用反
涇音經　屬之蜀反　汭本又作內同如銳反馬云入也　逮音代　沮七徐反
灃芳弓反　治直吏反　終南終南山名漢書地理志一名太一三秦記云又名地肺　惇
惇物山名漢書云垂山也　丕普悲反　球音求　琳韋音來金反　琅音郎　玕音干山海經云
崐崘山有琅玕樹　西　上時掌反　崐崘下魯門反馬云崐崘在臨羌西　析星歷反馬云析
支在河關西　搜所由反漢書志朔方郡有渠搜縣武紀云北發渠搜是也　髳音謀又音毛西戎國
名　道音導從首起也　岍音牽字又作汧山名一名吴岳馬本作開　厎之履反　柱如字韋知

父反又知女反厎柱山名在河水中 太行戶剛反又如字 滄音倉 勝音升 傾窺并

反 圉魚呂反 太華如字又戶化反 陪音裴 尾音陪尾山名漢書作橫尾 條

列如字本或作別彼列反 漾羊尚反 弱本或作溺 合如字 黎力兮反馬云地名

溢音逸 山見賢遍反 虢寡白反 孟津如字洛北地名 湊七豆反

伾本又作岯音丕又皮鄙反徐扶眉反又敷眉反韋音嚭郭撫梅反字或作岯 處昌慮反

降如字鄭戶江反 殺所界反 溢字又作隘於賣反 渤蒲兀反 浪音郎

瀆市制反 觸切韻尺玉反 匯徐胡罪反韋空爲反 沱唐何反 澧音禮

迤以爾反馬云靡也 沇音兖又以轉反 數色主反下同一本作十所 陶音桃 折

之設反 澧音豐 翊與職反 鞏恭勇反縣名屬河南郡 隩於六反玉篇於報反

滌待歷反 陂彼宜反 槎仕雅反 障章尚反 貫工喚反 較

音角 台徐音怡 行下孟反注同 甸田遍反 爲天上于僞反 納如字

本又作內同注如字 總音揔 近附近之近 槀故老反 供音恭 飼音嗣 銍珍栗反 穗字亦作穟音遂 秸本或作稭工八反馬云去其穎曰鞂 男任而針反又而鴆反 任王上而鴆反又而針反 同爲于僞反 綏息遺反 揆葵癸反 度待洛反 奮方問反 要一遙反 束如字一作來 朿馬云易也 差初佳反又初賣反 漸子廉反 被皮寄反 朔南朔北也 皆與音預 朝直遙反 見賢遍反 訖斤密反

甘誓第二

啓禹子嗣禹爲天子也 扈音戶有扈國名與夏同姓馬云姒姓之國爲無道者案京兆鄠縣即有扈之國也 甘有扈郊地名馬云南郊地也甘水名今在鄠縣西 誓馬云軍旅曰誓會同曰誥 其將子匠反 侮亡甫反 正如字徐音征馬云建子建丑建寅三正也 惰徒臥反 勦子六反玉篇子小反馬本作剿與玉篇切韻同 罰音伐 御魚慮反 戮音六 北

如字又音佩軍走曰北　**孥**音奴子也　**累**劣偽反

五子之歌第三

五人五子名字書傳無聞仲康蓋其一也　**須**馬云止也　**汭**如銳反本又作內音同　**逸**本又作佾　**豫**本或作忬音同　**黎**力兮反　**喪**息浪反　**盤**步干反本或作槃　**度**如字　**樂**音洛　**畋**音田　**羿**五計反徐胡細反　**距**音巨　**以從**如字或作才用反非　**徯**胡啓反　**近**附近之近　**分**扶問反　**三失**上如字又息暫反　**不見**賢遍反　**懍**力甚反　**朽**許久反　**索**息洛反　**馭**音御　**腐**扶甫反

甘一音戶甘反　**嗜**市志反　**峻**思俊反　**牆**慈羊反　**耽**於鹽反又於豔反　**厎**之履反　**貽**以之反　**遺**唯季反　**覆**芳服反　**供**音恭　**曷**戶割反　**鬱**音蔚　**陶**音桃鬱陶憂思也　**忸**女六反　**怩**女姬反徐乃私反　**思**息嗣反　**雖**如字或作雎

胤征第四

湎 徐音緬，面善反　差 初賣反，又初佳反　胤 國名也　肈 音兆　舍 音捨　遒 在由反　鐸 待洛反　鈴 音零　藝 本又作蓺　更 音庚　技 其綺反　覆 芳服反　倒 丁老反　離 如字，又力智反　冥 莫定反，又亡丁反　俶 本又作俶，亦作叔，同尺六反　擾 而小反　嗇 音色　馳 車馬曰馳　走 步曰走　供 音恭　先時 上音息薦反，又如字，注先時、先天同　赦 亦作赦　治 直吏反　後天 上胡豆反　崐 音昆　殲 子廉反　魁 苦回反　脅 虛業反　帥 色類反　汙 烏故反，汙辱之汙，又音烏，涴泥著物也，一音烏臥反　懋 音茂　辟 音避　契 息列反，殷之始祖　八遷 八遷之書，史唯見四　亳 旁各反，徐扶各反　嚳 苦毒反　帝告 下音工毒反　釐 力之反　沃 徐烏酷反，此五亡篇，舊解是夏書，馬、鄭之徒以爲商書，兩義俱通　祇 巨支反　復 扶又反

湯誓第一　卷之四　商書凡三十四篇十七篇亡十七篇見存

相息亮反　湯如字馬云俗儒以湯爲謚或爲號號者似非其意言謚近之然不在謚法故無聞焉及禹俗儒以爲名帝系禹名文命王侯世本湯名天乙推此言之禹登復非謚乎亦不在謚法故疑焉　桀其列反夏之末天子　升音昇　陑音而　格庚白反來也　台以之反下同　殛居力反

恤荀律反　舍音捨廢也　復扶又反　遏於葛反徐音謁馬云止也　喪息浪反注同　惰徒臥反　罰音伐　賚力代反又徐音來　社后土之神　禪時戰反

應應對之應　創初亮反　改正音征又音正　句龍上音鉤句龍共工之子爲后土　扈音戶　績子寂反　從之上才容反　朡子公反　俘音孚　太行戶剛反一音如字　誼本亦作義

仲虺之誥第二

垌故螢反徐欽螢反又古螢反　虺許鬼反　誥故報反　左相息亮反　奚弦雞

反　成湯伐桀武功成故號成湯一云成諡也　纘子管反　應應對之應　矯居表反　誣音無　臧作郎反　縏音煩　莠羊九反　秕悲里反徐甫里反又必履反　鋤仕魚反　簸波我反　颺音揚　矧申忍反　之惡烏路反　近附近之近　此行下孟反　懋懋音茂　吝良刃反　王業上如字又于況反

仇音求　餉式亮反　徯胡啓反　蘇字亦作穌　推土雷反　懈工債反

建中如字本或作忠非　裕徐以樹反　者王徐于況反或如字　好問上呼報反

鮮息淺反　覆芳服反　暴蒲報反字或作虣

湯誥第三

誕音但　告工毒反　罹力之反本亦作羅羅洛何反　荼音徒　冤紆元反　譴遣戰反　寤五故反　台音怡　牡茂后反　聿允橘反述也　勠音六又力彫反說文力周反史記音力消反　穢於廢反　僭子念反忒也劉創林反　賁彼義反徐扶云反飾也

煥呼亂反　樂音洛　俾必爾反徐甫婢反使也　輯音集又七入反　戾力計反　慄慄音栗　隕于敏反　彝徐音夷　慆他刀反　忱市林反

咎其九反　單音善卷末並同

伊訓第四

祀年也夏曰歲商曰祀周曰年唐虞曰載　祠音辭祭也　見賢遍反　徇徒遍反　總音揔　少康上詩照反　以上時掌反　禳如羊反　暨其器反　鼈必滅反　亳旁各反徐扶各反　惟長丁丈反　咈扶弗反　操七曹反又七報反

哲本又作喆　俾必爾反　儆居領反　酣戶甘反　巫音無　淫樂音洛　殉辭俊反徐辭荀反　畋音田　遠于萬反注同　耆巨夷反　比毗志反徐扶至反　稚直利反　嚚魚巾反　愆去乾反　必喪如字又息浪反　以

爭諫爭之爭　鑿在洛反　額魚白反　涅乃結反　隷郎計反　洋洋音羊

徐音翔　賚力代反

太甲上第五

朝政上直遥反　倚於綺反　顧音故　諟音是說文理也　祇巨支反　遠于萬反　監工暫反　辟必亦反徐甫亦反　丕普悲反徐甫眉反　先見並如字注同　相亦上息亮反　昧音妹　俊本亦作畯　迪大歷反　越于月反本又作粵　覆芳服反注同　省息井反　括故活反注同　度如字　虞度待洛反　則中丁仲反　懌音亦　輕遣政反　義本亦作誼　俾必爾反後篇同　近附近之近　令太甲令力呈反

太甲中第六

闕苦穴反　冕音免　胥息餘反　疆居良反　厎之履反　敗必邁反徐甫邁反　縱子用反　戾郎計反　孽魚列反　逭胡亂反　背音佩徐扶

代反 徯胡啓反 懋音茂 數音亦 厭於豔反

太甲下第七

治直吏反注及下同 咈扶弗反 覆芳服反

咸有一德第八

諶徐市林反 而王于況反下以王同或如字 僭子念反 德行下孟反 衰色界反衰微也殺害也言小小害也 爲上于僞反下爲民同 爲德上如字下同徐皆于僞反 爲易以豉反 烝之承反 之長丁丈反 狹戶夾反 盡子徐忍反注同 沃烏毒反徐於毒反 陟張力反 相息亮反 太戊馬云太甲子 桑蘇臧反 穀工木反楮也 朝直遙反 巫咸馬云巫男巫也名咸殷之巫也 乂治也 囂五羔反 亶丁但反 相息亮反在河北今魏郡有相縣 圮備美反徐扶鄙反馬云毀也

盤庚上第九　卷之五

盤本又作般步干反　治直吏反　胥徐思餘反　怨紆萬反　盤庚殷王名也馬云祖乙曾孫祖丁之子不言盤庚誥何非但録其誥也取其徙而立功故以盤庚名篇　籲音喻　慼千歷反　盡子忍反　稽工兮反　台音怡　恪苦角反　五邦馬云五邦謂商巳亳鄘相耿也　斷又音短　從才容反　蘖五達反本又作枿馬云顛木而肄生曰枿　仆音赴又步北反　底之履反　斅戶教反又如字　度如字　箴之林反馬云諫也　朝臣上直遙反　傲五報反　任而鴆反　播波餓反　匿女力反　聒聒故活反馬及說文皆云拒善自用之意　惕他歷反　拙之劣反　紊音問徐音文　昏馬同本或作暋音敏爾雅昏暋皆訓強故兩存　越本又作粵音曰于也　昏強其丈反　宄音軌　奉孚勇反注同　恫勑動反又音通痛也　相時上息亮反馬云視也徐息羊反　憸息廉反馬云憸利小小見事之人也徐七漸反　曷何末反　燎力召反又力鳥反又力紹反　嚮許亮反　撲普卜反　近附近之近　靖馬云安也　遲直疑反徐

持夷反　任而金反馬云古老成人　選息轉反又蘇管反　掩本又作弇　數色主反

與音預　烝之丞反　射食夜反　準音准　必中丁仲反　侮亡甫

反　易以豉反　各長丁丈反　伐去下羌呂反　臧徐子郎反　佚音逸

度徐如字亦作渡

盤庚中第十

話胡快反馬云告也言也　誕徐音但　亶丁但反馬本作單音同誠也　造七報反注

同馬在早反云爲也　褻息列反　鮮息淺反　曷何末反下同　俾必爾反　近附近之近

咎其九反　比毗志反徐扶至反注及下同　共群用反　令力呈反

籲羊戍反　忱市林反　鞠居六反　臭徐尺售反　載如字又在代反

屬音燭注同馬云獨也　沈直林反　瘳勑留反　穢於廢反　倚於綺反徐於奇

反　迂音于　僻匹亦反　迓五駕反　畜許竹反下同　脅虛業反

勞力報反又如字注同　重直勇反又直恭反　戕在良反又七良反　之行下孟反　斷丁緩反　治直吏反、盡子忍反　乃告工號反　我高后本又作乃祖乃父　不易以豉反注同　遠于萬反又如字注同　汝分扶問反又如字注同　暫才淡反　隕于敏反　劓魚器反徐吾氣反　殄徒典反　易種如字又以豉反注同　長丁丈反下遺長同

盤庚下第十一

奠田薦反　朝直遥反　胥時忍反　腸徐持良反　比毗志反　讒士咸反　降工巷反徐下江反　去羌吕反　析先歷反注同　治直吏反　弔音的或如字　責扶云反　長丁丈反注同　相爾上息亮反　好呼報反　任而林反　告故報反

説命上第十二

說本又作兑音悅注及下篇同　相息亮反下同　亮本又作諒如字又力章反　哲本又作喆　誥故報反　台音怡　賚力代反徐音來　俾必爾反　肖音笑　虢寡白反　壞音怪　供音恭　朝張遙反　礪力世反　楫音接徐音集　瞑莫遍反　眩玄遍反徐又呼縣反瞑眩困極也　瘳勑留反　警音景　跣先典反徐七顯反　爲己上于僞反　辟必亦反

說命中第十三

總音揔　宿音秀　后王于方反　長丁丈反　治直吏反下同　豫羊慮反　從才容反　冑直又反　鎧苦代反　兜丁侯反　鍪莫侯反　易以豉反　笥息嗣反　省息井反一本作眚　昵女乙反　喪息浪反　醇音純　粹雖遂反　黷徒木反　數色角反　忱市林反

說命下第十四

台音怡　遯徒頓反　麴起六反　糵魚列反　羹音庚一音衡　鹽余廉反

梅亦作楳　酢七故反　以和如字又胡臥反　斆戶孝反　愆起虔反

俊本又作畯　仰如字徐五亮反　正長丁丈反下同　俾必爾反　撻他達反

阿烏何反　治直吏反　辟必亦反

高宗肜日第十五

雊工豆反　己音紀　肜音融　繹音亦字書作襗爾雅云又祭也周曰繹商曰肜夏曰復胙

中丁仲反又如字　台音怡　乃復扶又反　豐芳弓反　昵女乙反尸子云不避遠昵昵近也又乃禮反馬云昵考也謂禰廟也

西伯戡黎第十六

咎其九反馬云咎周者為周所咎　黎力兮反國名尚書大傳作耆　受如字傳云受紂也音相亂馬云受讀曰紂或曰受婦人之言故號曰受也　伯亦作柏　戡音堪說文作𢦏云殺也以此戡訓刺音竹

甚反 **勝** 詩證反 **近** 附近之近 **圻** 巨依反 **王心** 于況反下注宜王者同

不相 息亮反 **不度** 待洛反 **摯** 音至本又作贄 **參** 七南反馬云參字累在上

微子第十七

錯 七各反馬云廢也 **少** 詩照反 **治** 直吏反 **沈** 徐直金反 **酗** 況具反以酒爲凶曰酗說文作酌云醉醟 **湎** 面善反 **醟** 音詠說文于命反酌酒也 **喪** 息浪反 **好** 呼報反 **宄** 音軌 **度** 如字 **讎** 市周反 **淪** 音倫徐力允反 **涯** 五佳反又宜佳反

出 尺遂反 **耄** 字又作旄莫報反注同 **遯** 徒困反徐徒頓反一音都困反 **隮** 子細反篇子兮反切韻祖稽反 **隕** 于敏反 **不見** 賢遍反 **省** 所景反 **咈** 扶勿反 **耇** 工口反 **長** 丁丈反注同 **攘** 如羊反因來而取曰攘 **竊** 馬云往盜曰竊 **神祇** 天曰神地曰祇 **犧** 許宜反 **牷** 音全 **讎** 如字下同徐云鄭音疇馬本作稠云數也 **斂** 力檢反馬鄭力豔反謂賦斂也徐云鄭力劒反 **治** 直吏反 **亟** 欺忌反數也又紀力反本又作極如字至也

懈佳賣反 瘠在益反 臣僕一本無臣字 舊云馬云言也刻音克馬云侵刻也 逃難乃旦反 靖馬本作清謂絜也 顧音故徐音鼓

經典釋文卷第三

經典釋文卷第四

尚書音義下 起第六盡十三

唐國子博士兼太子中允贈齊州刺史吳縣開國男陸德明撰

泰誓上第一　卷之六　周書 凡四十一篇九篇亡

虞芮 如銳反二國名　僉 七廉反　孟津 地名也　惟十有三年春 或作十有一年後人妄看序文輒改之　亶 丁但反　湎 面善反　冒 莫報反注下同　嗜 市志反切韻常利反　酷 苦毒反　榭 爾雅云有木曰榭本又作謝　陂 彼皮反　障 之亮反　匱 其魏反　刳 口胡反　剔 他歷反　孕 以證反徐養證反　悛 七全反　粢 音咨黍稷曰粢　盛 音成在器曰盛　懲 直承反　不爭 爭鬭之爭　爲立 上于僞反　相 息亮反　否 方有反　度 徒洛反下注同　億 十萬曰億　貫 古亂反　類 師祭名　冢 中勇反　厎 之履反　從之 上才容反

泰誓中第二

徇以俊反字詁云徇巡也　竭苦曷反又苦蓋反　犁力私反又力兮反　昵女乙反

比毗志反　鮐他來反又音怡魚名　逋布吳反　酗況具反　脅虛業反

籲音喻　穢於廢反　辟必亦反　喪息浪反　之長丁丈反　謂己音紀

十人周公旦召公奭太公望畢公榮公太顛閎夭散宜生南宮适及文母　我治直吏反

所惡烏路反一音如字　疆居良反　勗許玉反下同　將士子匠反下篇注同

懍懍力甚反

泰誓下第三

申令力政反　重直用反　夫長丁丈反　已上上音以下時掌反　惰徒臥反

斮側略反又七略反　朝陟遙反　脛戶定反　剖普口反　耐乃代反

痡徐音敷又普吳反　邪似嗟反　技其綺反　褻息列反　喪蘇浪反

斷丁管反 天惡烏路反 孜孜音滋 殄徒典反 殲子廉反 毅牛既反

牧誓第四

戎車音居釋名云古者聲如居所以居人也今曰車聲近舍車舍也韋昭辯釋名云古皆尺遮反從漢始有音居 夫長丁丈反 步卒子忽反 賁音奔 士稱尺證反 牧如字徐一音茂說文作坶云地名在朝歌南七十里字林音母 昧爽上音妹爽明也昧爽謂早旦也馬云昧未旦也 夜陳直刃反 左杖徐直亮反 鉞音越本又作戉 旄音毛馬云白旄旄牛尾 麾許危反 逖他歷反 帥色類反下同 羌徐起良反說文云西戎牧羊人 髳茂侯反 濮音卜 叟所求反又蘇走反 比徐扶志毗志二反 楯食準反又音允 牝頻引反徐又扶忍反 索西各反 妲己丹達反下音紀紂妻也 復扶又反 俾必爾反使也徐甫婢反下同 宄音軌 愆去乾反 勖許玉反 刺

七亦反 貔音毗 羆彼皮反爾雅云羆如熊黃白文 迓五嫁反馬作禦禁也 役馬云

役爲也爲音于僞反

武成第五

獸徐始售反本或作嘼許救反 旁步光反 魄普白反說文作霸匹革反云月始生魄然也

旁近附近之近 哉徐音載 豐芳弓反文王所都也 華胡化胡瓜二反華山在恒

農 非長丁丈反 不復扶又反 駿荀俊反 豆本又作梪 籩音邊

以上時掌反 燔音煩 暨其器反 大王大音泰 肇音兆 王迹上于

況反又如字注王業王功同 厎之履反 烝之承反 萃在醉反 藪素口反

魁苦回反 窋口忽反 遏烏末反 周召上照反本又作邵 貊亡白

反 俾必爾反 篚音匪 ·爲之上于僞反 應應對之應 相予上息亮反

逾亦作踰 陳于上直刃反注同徐音塵 倒丁老反 漂匹妙反徐敷妙反又

匹消反 杵昌呂反 著張略反 散西旦反 賚力代反徐音來 已責上音
以下側界反 賙音周本亦作周・養羊亮反 拱居勇反 治直吏反 所
任而鴆反

洪範第六　卷之七

勝商證反 祿父下音甫 範音范 鎬胡老反本又作鄗武王所都也 陰默也
馬云覆也 騭之逸反馬云升也升猶舉也舉猶生也 相協上息亮反助也 彝以之反
鯀工本反 陻音因 汩工忽反 五行戶庚反 不畀必二反徐甫至反注同與
也 斁多路反徐同路反敗也 殛紀力反本或作極音同 錫星歷反 農馬云
食爲八政之首故以農名之 嚮許亮反一音許兩反 沮在汝反 此已上時掌反
禹所第敘馬云從五行已下至六極洛書文也漢書五行志以初一已下皆洛書文也 炎榮鉗
反 上時掌反又如字下同 揉如酉反 鹹音咸 鹵音魯 貌本亦作䫉 視

常止反徐市止反思如字徐息吏反下同儼魚檢反諦音帝睿悅歲反馬云通
也哲之舌反徐之列反又之世反成當丁浪反縱子用反或作從音同士
卒子忽反宿音秀迭田節反見賢遍反比毗志反注同羅馬力馳反又來
多反之行下孟反好呼報反下人遐嫁反無虐馬本作亡侮獘
岐扃反畏如字徐云鄭音威其行如字徐下孟反其為于僞反陂音秘
舊本作頗音普多反好呼報反惡烏路反注同闢婢亦反平平婢緜反
治直吏反以近附近之近克馬云勝也能治直吏反禦魚呂反
燮息協反辟徐甫亦反玉食張晏注漢書云玉食珍食也韋昭云諸侯備珍異之食
頗普多反僻匹亦反僭子念反忒他得反馬云惡也蓍音尸霽子細反
蒙武工反徐亡鉤反驛音亦注同屬音燭占用二馬云占筮也衍以淺
反逢馬云逢大也冠官喚反暘音陽乾音干煖乃管反以長

丁丈反　蕃音煩　廡無甫反徐莫杜反　美行下孟反　治直吏反下治治其職皆政
同　晳之設反徐音制又音晳·　咎其九反　豫羊庶反徐又音舒　省悉井反
別彼列反　好呼報反　横華孟反又如字　凶馬云終也　折時設反一音之
舌反　尪烏黄反　班本又作般音同　分器扶問反注同

旅獒第七

獒五羔反馬云作豪酋豪也　召公時照反後召公皆放此　賄呼罪反　厎之履反
之長丁丈反　以供音恭　不爲于僞反　侈昌氏反又式氏反　不
易羊隻反　狎易以豉反　盡津忍反下同　玩五貫反　喪息浪反
觀官喚反　畜許竹反　細行下孟反　累劣僞反　仞音刃字又作刃七尺
曰仞一云八尺曰仞　虧曲爲反　簣其貴反　向許亮反　乾乾其連反
昊音側　世王如字又于況反注同　巢仕交反徐呂交反　朝直遥反　芮如銳

反　圻音祈

金縢第八

武王有疾馬本作有疾不豫　縢徒登反　緘工咸反　豫本又作忬　其爲于僞反　戚千歷反　壇徒丹反築土也馬云土堂　墠音善　植時織反徐音置　贄音至　視如字或之又反下同　遘工豆反遇也　丕普悲反馬同徐甫眉反鄭音不　瘳勑留反下同　籥予若反徐以略反馬云藏卜兆書管　乃弁必政反　差初賣反　喪蘇浪反　孺如樹反　辟扶亦反治也説文作𨐨云必亦反法也馬鄭音避謂避居東都　貽羊皮反　名如字徐亡政反　鴟尺夷反　鴞于驕反　誚在笑反　以遺唯季反　穫戶郭反　拔皮八反　弁皮彥反徐扶變反　應應對之應　説如字徐始鋭反　倡昌亮反　皆從才用反又如字　噫於其反馬本作懿猶億也　沖直忠反　新逆馬本作親迎　遣使所吏反　築音竹本亦作筑謂築其根

馬云築拾也　并見賢遍反

大誥第九

三監古懺反視也　相成王上息亮反注同　誥本亦作𢍏又　猷音由道也　大誥

爾多邦馬本作大誥繇爾多邦　盡津忍反　弔音的又如字　割馬本作害

不少馬讀弗少延爲句　難乃旦反　累劣僞反　矧失忍反　賁扶云反徐

音憒　遺唯季反　蠢尺允反　大難乃旦反下同又如字　腆他典反馬云至也

誕大旦反　祿父下音甫後同　疵在斯反馬云瑕也　令不力呈反　鄙

易以豉反下其易同　敉亡婢反　先應應對之應　并必政反及篇末同注　逋

布吾反　鯀故頑反　予造爲也馬云遺也　不卬五剛反我也　毖音秘　忱

市林反　相息亮反　畏如字徐音威　省悉井反　閟音秘　棐徐音匪又芳鬼反　構古候反

日思上人實反　之難乃旦反下爲難同　底之履反

治直吏反　菑側其反草也田一歲曰菑　穫戶郭反　猶惡烏路反　不易以豉反　壟力勇反　僭子念反

微子之命第十

正朔上音政　裔以制反　令聞如字又音問　篤本又作竺東谷反　歆許今反　蕃方元反本亦作藩　毗房脂反　俾必爾反　斁音亦　好呼報反　猒於豔反　穎役領反　穗似醉反本亦作穟

康誥第十一　卷之八

數叛上所角反叛亦作畔　梓音子　圻具依反　魄字又作䰟普白反馬云䰟朏也謂月三日始生兆朏名曰魄　汭如銳反　和見賢遍反　乃洪大誥治直吏反注及下其治民安治用安治同一本作周公迺洪大誥治　皆勞力報反　孟長丁丈反下同

慎去羌呂反下欲去去疾同　怙音戶　冒莫報反覆也　聞如字徐又音問　殪於計

反　勖許玉反　遹音聿又音述馬云述也　衣如字徐於旣反　耇音狗　恫音通又勑動反　瘝古頑反　棐音匪又芳鬼反　忱市林反　往盡徐子忍反　好呼報反　懋音茂　應應對之應注同徐於甑反　眚所領反本亦作省　宥于救反　咎其九反　孩亥才反　劓魚器反　刵如志反　臬魚列反　要於宵反　蔽必世反　斷丁亂反下及篇末同　覆芳服反　彝以支反下同　款苦管反　攘如羊反　宄音軌　暋音敏　憝徒對反徐徒猥反　強其丈反　無不惡烏路反下所大惡疾惡亦惡並音同　鞠居六反　弔音的　泯徐武軫反　戛簡八反　乃別彼列反注同　汝長丁丈反下同　忌其記反　懌音亦　爲求上于僞反　之說如字徐始銳反　假令力呈反　數所角反　殛紀力反

酒誥第十二

嗜市志反　王若馬本作成王若曰注云言成王者未聞也俗儒以爲成王骨節始成故曰成王或曰以成王爲少成二聖之功生號曰成王沒因爲諡衞賈以爲戒成王康叔以慎酒成就人之道也故曰成此三者吾無取焉吾以爲後録書者加之未敢專從故曰未聞也　妹邦馬云妹邦即牧養之地　欲令力呈反下始令勿令同　文王第稱穆周自后稷而封爲始祖后稷生不窋爲昭鞠陶爲穆公劉爲昭慶節爲穆皇僕爲昭差弗爲穆毀揄爲昭公非爲穆高圉爲昭亞圉爲穆諸盩爲昭大王爲穆王季爲昭文王爲穆故左傳宮之奇云大伯虞仲大王之昭也號仲號叔王季之穆也又富辰云管蔡巳下十六國文之昭也昭一音部窋音竹律反揄音投盩音張流反大並音太下同　毖音秘　少正上詩照反　爲祭上于僞反

惟行下孟反注及下注之行同　厥長丁丈反下注長官諸侯之長同　賈音古

養羊亮反　洗先典反馬云盡也　腆他典反　省悉井反　饋其位反　信

任音壬　畏相息亮反下同　·暇遐嫁反　湎面善反　祇辟扶亦反

酣戶甘反　樂音洛　不易如字馬以豉反　縱子用反注同　泆音溢又作逸亦

作佚　**畫**許力反　**差**初佳反又初賣反　**很**胡懇反　**腥聞**音問　**監**工陷

反下及注同　**劼**苦八反　**圻**巨依反　**父**音甫　**薄**蒲各反徐又扶各反　**違**如字徐音回馬

云違行也　**宏**大也　**辟**必亦反　**斷**丁亂反　**佚**音逸　**盡**子忍反　**惡**

俗上烏各反　**三申**上息暫反又如字

梓材第十三

梓音子本亦作杍馬云古作梓字治木器曰梓治土器曰陶治金器曰冶　**暨**其器反　**敬勞**

下音力報反下同　**來**力代反　**究**音軌　**亦見**如字徐賢遍反　**戕**徐在羊反又七

良反馬云殘也　**折獄**上之舌反　**監**工暫反劉工銜反下同　**爲民**上于僞反注同

其治直吏反　**屬婦**上音蜀妾之事妻也　**無令**力呈反篇末同　**冤**紆元反一本作

以冤　**恬**田廉反　**辟**扶亦反　**菑**側其反　**畎**工犬反　**垣**音袁　**墉**音庸

馬云卑曰垣高曰墉　**塈**徐許氣反說文云仰塗也廣雅云塗也馬云塈色一音故愛反　**茨**徐在私反

樸普角反馬云未成器也　斲丁角反　雘枉略反徐烏郭反馬云善丹也說文云讀與靃同也又一郭反字林音同　夾音協近也　朝享上直遙反　付如字馬本作附　拓音託　懌音亦字又作斁下同　先悉薦反注同　監古陷反　爲于威反

召誥第十四

召時照反　相宅上息亮反下注同　鎬胡老反　見賢遍反下不見同　先周公上悉薦反又如字　朏芳尾反又普沒反徐又芳憒反　規度時洛反　朝直遙反　位處昌慮反　汭如銳反　共音恭　句故侯反　屬音燭　乃復扶又反　瘝工頑反　夫知並如字注同　籲音喻呼也　號戶高反　少詩照反　諴音咸　碞五咸反徐又音吟　治直吏反下爲治致治皆同　比毗志反徐扶志反　近附近之近　令不上力呈反　遺唯季反　讎字或作酬　奉幣上如字又芳孔反　供音恭徐紀用反注供待同

洛誥第十五　卷之九

既相息亮反注及下同　使來上所吏反注遣使同　辟必亦反　少詩照反

治直吏反　河朔朔北也　瀍直連反　南近附近之近　伻普耕反徐敷耕反又甫耕反下同　貞正也馬云當也　盡子忍反　曰記上音越一音人實反　燄燄音豔　敘絕句馬讀敘字屬下　無令力呈反　嚮徐許亮反注同　惇都昆反

頒音班徐甫云反馬云猶也　棐音匪又芳鬼反　薆徐莫剛反又武剛反馬云勉也　被

寬上皮寄反又彼美反　裒薄謀反切韻博毛反　旁步光反　迓五嫁反馬鄭王皆音魚據反　毖音祕　救亡婢反　治直吏反下同　監我上工銜反注同　樂公上音洛　無斁音亦　猒於豔反　單音丹馬丁但反信也　秬音巨　鬯勑亮反香酒也　卣由手反又音由中樽也　禋音因　遘工豆反　猒於豔反馬云猒飫也徐於廉反　王在新邑孔馬絕句　烝之承反鄭讀王在新邑烝　騂息營反　祝

之又反一音之六反　王賓絕句　殺禋絕句一讀連咸格絕句　太室馬云廟中之夾室

祼官奐反　誕保文武受命絕句馬同　惟七年攝政七年天下太平馬同鄭云文王武王受命及周公居攝皆七年

多士第十六

不則如字或作測非　徙近附近之近　弔音的　旻天上閔巾反仁覆愍下謂之旻馬云秋曰旻天秋殺氣也方言降喪故稱旻天也　愍眉隕反　喪息浪反　弋徐音翼馬本作翼義同

畀必利反下同　治直吏反　秉爲于僞反注同　明畏如字一音威

逸樂音洛下同　讙棄戰反　嚮許亮反　于時夏絕句馬以時字絕句　泆音逸又作佾注同馬本作屑云過也　不背音佩　之行下孟反　甸徒遍反　巳

上時掌反　齊敬上側皆反　喪息浪反　不復扶又反　逖他力反　比

事上毗志反注同　遠於上于萬反　攸賓如字徐音殯馬云却也　不啻始豉反徐

本作翄音同下篇放此

無逸第十七

好呼報反　怙音戶　相息亮反　諺魚變反　嚴如字又魚檢反注同馬作儼

治直吏反　孝行下孟反　惸求營反字又作煢　耽丁南反注下同　樂音洛注下同

卑服如字馬本作俾使也　鮮息淺反注同　昃音側本亦作仄　昳田節反

供音恭　慾起虔反　夫音扶　酗況付反　譸竹求反馬本作輈爾雅及詩作侜同侜張誑也

幻音患　誑九況反　詛側助反　祝之又反　詈力智反

慽胡暗反　叢才工反

君奭第十八　卷之十

爲保太保也　爲師太師也馬云保氏師氏皆大夫官　相息亮反　左右馬云分陝爲二伯東爲左西爲右

不說音悅　奭始亦反召公名　弔音的　棐音匪又芳鬼反

忱市林反　其終終馬本作崇云充也　君已音以　遏於葛反徐音謁絕反　佚音逸
不易以豉反注同　諶氏壬反　我道馬本作我迪　去之上如字又起呂
反　尹摯音至　隕于敏反　傅說音悅　安治直吏反下同　屏賓領
反　辟必亦反　重勸上直用反　虢寡白反徐公伯反　閎音宏　夭於表反徐
於驕反　散宜上素但反　顛丁田反又音田　南宮括工活反南宮氏括名也馬本作
南君　胥附毛詩作疏附傳曰率下親上曰疏附鄭箋云疏附使疏者親也　奔走奔又作本走又作奏
音同詩傳云喻德宣譽曰奔奏鄭箋云奔走使人歸趨之　先後上悉薦反下戶豆反毛詩傳云相導前後曰先
後　禦侮詩傳云武臣折衝曰禦侮　蔑徐亡結反　迪見賢遍反注同　冒莫報反下同馬
作勗勉也　聞于上音問或如字　輔相息亮反　造才老反一音七到反　鳴鳥馬云
鳴鳥謂鳳皇也本或作鳴鳳者非　以朝直遙反　之易以豉反　爲汝民上于
僞反　亶丁但反　喪息浪反　否方九反　戡音堪　不勝音升　俾

必耳反 懈佳賣反 鮮息淺反

蔡仲之命第十九

辟婢亦反徐扶亦反 七乘繩證反 從車上才用反 圻巨依反下同 改行下孟反 封如字徐甫用反 治直吏反 懋音茂 蕃方元反注同 厥度如字注同 斷丁亂反 踐似淺反馬同大傳云藉也 數色角反 覆芳服反 成王政如字馬本作征云正 蒲如字徐又扶各反馬本作薄 近中附近之近

多方第二十

費誓上音秘 鎬胡老反 别彼列反 譴棄戰反 迪徒歷反馬本作攸云所也 之行下孟反 麗力馳反 重亂上直用反又直龍反 懫勑二反說文之二反 劓魚器反 不畀必二反 輔相息亮反 愼去羌呂反 要一遙反又一妙反注同 殄亭遍反 已上時掌反 辟必亦反 間之間廁

之閒 **不蠲**吉玄反馬云明也一音圭 **烝**絕句之承反馬云升也 **任**音壬 **畀**并至反
夾音協注同 **數**色角反 **要**一遥反 **訊**音信 **倡**音唱 **殛**紀力反本又作極 **臬**魚列反馬本作劓 **相長**丁丈反 **閱**音悅 **頗**破多反 **採**吐南反 **僻**匹亦反

立政第二十一

盡禮上津忍反下同 **任**而鴆反 **準**之允反 **綴**徐丁衛反又丁劣反 **賁**音奔 **所長**丁丈反除篇末文注以長音直良反餘並同 **鮮**息淺反 **籲**音喻 **忱**市林反 **恂**音荀 **之行**如字徐下孟反 **釐**力之反 **耿**工迥反徐公穎反又公永反下同 **王天**上往況反下王有同 **見德**上賢遍反下注同 **受德**受德紂字馬云受所爲德也 **昏**眉謹反徐亡巾反一音閔 **爲作**上于僞反下爲之同 **自強**其丈反 **伻**普耕反徐敷耕反又甫耕反 **趣**七口反 **券**音勸 **契**苦計反 **藏**才浪反 **陜**音反

遠惡上于萬反　譽音餘又如字　敉亡婢反　傳之上直專反　俾必爾反下同　治直吏反下同　相我上如字馬息亮反下勱相同　閒閒廁之閒　可復扶又反　詁戶快反　稚直吏反本亦作稺　繹音亦　憸息廉反徐七漸反本又作思同憸利之人馬云憸利佞人也　勱音邁　詰起一反馬云實也　之比必二反又如字

慎行如字

周官第二十二　卷之十一

還音旋徐音全　巡行下孟反　辟必亦反　治直吏反下至家宰經注同　之長丁丈反下官長助長君長同　不逮音代一音大計反　懈佳賣反　燮素協反　傳相息亮反　處昌呂反　少詩照反下同　擾而小反徐音饒　慝吐得反　倡尺亮反下同　阜音負　政治直吏反　一朝直遥反　巡守音狩下同本亦作狩　已上時掌反　議度待洛反　蓄勑六反　莅音利又音

類　斷丁亂反下注同　厖武江反　勝音升　斁音亦　長安上直良反

厭於豔反　肅慎馬本作息慎云北夷也　駒俱付反又如字　麗力支反　馯戶旦

反地理志音寒　貃孟白反說文作貉北方豸種孔子曰貉之言貃貃惡也　俾必爾反馬本作辨

使近附近之近　樞其久反

君陳第二十三

君陳鄭注禮記云周公之子　監工銜反　懋音茂　治直吏反下注政治同　孜

孜音兹　之行下孟反下德行同　應應對之應　繹音亦　度之上待洛反

從七容反　辟扶亦反下同　厥中如字或丁仲反　斷丁亂反　狃女九反

君長丁丈反　垢工口反　別彼列反　沮在汝反　否方九反又音鄙

好呼報反　長世上如字　朽許久反

顧命第二十四

而治直吏反　相息亮反　顧工戶反　命臨終之命曰顧命馬云成王將崩顧念康王命召公畢公率諸侯輔相之　懌音亦馬本作不釋云不釋疾不解也　洮他刀反徐音逃馬云洮洮髮也　頮音悔說文作沬云古文作頮馬云頮頮面也　被皮義反徐扶僞反注同　憑皮冰反下同說文作凭云依几也字林同父冰反　齊側皆反　盥音管又音灌　加朝直遙反　奭音釋　芮如銳反　彤徒冬反　賁音奔　之長丁丈反　幾音機徐音譏下同　瘳勑留反　重光上直龍反馬云日月星也太極上元十一月朔旦冬至日月如疊璧五星如連珠故曰重光　麗力馳反　肄徐以至反又以制反　恫徐音同又勑動反馬本作詷云共也　斥昌亦反　釗姜遼反又音昭徐之肴反　夫人如字注同　冒亡報反一音墨　貢如字馬鄭王作贛音勑用反馬云陷也　出如字徐尺遂反　綴丁衛反下同　王崩馬本作成王崩注云安民立政曰成　幄於角反下同　墉音容本亦作牅　首手又反　俾必爾反　伋居及反齊侯名太公子　度舊音待洛反恐誤注云作冊書法度

音宜如字 **傳** 直專反 **伯相** 息亮反 **供** 音恭 **黼** 音甫徐音補 **扆** 於豈反
屏 步經反 **畫** 胡卦反 **牖** 音酉 **復** 扶又反 **嚮** 許亮反 **篾** 眠結
反馬云纖蒻 **純** 之允反又之閏反下同 **緣** 悅絹反本或作純 **厎** 之履反馬云青蒲也
蒻 音弱 **苹** 音平 **豐** 芳弓反 **莞** 音官又音關 **鏤** 來豆反 **夾** 工洽反徐
音頰注同 **筍** 息允反馬云箬也徐云竹子竹爲席于貧反 **紛** 孚云反 **漆** 音七徐七利反
綬 音受 **越玉** 馬云越地所獻玉也 **五重** 直容反 **琬** 紆晚反 **琰** 以冉反
削 音笑 **夷玉** 馬云東夷之美玉說文夷玉即珣玗琪 **天球** 音求馬云玉磬 **雍** 於用反本
亦作邕 **鼖** 扶云反注同 **中法** 上丁仲反 **車渠** 上尺遮反車渠車輞也 **兊**
徒外反 **共** 音恭 **胙** 才故反 **南向** 許亮反 **塾** 音孰一音育 **重** 直用
反 **弁** 皮彥反徐扶變反 **綦** 音其馬本作騏云青黑色 **夾** 徐工洽反 **戺** 音俟徐音
士 **廉** 力占反稜也 **鉞** 音越說文云大斧也 **戣** 音逵 **瞿** 其俱反徐音懼 **銳**

以稅反　隮子西反徐子詣反　蟻魚綺反　瑁莫報反　憑皮冰反　卞
皮彥反徐扶變反　眇眇彌小反　咤陟嫁反字亦作宅又音妬徐又音託又豬夜反說文作詫
丁故反奠爵也馬本作詫與說文音義同　酢才各反　供王音恭　嚌才細反　互
音護　宅如字馬同徐殆故反　徹丑列反徐直列反　處昌呂反

康王之誥第二十五

康王既尸天子馬本此句上更有成王崩三字　乘繩證反　纚力輒反　壞
如丈反　見賢遍反下同　蕃方袁反　朝直遙反　喪息浪反　贄音至
盡子忍反　羑羊久反馬云道也　戡音堪　遺唯季反注及下同　施以豉
反　無壞音怪　王若曰庶邦侯甸男衛馬本從此已下爲康王之誥又云與
顧命差異敘歐陽大小夏侯同爲顧命　厎之履反　至齊信馬讀厎至齊絕句　熊音雄
羆彼皮反　畀必利反徐甫至反　王天上于況反　傳直專反　督丁木反

鞠居六反　脫去羌呂反

畢命第二十六　卷之十二

别彼列反　朏普忽反徐芳尾反又芳憒反　王朝陟遥反　鎬戶老反　釐力之反　治正上直吏反一本作治政則依字讀　令得上力呈反　大師上音泰　毖音秘　密近如字又附近之近　度待洛反舊作待路反　有上時掌反　更古衡反　懋音茂　拱九勇反　仰如字徐五亮反　治直吏反　别彼列反　癉丁但反　俾必爾反　沮辭汝反又慈呂反　守徐始救反　重直用反　好呼報反　覆芳服反　鮮息淺反　悖布内反　敝步寐反　怙音戶　侉苦瓜反　壓於葉反又於甲反又於豔反　政治直吏反　施始豉反　浸子鴆反　袵而甚反又而鴆反　爲周上于僞反　人少詩照反

君牙第二十七

穆王名滿　君牙或作君雅　畫胡卦反　蹈徒報反　噬市制反　陷陷沒之陷　膂音旅　累劣偽反　令有上力呈反　其易以豉反　缺苦穴反　治直吏反下注同　辟必亦反

冏命第二十八

冏九永反字亦作臩　長丁丈反　怵勑律反　惕他歷反　礙五代反　侍御如字一音禦　僕從才用反注及下注侍從同　繩市陵反　俾必爾反　更古衡反　便婢緜反　辟匹亦反徐扶亦反　足恭上將住反　諛徐以朱反　昵女乙反　憸息廉反徐七漸反利口也本亦作册　近附近之近　道君道導也　瘝故頑反

呂刑第二十九

贖音蜀注及下同　耄本亦作薹毛報反切韻莫報反　度待洛反注同馬如字云法度也　詰

起一反　蚩尺之反　尤有牛反馬云少昊之末九黎君名　鴟尺之反鴟梟惡鳥馬云鴟輕也
義本亦作誼　宄音軌　攘如羊反　矯居表反　虔其然反　劓魚器反　刵徐如
志反　椓丁角反　黥其京反　麗力馳反　并必政反　泯泯面忍反徐音民　棼
棼芳云反徐扶云反　覆芳服反徐敷目反　詛側助反　背音佩　約如字又於妙反
發聞音問又如字注同　腥音星　之行下孟反　遏於葛反　君帝
君宜作皇字帝堯也　重直龍反注同　黎力兮反　棐音匪又芳鬼反　鰥居頑
清問馬云清評也　折之設反下同馬鄭王皆音悊馬云智也　種章用反　殖承力
反　斷丁亂反下同　祇止而反　治直吏反　賂來故反　爲天于上
僞反　任重上而鴆反下輕重之重　麗力馳反　蠲吉緣反　咎其九反
聽如字又他經反　少詩照反　長丁丈反　日勤上人實反一音曰　天齊于
民絕句馬云齊中也　俾我絕句上必爾反馬本作矜矜哀也　曰吁況于反馬作于于於也

度待洛反注同馬云造謀也　兩造七報反注同　核幸革反　不應應對之應下同　疵才斯反　惟來馬本作求云有求請賕也　墨辟婢亦反　鍰徐戶關反六兩也鄭及爾雅同說文云六鋝也鋝十一銖二十五分銖之十三也馬同又云賈逵說俗儒以鋝重六兩周官劒重九鋝俗儒近是　閱音悅　纇素黨反　涅乃結反　刵扶謂反　倍差側加反下同傳云五百鍰也馬云倍二百為四百差者又加四百之三分之一凡五百三十三鍰三分鍰之一也　刖音月又五割反絕也　互見賢遍反　無僭子念反　并必政反　數色住反　以刑當丁浪反　謂上時掌反下注同　鞫九六反　劾亥代反玉篇胡得反　屬音燭　儆音景　天相如字馬息亮反助也　治直吏反　令衆上力呈反

文侯之命第三十　卷之十三

平王馬本無平字　錫星歷反馬本作賜　秬音巨　鬯敕亮反　瓚才但反　杓上灼反　柄彼病反　義本亦作誼　和馬云能以義和諸侯　別彼列反　敷聞音問

以王于況反　辟必亦反　閔予如字又音與　愆去虔反　隤杜回反

隕于敏反　殄大見反　重稱上直用反　乃辟扶亦反　扞下旦反注

同　遺令力呈反　賚力代反　卣音酉又音由　釀女亮反　彤徒冬

反　馬供音恭　核戶革反　治直吏反

費誓第三十一

伯禽魯侯名　不闕舊讀皆作開馬本作闢　費音祕　譁戶瓜反　監工銜

反　敹了彫反　敿居表反　弔音的　鐙苦代反　兜丁侯反　鍪音矛

楯常準反又音允　紛芳云反　不令力呈反　鍛丁亂反　礪力世反

鍊來見反　牿工毒反　杜本又作敳　擭華化反徐戶覆反　斂徐乃協反又乃結反

穽在性反　檻戶減反　窒珍栗反　畜許六反又丑六反　逋布吳反

佚音逸　商如字徐音章　賚力代反徐音來　度待洛反　攘如羊反　垣

音表　峙直里反爾雅云具也　糗去九反一音昌紹反　糧音良　糒音備　楨徐音貞

榦工翰反　築陟六反　守手又反　堙音因　不供音恭　芻初俱反

茭音交

秦誓第三十二

秦穆公伐鄭事見魯僖公三十三年　三帥色類反下注同謂孟明視西乞術白乙丙

崤戶交反　塞悉代反　假工下反　樂音洛　俾必爾反下同　復扶又

反　惟爲于僞反下爲我謀同　番番音波　仡仡許訖反又魚乞反馬本作訖訖無所

省錄之貌徐云強狀　射神夜反　截截才節反馬云辭語截削省要也　諞音辨徐敷連反

又甫淺反馬本作偏云少也辭約指明大辨佞之人　易羊石反　昧昧音妹　介音界馬本

作介云一介耿介一心端慤者字又作个音工佐反　斷斷丁亂反又音短　猗於綺反又於宜反

他本亦作它吐何反　技其綺反本亦作伎　樂音洛　好之呼報反上　啻始豉反

冒莫報反注同 惡烏路反 背音佩 壅於勇反 塞先得反 殆唐在反

杌五骨反 隉五結反徐語折反

經典釋文卷第四

經典釋文卷第五

毛詩音義上 起第一 盡第六

唐國子博士兼太子中允贈齊州刺史吳縣開國男陸德明撰

周南 周者代名其地在禹貢雍州之域岐山之陽於漢屬
扶風美陽縣南者言周之德化自岐陽而先被江漢之
故序云化自北而南也漢廣序
又云文王之道被於南國是也 **關雎** 七胥反依字且邊隹
且音子餘反旁或作
鳥 **故訓傳第一** 舊本多作故今或作詁音古又音故傳音
直戀反案詁故皆是古義所以兩行然前
儒多作詁解而章句有故言郭景純注爾雅則作釋
詁樊孫等爾雅本皆爲釋故今宜隨本不煩改字 **毛**
詩 詩是此書之名毛者傳詩人姓既有齊魯韓三家故題
姓以別之或云小毛公加毛詩二字又云河間獻王所
加故大題在下案馬融盧植鄭玄注三禮並 **國風** 國者揔
大題在下班固漢書陳壽三國志題亦然 謂十五
國風者諸侯之詩從關雎至 **鄭氏箋** 本亦作牋同薦年
騶虞二十五篇謂之正風 反字林云箋表也
識也案鄭六藝論云注詩宗毛爲主毛義若隱略則更表
明如有不同卽下己意使可識別也然此題非毛公馬鄭

王肅等題相傳云是雷次宗題承用既久未敢爲異又案周續之與雷次宗同受慧遠法師詩義而續之釋題已如此又恐非雷之題也疑未敢明之

關雎舊解云三百一十一篇詩竝是作者自爲名**后妃**芳非反爾雅云妃媲也對也左傳云嘉耦曰妃禮記云天子之妃曰后**之德也**舊說云起此至用之邦國焉名關雎序謂之小序自風風也訖末名爲大序沈重云案鄭詩譜意大序是子夏作小序是子夏毛公合作卜商意有不盡毛更足成之或云小序是東海衞敬仲所作今謂此序止是關雎之序揔論詩之綱領無大小之異解見詩義序竝是鄭注所以無箋云者以無所疑亂故也**風之始也**此風謂十五國風風是諸侯政教也下云所以風天下論語云君子之德風竝是此義**所以風**如字徐福鳳反今不用**風風也**竝如字徐上如字下福鳳反崔靈恩集注本下卽作諷字劉氏云動物曰風託音曰諷崔云用風感物則謂之諷沈云上風是國風卽詩之六義也下風卽是風伯鼓動之風君上風教能鼓動萬物如風之偃草也今從沈說**風以動之**如字沈福鳳反云謂自下刺上感動之名變風也今不用**故嗟**迹斜反咨嗟也**歎之**本亦作嘆湯贊反歎息也**蹈之**徒到

反動足履地也　猶見賢遍反　角徵陟里反　上下時掌反　相應應對之應

下注同　治世直吏反　之音絕句　安以樂音洛絕句　其政和一讀安字上屬以樂

其政和爲一句下放此　以思息吏反　正得失周云正齊人之得失也本又作政謂政教

也兩通　莫近如字沈音附近之近　厚人倫音后本或作序非　曰比必履反

曰興虛應反沈許甑反　曰頌音訟　下以風福鳳反注風刺同　刺上本又

作刺七賜反　而譎古穴反詐也　故曰風福鳳反又如字　之苛本亦作荷音何

苛虐也　吟疑今反動聲曰吟　風其上福鳳反　告於古毒反　麟呂辛

反　趾音止　騶本亦作騶側畱反　召公本亦作邵同上照反後召南召公皆同　從

岐其宜反山名也或音祇　被江皮寄反　大王音泰　淑女常六反善也

哀前儒竝如字論語云哀而不傷是也鄭氏改作衷竹隆反　窈烏了反　窕徒了反毛云窈窕幽閒也王肅

云善心曰窈善容曰窕　恕音庶本又作念　好呼報反　逑音求　雎七胥反　鳩九尤

反雎鳩王雎也鳥之有至別者　之洲音州水中可居者曰洲　興也虛應反沈許甑反案興是
譬諭之名意有不盡故題曰興他皆放此　摯本亦作鷙音至　有別彼竭反下同　說音悅
樂音洛　和諧戶皆反　則朝直遙反　廷徒佞反　好毛如字鄭呼報反兔罝詩
故此　逑音求毛云匹也本亦作仇音同鄭云怨耦曰仇　幽閒音閑下同　怨耦五口反
能爲于僞反　不嫉音疾徐音自後皆同　妬丁路反以色曰妬　參初金反　差初宜
反又初佳反　荇衡猛反本亦作莕接余也沈有並反　左右王申毛如字鄭上音佐下音佑助也
接余音餘本或作菨荼非　共荇菜音恭本或作供下共荇菜並同　之菹阻魚反字又作
葅　九嬪鼻申反內官名　皆樂音洛又音岳　寤五路反覺也　寐莫利反寢也
覺也音教　悠哉音由思也　輾本亦作展哲善反呂忱從車展鄭云不周曰輾注本或作
臥而不周者剩二字也　芼之毛報反擇也　樂之音洛又音岳或云協韻宜五教反
關雎五章章四句故言三章其一章四句二章章八句五章

是鄭所分故言以下是毛公本意後放此　葛覃本亦作蕈徒南反覃延也　澣本又作浣戶管
反　濯直角反　師傅夫附反　欲見賢遍反　施于毛以豉反移也鄭如字下
同　萋萋切奚反茂盛皃　延蔓音萬　浸浸子鳩反　日長丁丈反　灌
木古亂反叢木也　喈喈音皆和聲之遠聞也　摶黍徒端反鳥名也　叢木才公反俗
作藂一本作最作外反　遠聞音問又如字下同　之稱尺證反　莫莫美博反成
就皃　是艾本亦作刈魚廢反韓詩云刈取也　是濩胡郭反煑也韓詩云濩瀹也音羊灼反　爲
絺恥知反精者曰絺　爲綌去逆反麤曰綌　無斁本又作斁音亦猒也　猒也於豔
反本亦作厭　玄紞都覽反紞織五采如縚狀用縣瑱也　紘獲耕反纓之無緌者從下仰屬於冠
綖音延冕上覆也　朝服直遙反下同　庶士謂庶人在官者本或作庶人　各衣
於既反　謂嫁曰歸本亦無曰字此依公羊傳文　重言直用反　薄汙音烏
煩也　副如字婦人首飾之上　褘音煇王后六服一曰褘衣　接見賢遍反下見於君子同

煩撋諸詮之音而專反何胤沈重皆而純反阮孝緒字略云煩撋猶挼莏也挼音奴禾反莏音素禾反

褖衣吐亂反六服之最下者　**害澣**戶葛反曷何也下同　**害否**方九反　**絜清**如字

沈音淨　**卷耳**眷勉反苓耳也廣雅云枲耳也郭云亦曰胡枲江南呼常枲草木疏云幽州人謂之

爵耳　**險詖**彼寄反妄加人以罪也崔云險詖不正也　**頃**音傾**筐**起狂反毛云頃筐畚屬韓詩云

頃筐欹筐也　**苓耳**音零　**畚**音本何休云草器也說文同　**易盈**以豉反下同

憂思息吏反下憂思同　**寘**之豉反置也　**周行**戶康反行列位也下注同　**謂朝**

直遙反　**崔**徂回反　**嵬**五回反毛云崔嵬土山之戴石也毛此注及下釋砠與爾雅同　**虺**呼回

反徐呼懷反說文作瘣　**隤**徒回反徐徒壞反虺隤病也爾雅同孫炎云馬退不能升之病也說文作頹

使臣色吏反下同　**離其**力智反　**我姑**如字姑且也說文作夃音同云秦以市買多得

爲夃　**罍**盧回反酒罇也韓詩云天子以玉飾諸侯大夫皆以黃金飾士以梓禮記云夏曰山罍其形似壺容

一斛刻而畫之爲雲雷之形　**以勞**力到反　**不復**扶富反　**岡**古康反山脊也

兕字又作兕徐履反爾雅云兕似牛 觵古橫反罰爵也以兕角爲之字又作觥韓詩云容五升禮圖云容七

升 爲意于僞反 殷勤並如字俗本下並加心非也 爲樂音洛 𥔲矣

本亦作砠同七餘反毛云石山之戴土也 瘏矣音塗病也本又作屠非 痡矣音敷又普烏反

病也本又作鋪同 吁矣香于反憂也 痡病也一本作痡亦病也者非 樛

木居虯反木下句曰樛字林九稠反馬融韓詩本並作朻音同字林已周反說文以朻爲木高 逮下

徒戴反又徒帝反 之心焉崔集注本此序有鄭注檢衆本並無 藟本亦作纍力軌反似葛之

草也草木疏云一名巨苽似燕薁亦連蔓葉似艾白色其子赤可食 纍之力追反纏繞也本又作虆 上

附時掌反 樂只之氏反猶是也 綏之音雖安也 樂樂上音岳下音洛 縈

之本又作縈烏營反旋也說文作縈 螽斯音終斯爾雅作蜇音同螽斯蚣蝑也 諱惡

烏路反 詵詵所巾反衆多也說文作辞音同 蚣粟容反字林作蜙先凶反郭璞先工反許愼思

弓反 蝑粟居反許愼呂忱並先呂反郭璞才與反案一名斯螽七月詩云斯螽動股是也揚雄許愼皆云舂黍草

木疏云幽州謂之春箕蝗類也長而青長股股鳴者也郭璞注方言云江東呼爲蚝蜢音竹白反蜢音猛 **情**

慫 音欲諸詮之音論 **不耳** 本或作不然 **振振** 音眞仁厚也 **宜女** 音汝

薨薨 呼弘反衆多也 **揖揖** 子入側立二反會聚也 **蟄蟄** 尺十反徐又直立反和集也

桃夭 於驕反桃木名夭夭少壯也說文作枖云木少盛皃 **鰥** 本亦作鱞古頑反老無妻曰鰥

少壯 詩照反 **俱當** 丁浪反 **有蕡** 浮雲反實皃 **蓁蓁** 側巾反至盛也

盡以 津忍反或如字他皆放此 **菟罝** 菟又作兔他故反罝音子斜反菟罟也說文子余反

好德 呼報反 **椓之** 陟角反 **丁丁** 陟耕反椓杙聲 **菟罟** 音古罔也 **杙**

本又作弋羊職反郭羊北反爾雅云樴謂之杙李巡云橜也樴音特橜音其月反 **赳赳** 居黝反武皃爾

雅云勇也 **干城** 如字爾雅云干扞也孫炎注云干楯所以自蔽扞也鄭云干也城也皆以禦難也舊戸旦

反沈音幹 **扞也** 戸旦反 **以禦** 魚呂反 **難也** 乃旦反下同 **任爲** 音壬 **將**

子匠反 **帥** 色類反沈所愧反 **可任** 而鴆反後不音者放此 **國守** 手又反 **折**

之設反　**衝**昌容反　**施于**如字　**中逵**求龜反九逵道也杜預注春秋云塗方九軌　**施**

于中林如字沈以豉反　**制斷**丁亂反　**茉苢**音浮苢本亦作苡音以茉苡馬舄也

又名車前韓詩云直曰車前瞿曰茉苡郭璞云江東呼爲蝦蟇衣草木疏云幽州人謂之牛舌又名當道其子治婦

人生難本草云一名牛遺一名勝舄山海經及周書王會皆云茉苡木也實似李食之宜子出於西戎衞氏傳及許

愼竝同此王肅亦同王基已有駮難也　**馬舄**音昔　**掇**都奪反拾也一音知劣反　**拾**音十

捋力活反　**袺**音結執衽也　**執衽**入錦反又而鴆反衣際也　**擷**戶結反扱衽也

一本作襭同　**扱衽**初合反　**漢廣**漢水名也尚書云嶓冢導漾水東流爲漢　**被**

于皮義反　**紂時**直久反殷王也　**徧於**邊見反　**喬木**本亦作橋渠驕反徐又紀

橋反木枝上竦也　**休息**竝如字古本皆爾本或作休思此以意改耳　**上竦**粟勇反

流水本或作漢水　**泳**音詠潛行爲泳　**泭**芳于反本亦作游又作桴或作柎竝同沈旋音附方

言云泭謂之箄箄謂之筏筏秦晉通語也孫炎注爾雅云方木置水爲柎栰也郭璞云水中箄筏也又云木曰箄竹

曰筏小筏曰泭䈟音皮佳反桃筏同音伐樊光爾雅本作柎**翹翹**祁遥反沈其堯反薪貌**九**

高絜者一本無絜字**言秣**莫葛反養也說文云食馬穀也**以上**時掌反下文同

禮餼虛氣反牲腥曰餼**其蔞**力俱反馬云蔞蒿也郭云似艾音力侯反**汝墳**符云

反汝水名墳大防也常武傳云墳涯也**能閔其君子**密謹反傷念也一本有婦人二字

被文皮義反**條枚**妹迴反幹也**惄如**本又作惄乃歷反毛飢意鄭思也韓詩作愵音

同**調**張留反朝也又作輖音同**條肄**以自反餘也斬而復生者沈云徐音以世反非**復生**

扶富反**於思**如字又息嗣反**魴魚**符方反魚名**赬尾**勑貞反赤也說文作䞓又作赬

竝同**如燬**音毀齊人謂火曰燬郭璞又音貨字書作焜音毀說文同一音火尾反或云楚人名火曰燥齊

人曰燬吳人曰焜此方俗訛語也**瘦病**色救反**之酷**苦毒反**辟此**一本作辭

此**之處**昌慮反**爲踈**于僞反踈亦作疏**麟之止**吕辛反瑞獸也草木

疏云麕身牛尾馬足黃色負蹄一角角端有肉音中鍾呂行中規矩王者至仁則出毛云信而應禮鄭云角端有肉

示有武而不用也服虔注左傳云視明禮脩則麒麟至麕音俱倫反序本或直云麟止無之字止本亦作趾兩通

之應應對之應序注及下傳應禮同　**振振**音眞信厚也　**相應**音鷹當也　**之定**都佞反題也字書作顈音同　**題也**徒兮反郭璞注爾雅額也本作顛誤　**示有武**一本示作象

召南鵲巢第二召亦地名也在岐山之陽扶風雍縣南有召亭案周召皆周之舊土文王受命以後賜二公爲菜地二南之風皆文王未受命之詩也周南十一篇是先王之所以教聖人之深迹故繫之公旦召南十四篇是先王之教化文王所行之淺迹故繫之君奭

鵲巢七略反字林作䧿　**積行**下孟反下注同　**尸鳩**本又作鳲音司爾雅云鳲鳩鴶鵴也郭璞云今布穀也江東呼穫穀草木疏云一名擊穀案尸鳩有均一之德飤其子旦從上而下暮從下而上平均如一揚雄云戴勝也　**秸**古八反又音吉爾雅作鴶　**鞠**音菊爾雅作鵴　**架之**音嫁俗本或作加功　**御之**五嫁反本亦作訝又作迓同迎也王肅魚據反云侍也　**百乘**繩證反下同　**送**

御五嫁反一本作迓 方有之也一本無之字 將之如字送也沈七羊反 衆

媵音孕又繩證反國君夫人有左右媵 姪待結反字林丈一反兄女曰姪謂吾姑者吾謂之姪 娣徒帝反女弟也

采蘩音煩本亦作繁皤蒿也孫炎曰白蒿 于沼之紹反池也 于沚音止渚也

皤薄波反白也 蒿好羔反 谿苦兮反杜預云澗也 于澗古晏反山夾水曰澗

山夾古洽反一音古協反 被之皮寄反注及下同首飾也 僮僮音同竦敬也 蚤也音早本多作早下同 視濯直角反 溉古愛反 饎昌志反酒食也 爨七亂反 髲皮寄反鄭音髮 鬄本亦作髢徒帝反劉昌宗吐歷反沈湯帝反鄭注少牢禮云古者或剔賤者刑人之髮以被婦人之紒因以名焉春秋以為呂姜髢是也紒音計 祁祁巨私反舒遲也 無罷音皮本或作疲

草蟲直忠反本或作虫非也虫音許鬼反草蟲常羊也草木疏云一名負蠜大小長短如蝗而青也

喓喓於遙反聲也 趯趯託歷反躍也 阜音婦螽音終阜螽蠜也李巡云蝗子也草木疏云今人謂蝗子為螽 躍音藥 蠜音煩 異種章勇反 忡忡敕中反猶衝衝

當 丁浪反下同 覯 古豆反遇也 則降 戶江反下也 其蕨 居月反鼈也草木疏云周秦曰蕨齊魯曰鼈 鼈 卑滅反本又作鱉俗云其初生似鼈腳故名焉 惙惙 張劣反憂也 采蘋 符中反大萍也韓詩云沈者曰蘋浮者曰藻 則說 音悅服也注同 其薇 音微草也亦可食 相離 力智反 共祭 音恭本或作供注同 姆 莫豆反字林亡甫反云女師也鄭云姆者婦人五十無子出不復嫁以婦道教人若今時乳母也 婉 紆遠反 娩 音晚 麻枲 絲似反 絲繭 古顯反本亦作蠒 紝 女金反何如鴆反繒帛之屬 組 音祖綫也 紃 音旬條也 酒漿 子詳反 菹醢 音海 禮相 息亮反 而笄 古兮反 之濱 音賓涯也 采藻 音早水菜也 行潦 音老 大蓱 本又作萍薄經反一本作苹音平 涯也 本亦作厓五佳反 先嫁 蘇遍反 芼 莫報反沈音毛 言澡 音早 之行 下孟反 絜清 如字又音淨 以盛 音成 維筐 音匡方曰筐 及筥 居呂反員曰筥 湘之 息良反烹也 維錡 其綺反三足釜也玉篇宜綺反 及釜

〔符甫反〕**亨也**〔本又作亯同普更反煮也〕**魚湆**〔去急反汁也〕**是鉶**〔本或作鉶音形〕〔鄭云三足兩耳有蓋和羹之器〕**羹之**〔音庚劉昌宗音儀禮音衡〕**牖**〔音酉〕**下**〔如字協韻則音戶後皆放〕〔此〕**也與**〔音餘〕**有齊**〔本亦作齋同側皆反敬也〕**季少**〔詩照反下同〕**迎者**〔宜敬反〕**俎**〔側所反〕**其齍**〔音資本或作粢〕**甘棠**〔杜也草木疏云今棠梨〕

召〔時照反〕**名奭**〔音釋召康公名也燕世家云與周同姓孔安國及鄭皆云爾皇甫謐云文王之庶子〕〔案左傳富辰言文之昭十六國無燕也未知士安之言何所憑據〕**封燕**〔烏賢反國名在周禮幽州之域〕〔今涿郡薊縣是也〕**蔽**〔必袂反徐方四反又方計反沈又音必〕**芾**〔非貴反徐方蓋反蔽芾小貌〕

勿剪〔子踐反去也韓詩作剗初簡反〕**所茇**〔蒲曷反徐又扶蓋反說文作废云草舍也〕**去也**〔羌呂反〕**聽斷**〔丁亂反〕**入被**〔皮寄反〕**說其**〔音悅〕**勿敗**〔必邁反又如字〕

所憩〔本又作揭起例反徐許罽反息也〕**所說**〔本或作稅又作脫同始銳反舍也〕**拔**〔蒲八反〕**行露**　**厭**〔於葉反徐於十反又於立反沈又於占反〕**浥**〔本又作挹同於及反又於

脅反厭浥濕意也　**夜莫**本又作暮同忙故反又亡博反小星詩同　**禮與**音餘　**大多**音泰舊吐賀反　**而強來**其丈反下強委同沈其常反　**不度**待洛反　**可否**方九反

令會力政反後不音者放此　**昬昕**許斤反五禮用昕親迎用昬　**穿我**本亦作穿音川　**謂女**音汝下皆同　**我獄**音玉　**埆也**音角又戶角反盧植云相質觳爭訟者也崔云埆者埆正之義一云獄名　**以咮**本亦作噣郭張救反何都豆反鳥口也　**紂帛**側基反依字系旁才後人遂以才爲屯因作純字　**五兩**音諒　**媒**音梅謀也　**妁**時酌反又音酌廣雅云妁酌也　**我墉**音容牆也　**我訟**如字徐取韻音才容反　**羔羊**小曰羔大曰羊

積行下孟反　**五它**本又作他同徒何反它數也本或作紽　**數也**所具反後不音者同　**以英**沈音映又如字　**委**於危反　**虵**本又作蛇同音移毛云委蛇行可從迹也鄭云委曲自得之貌讀此句當云委蛇委蛇沈讀作委委蛇蛇韓詩作逶迤云公正貌　**行可**下孟反崔如字　**從迹**足容反字亦作蹤迹又作跡　**緎**徐音域又于域反縫也孫炎云緎縫之界域　**緎縫也**爾雅

云緎羔裘之縫也音符用反一本作緎猶縫也則當音符龍反　之縫符龍反注同注縫殺之字又音符用

反　五總子公反　殺之所界反徐所例反　殷其靁殷音隱下同殷靁聲

也靁亦作雷力回反　勸以義也本或無以字下句始有　不遑本或作偟音黃暇也

謂使所吏反　復去符福反　閒暇音閑　振振音眞　爲君于僞反或

如字　使所吏反或如字　處尺煮反　摽有梅婢小反徐符表反落也梅木名也韓詩作

楳說文楳亦梅字　男女及時也本或作得以及時者從下而誤　被文皮寄反

則隋迨果反又徒火反　迨其音待及也韓詩云願也　鄉晚本亦作嚮又作向同許亮

反　差多初賣反　頃筐音傾　墍之許器反取也　以蕃音煩　不禁

居鳩反一音金　小星　之行下孟反注同　能盡津忍反後放此　嘒彼

呼惠反微貌　五噣張救反又都豆反爾雅云噣謂之柳　四時更音庚下同　見賢遍反下同

列宿音秀　寔命時職反是也韓詩作實云有也　維參所林反星名也一名伐　與

昴音卯徐又音茅一名留二星皆西方宿也　留也如字又音柳下同　抱衾起金反被也
與裯直留反毛云襌被也鄭云牀帳也徐云鄭音直俱反　帳張仗反　江有汜音祀
江水名毛云決復入爲汜鄭云汜小水也　美媵音孕又繩證反古者諸侯娶夫人則同姓二國媵之
有嫡都狄反正夫人也下同　江沱徒何反江水之別也篇內同　決古穴反又音穴　復
入扶富反　並流白猛反又步頂反　有渚諸呂反小洲也水枝成渚韓詩云一溢一否曰
渚　渚小洲也本或無此注　水枝如字何音其宜反又音祇　岷山本又作崏武巾
反山名在蜀　道江徒報反本亦作導下篇注同　我過音戈下文同　其嘯蕭叫反沈
蕭妙反　蹙口子六反本亦作蹴　解革買反又閑買反　說始拙反又音悅　野
有死麏本亦作麕又作麇俱倫反爾雅云郊外曰野麏獸名也草木疏云麏麞也青州人謂之麏　惡
無烏路反下同　被文皮寄反　劫脅上居業反下許業反　苞逋茆反裹也
裹也音果　殺禮所戒反徐所例反　絜清如字沈音淨　欲令力呈反

誘之音酉導也　樸蒲木反又音僕　樕音速樸樕小樹也　純束徒本反沈云鄭徒尊反

如屯舊徒本反沈徒尊反云屯聚也　脫脫勅外反舒貌注同　無感如字又胡坎反動也　我帨始銳反沈始帨反佩巾也　使尨美邦反狗也　也吠符廢反　何彼

襛矣如容反猶戎戎也韓詩作茙茙音戎說文云衣厚貌　王姬音基王姬武王女姬周姓也杜預云王姬以王爲尊　雝王姬一本作雝則王姬　車服音居他皆放此釋名云古者曰車聲如居所以居人也今曰車音尺奢反云舍也韋昭曰古皆音尺奢反後漢以來始有居音　不繫本或作繼

下王后遐嫁反注同　厭於葉反　翟庭歷反厭翟王后五路之第二者也翟雉也次其羽相迫故曰厭也　繪本又作繢戶妹反畫文也　總作孔反　褕翟音遙翟或作狄王后六服之第二也

唐棣徒帝反移也字林大內反　之華如字　移也音移一音是兮反郭璞云今白移也似白楊江東呼夫移　之車協韻尺奢反又音居或云古讀華爲敷與居爲韻後放此　其釣音弔

伊緡亡貧反綸也　綸也音倫繩也　騶虞側留反騶虞義獸也白虎黑文不食生物

有至信之德則至周書王會草木跳並同又云尾長於身不履生草尚書大傳云尾倍於身**之應**應對之應注皆同**朝廷**直遙反**既治**直吏反**純被**皮寄反**蕃殖**音煩多也**蒐田**所留反春獵爲蒐田獵也杜預云蒐索擇取不孕者也穀梁傳云四時之田春曰田夏曰苗秋曰蒐冬曰狩**彼茁**側劣側刷二反出也**者葭**音加蘆也**蘆也**音盧草也**著春**張慮反後不音者放此**壹發**如字徐音廢**五豝**百加反豕牝也**豕牝**頻忍反徐扶死反**君射**食亦反**者蓬**蒲東反草也**五豵**子公反徐又在容反字又作豵同毛云一歲曰豵鄭云豕生三曰豵

敦煌出見毛詩傳箋殘本存邶風燕燕至靜女共九十一行唐諱不避為六朝寫本卷背有音每書於所音經字之後與釋文微異並亦六朝古音

邶蒲對反本又作鄁字林方代反**柏**音百字又作栢**舟第三**鄭云邶鄘衛者殷紂畿內地名屬古冀州自紂城而北曰邶南曰鄘東曰衛衛在汲郡朝歌縣時康叔正封於衛其末子孫稍并兼彼二國混其地而名之作者各有所傷從其本國而異之故有邶鄘衛之詩王肅同從此說幽七月十三國並變風也**柏舟**柏木名以爲舟也**頃公**音傾**君近**附近之近**汎彼**敷劍反流貌

汎流貌本或作汎汎汎流貌者此從王肅注加　耿耿古幸反儆儆也　儆儆音景　以敖本亦作遨五羔反　匪監本又作鑒甲暫反鏡也　以茹如預反徐音如庶反　度也待洛反下同　往愬蘇路反　之怒協韻乃路反　卷也眷勉反注同　棣棣本或作逮同徒帝反又音代富而閑習也　可選雪兗反數也　儼然魚檢反本或作嚴音同　可數色主反　悄悄七小反憂貌　慍于憂運反怒也　遘閔古豆反本或作覯　受侮音武徐又音茂　寤辟本又作擘避亦反拊心也　有摽符小反拊心貌　拊心音撫　迭而待結反韓詩作臷音同云臷常也　澣衣戶管反　憒辱古對反　綠衣毛如字綠東方之閒色也鄭改作褖吐亂反篇內各同　妾上時掌反注上僭皆同　僭牋念反　州吁況于反　母嬖補計反謚法云賤而得愛曰嬖嬖卑也媟也　黃裏音里　閒色閒廁之閒　鞠衣居六反言如菊花之色也又去六反言如鞠塵之色王后之服四曰鞠衣色黃也　展衣知彥反字亦作襢音同王后之服五曰襢衣毛氏馬融皆云色赤鄭

六朝音本
毛而林　鄭同

云色白　素紗音沙　嫡妾本亦作適同丁歷反　女所崔云毛如字鄭音汝　之
行下孟反下同　以上時掌反　衣織於既反下音志　俾無卑爾反沈必履反使也
訧兮音尤本或作尤過也　過差初賣反又初佳反　淒其七西反寒風也　燕
燕於見反鳦也　戴嬀居危反戴謚也嬀陳姓也　名完字又作皃俗音丸郎衞桓公也
殺之如字又申志反　見己賢遍反　差楚佳反又楚宜反　池如字　鳦音乙本又
作乙郭烏拔反　于野如字協韻羊汝反沈云協句宜音時預反後放此　己憤符粉反
泣涕他禮反徐又音弟　頡之戶結反飛而上曰頡　頏之戶郎反飛而下曰頏　而上
時掌反篇內皆同　竚立直呂反久也　感激經歷反　于南如字沈云協句宜乃
林反今謂古人韻緩不煩改字　實勞實是也本亦作寔　任只入林反毛云大也沈云鄭而鴆
反　塞瘞於例反崔集注本作實　六行下孟反下篇同　以勗凶玉反徐又況目反
勉也　日月　之難乃旦反　以至困窮之詩也舊本皆爾俗本或作

以至困窮而作是詩也誤　**古處**昌慮反又昌呂反　**我顧**本又作顧如字徐音古此亦協韻也

後放此　**相好**呼報反注同王崔申毛如字　**語於**魚據反　**不述**本亦作術

終風終日風也韓詩云西風也　**謔**許約反　**浪**力葬反韓詩云起也　**笑**本又作咲俗字也悉

妙反　**敖**五報反謔浪笑敖戲謔也　**且霾**亡皆反徐又莫戒反風而雨土為霾　**雨土**于付反

肯來如字古協思韻多音梨後皆放此　**我思**如字　**且曀**於計反陰而風也

且復扶富反　**疌**本又作嚏又作疐舊竹利反又丁四反又渚吏反或竹季反劫也鄭作嚏音都麗反

劫也居業反本又作跲音同又渠業反孫毓同崔云毛訓疌為㰦今俗人云欠欠㰦㰦是也不作劫字人

體倦則伸志倦則㰦㰦案音丘據反玉篇云㰦欠張口也　**嚔咳**開愛反　**女思**音汝下同後可

以意求之疑者更出　**虺虺**虛鬼反　**擊鼓**　**文仲將**子亮反注將者同

殤公音傷　**子馮**本亦作憑同皮冰反　**蔡從**才用反下陳蔡從同　**其鏜**吐當反擊

鼓聲也　**城漕**音曹衛邑也　**有忡**勑忠反　**爰喪**息浪反注同　**故處**

勑鬼反
音湯
冲　勑中反

英驕反

子仕鴆反

音桐

泄〻作𣿬〻

昌慮反　近得附近之近　契本亦作挈同苦結反　闊苦活反契闊勤苦也韓詩云約束也　成

說音悅毛數也鄭相愛說也　數也色主反　偕音皆俱也　與之約如字又於妙反

下同一本作與之約誓　於難乃旦反　相遠于万反　洵呼縣反遠也本或作詢誤

也詢音荀韓詩作夐夐亦遠也　信兮毛音申極也案信即古伸字也鄭如字相親信也　凱

風開在反南風也　棘心居力反俗作棘　樂夏音洛或一音岳　之長丁丈反下皆同

夭夭於驕反盛貌　劬勞其俱反　少長詩照反　叡悅歲反下同　叡

知音智本亦作智　在浚音峻衛邑也　浸潤子鴆反　逸樂音洛　睍胡顯

反　睆華板反睍睆好貌　色說音悅下篇注同　雄雉爾雅云飛曰雌雄　刺衛

俗作刺同七賜反詩內多此音更不重出　不恤本亦作卹　數起色角反　烝於之升

反　泄泄移世反　奮訊音信又音峻字又作迅同　自貽本亦作詒以之反遺也

遺也維季反沈羊類反　阻難乃旦反下同　作翳烏兮反是也　君之

回

倚交反

音憩

莫婢反

以小反以水反

誅朱反

軌亦軓云范凡之…

旭同

行下孟反下君之行同 其朝直遥反 下上時掌反 女怨如字下女怨同

德行下孟反下注皆同 不忮之豉反害也字書云恨也韋昭音洎 不臧子郎反善也

匏有苦葉匏音薄交反瓠也 之瓠戶故反 以上時掌反下皆同

渡處昌慮反 則厲力滯反以衣涉水也韓詩云至心曰厲說文作砅云履石渡水也音力智反又音例 則揭苦例反褰衣渡水也 揭揭衣竝苦例反下同一云下揭字音起例反一本作揭褰衣 長幼張丈反 爲之于僞反 求妃音配本亦作配下同 瀰弥爾反深水也

鷕以小反沈耀皎反雌雉聲或一音戶了反說文以水反字林于水反 所難乃旦反下同

淫泆音逸 之行下孟反 不濡而朱反漬也 軌舊龜美反謂車轊頭也依傳意宜音犯案說文云軌車轍也從車九聲龜美反軓車軾前也從車凡聲音犯車轊頭所謂軌也相亂故具論之 其牡茂后反 由輈竹留反車轅也 旭許玉反徐又許袁反日始出大昕之時也說文讀若好字林呼老反 大昕許巾反 請期音情又七井反下同 親迎魚敬反 迨冰

五剛反　甫久反

敷反反

音待及也　**未泮**普半反散也　**招招**照遙反號召之貌王逸云以手曰招以言曰召韓詩云招招聲

也　**卬否**五郎反我也本或作仰音同　**號召**戶羔反　**谷風**古木反東風也

黽勉本亦作僶莫尹反黽勉猶勉勉也　**見譴**遣戰反　**采葑**孚容反徐音豐須也

字書作蘴孚容反草木疏云蔓菁也郭璞云今菘菜也案江南有菘江北有蔓菁相似而異菘音嵩　**采菲**妃鬼

反芴也　**芴也**音勿爾雅云菲芴又云菲息菜郭音菲芴爲土瓜解息菜云似蕪菁華紫赤色可食

莖河耕反　**蔓**音万本又作蕪音無　**菁**音精又子零反　**與葍**音福本又作蕾音富爾雅葍蕾郭云

大葉白華根如指色白可食　**并棄**俾政反又如字　**有違**如字毛離也鄭徘徊也韓詩云違很

也　**我畿**音祈門內也　**已詄**音泆本或作泆　**裁於門內**一本作裁又至於門又

一本作裁至於門內　**荼苦**音徒苦菜也　**如薺**齊禮反菜也　**宴爾**本又作燕徐於

顯反又烟見反安也　**涇**音經濁水也　**渭**音謂清水也　**湜湜**音殖持正貌說文云水清

見底　**其沚**音止　**故見渭濁**舊本如此一本渭作謂後人改耳　**動搖**餘招反又餘照

舊同　御音馭

同以世以自二反

反　肙以素節反絜也　不復扶富反　無發我笱古口反捕魚器韓詩云發

亂也　以捕音步　不閱音悅容也　泳之音詠　泭也音孚　難易夷豉

反下同　爲求于僞反　匍音蒲又音符　匐蒲北反一音服鄭云匍匐盡力　能慉

香六反

許六反毛興也鄭驕也王肅養也說文起也　驕樂音洛　慴惡烏路反下皆同　賈用

音古市也　不售市救反　阻難乃旦反下難卻同一音如字　覬其音冀　育鞫

本亦作詾居六反窮也　顛覆芳服反注同　育長張丈反下皆同　稚本亦作穉直吏

反　窮賈求位反乏之也　無辟音避本亦作避　毒螫矢石反何呼洛反　言

蓄本亦作畜勅六反　御冬魚據反下同禦也徐魚舉反一本下句即作禦字　洸音光武也

潰戶對反怒也韓詩云潰潰不善之貌　既詒音怡　肄以世反勞也徐以自反肄雅作勩以世反

遺也唯季反下同　來塈許器反息也　式微　黎力兮反國名杜預云

在上黨壺關縣　寓于音遇寄也于又作乎　旄丘音毛丘或作古企字前高後下曰旄丘字

蒙武容反　戎厚容反

褎以救反革秀反

皆反之

烏角反　章社反

林作埶云埶丘也亡周反又音毛山部又有嵍字亦云嵍丘亡付反又音旄　連率所類反禮記云十國以爲連連有率　佐牧州牧之牧　蔓莚以戰反又音延　蒙如字徐武邦反　戎如字徐而容反蒙戎亂貌案徐此音是依左傳讀作尨茸字　之行下孟反下同　璅兮依字作瑣素果反瑣尾少好之貌　流音留本又作鶹　離如字流離鳥名少好而長醜爾雅云鳥少美而長醜爲鶹鷅草木疏云梟也關西謂之流離大則食其母　少好詩照反下同　長醜張丈反　愉以朱反

樂音洛　褎如本亦作褎由救反又在秀反毛盛服也鄭笑貌　能稱尺證反　耳聵

魯工反　簡兮居限反字從竹或作蕑是草名非也　泠官音零字從水樂官也字亦作伶

爲且于僞反　大胥思徐反　之版音板　舍音釋下篇舍赦同　采音菜

俁俁疑矩反容貌大也韓詩作扈扈云美貌　執轡悲位反　如組音祖　可任

音壬　執籥餘若反以竹爲之長三尺執之以舞毛云六孔鄭注禮云三孔郭璞同云形似笛而小廣雅云七孔　翟亭歷反翟翟羽也　赫如虛格反　渥於角反厚也　赭音者丹也　有畀如寐

韗許願反　胞符交反　榛同　鄭音劉

反與也　燀字亦作韗暄願反劉昌宗音運甲吏之賤者　胞步交反肉吏之賤者　翟樂吏之賤者　閽音昏守門之賤者　一散素旦反酒爵也容五升　厚傳音付　有榛本亦作蓁同側巾反木名子可食　有苓音零大苦也本草云甘草　與荏音預或如字　泉水　自見賢遍反注同　思之至也一本作恩　毖彼悲位反流貌韓詩作祕說文作䀝云直視也　于淇音其水名　孌彼力轉反好貌下篇同　于泲子禮反地名　飲餞音踐徐又才箭反送行飲酒也　于禰乃禮反地名韓詩作坭音同　舍軷蒲末反道祭也　遠父于万反注同　載舝胡瞎反車軸頭金也　還車音旋此字例同音更不重出　遄臻市專反速也　不瑕音遐毛遠也鄭過也　有害毛如字鄭音曷何也　於行下孟反　過差初懈反又初佳反卷末注同　肥泉字或作淝音同　與漕音曹　北門　殷殷本又作慇同於巾反沈於文反又音隱爾雅云憂也　背明蒲對反　鄉陰本又作嚮同許亮反　爲之于僞反　寠其矩反無禮也爾雅云貧也案謂貧無可爲禮　一

埤頻移反
偏補見反

埤避支反厚也　政偏音篇　交徧古遍字注及下同凡徧字從彳偏字從人後皆放此　謫直革反責也玉篇知革反　更音庚　迭待結反　敦我毛如字厚也韓詩云敦迫鄭都回反投擿也　遺我唯季反加也　投擿呈釋反與擲同本或作摘非　摧我徂回反沮也或作催音同韓詩作誰音千隹子隹二反就也　沮也在呂反何音阻　北風　相攜穴圭反　其涼音良　雨雪于付反又如字下同　雱普康反盛貌　酷暴苦毒反　而好呼報反下及注同　同行音衡道也　其邪音餘又音徐爾雅作徐下同　既亟紀力反急也下同　只音紙　且子餘反　虛虛也一本作虛徐也　之行下孟反　其喈音皆疾貌　霏芳非反甚貌　能別彼竭反　靜女　遺我唯季反下同　姝赤朱反美色也說文作姣云好也　可說音悅篇末注同　搔首蘇刀反　踟直知反　蹰直誅反　貽我本又作詒音怡遺也下同下句協韻亦音以志反　彤管徒冬反彤赤也管筆管　著于知略反又直略反下同　煒于鬼反赤貌　說懌說本又作

悅毛王上音悅下音亦鄭說音始悅反懌作釋始亦反 自牧州牧之牧徐音目田官也 荑徒兮
反茅始生也 洵本亦作詢音荀信也 以共音恭 窈烏了反 窕徒了反 之處昌慮
反 之爲于僞反注同或如字 新臺馬云脩舊曰新爾雅曰四方而高曰臺孔安國云土
高曰臺 伋音急宣公世子名 而要於遙反 人惡烏路反 泚音此徐又
七禮反鮮明貌說文作玼云玉色鮮也 瀰瀰莫爾反徐又莫啓反水盛也說文云水滿也 汙
穢音烏 之行下孟反篇注同 燕於典反又於見反安也 婉迂阮反順也徐於管反 有洒七罪反高
籧音渠 篨音儲籧篨口柔不能俯也 不鮮斯踐反鄭善也王少也依鄭又音仙 不殄毛徒
峻也韓詩作漼音同云鮮貌 浼浼每罪反平地也韓詩作浘浘音尾云盛貌 不殄毛徒典反
絕也鄭改作腆吐典反善也 戚施千歷反戚施面柔不能仰也 下人遐嫁反
二子乘舟 相爲于僞反 汎汎芳劒反 其景如字或音影 愬伋
蘇路反 令伋力征反 於嶮於責反 駛疾所吏反本或無駛字一本作迅疾

有害毛如字鄭音曷何也　不遠于万反
鄘音容　柏舟第四鄭云紂都以南曰鄘王云王城以西曰鄘也
柏舟　共音恭下同　姜居羊反共姜共伯之妻也婦人從夫謚姜姓也　蚤死音早　僖
侯許其反史記作釐曹大家音僖　汎彼芳劒反　常處昌慮反　髧本又作优徒坎
反兩髦貌　兩髦音毛說文作髳音同禮子生三月翦髮爲鬌長大作髦以象之鬌音丁果反　昧
爽莫背反　而朝直遥反　櫛側乙反　纚色蟹反又色綺反　笄總子孔反　冠
緌汝誰反　靡它音他　天只音紙　不亮本亦作諒力尚反信也　我特如字
匹也韓詩作直云相當值也　靡慝他得反邪也　邪也似嗟反　牆有茨
在良反茨音徐資反茨蒺藜也　頊五鰥反宣公庶子昭伯名也　烝之升反載馳序注同　蒺
音疾　藜音黎　埽去巳呂反下同　之行下孟反　中冓本又作遘古候反韓詩云
中冓中夜謂淫僻之言也　不可詳如字韓詩作揚揚猶道也　君子偕老音皆

人君小君也注云或者小字誤作人耳　副芳富反首飾也　六珈音加笄飾也　編蒲典反或必先反　以別彼列反　步搖餘昭反　委委於危反行可委曲蹤迹也

注同　佗佗待何反德平易也注同韓詩云德之美貌　行可下孟反舊如字　委曲如字　平易以豉反　揄音遙字又作褕　狄本亦作翟王后第二服曰褕狄　欲觀古亂反又音官

之行下孟反下同　玼音此又且禮反鮮盛貌說文云玉色鮮也字林云鮮也音同玉篇且禮反云鮮明貌沈云毛及呂忱並作玼解王肅云顏色衣服鮮明貌本或作瑳此是後文瑳兮王肅注好美衣服潔白之貌若與此同不容重出今撿王肅本後不釋不如沈所言也然舊本皆前作玼後作瑳字　鮮盛音仙　鬒眞忍反黑髮也說文云髮稠也服虔注左傳云髮美爲鬒　不屑蘇節反絜也　髢徒帝反髲也

髲也皮寄反　瑱吐殿反充耳　揥也勑帝反摘也　以摘他狄反本亦作揥音同本又作擿又作謫並非謫音丁革反擿音直戟反　揚且七也反徐子餘反下同　晳也星歷反

審諦音帝　之莊如字本又作壯側亮反　與音餘　瑳兮七我反說文云玉色

鮮白　展也陟戰反注展衣皆同沈張輦反　縐側救反靡也　絺勑之反　是紲息列反
袢也符袁反　丹縠戶木反　袢延以戰反又如字　之蹙子六反　冬
衣於既反著也下裏衣同　則裏如字舊音吏　禮見賢遍反　於君子一本無子
字　作襢陟戰反　媛也于眷反美女爲媛韓詩作援援取也　依倚於綺反
桑中　相竊千節反　弋氏羊職反　沬之音妹衛邑也　惡衛
烏路反　行也下孟反箋同　列國之女一本作列國之長女長音丁丈反　要
我於遥反注下同　淇音其衛水　葑孚容反　蔓菁音精又子形反　鶉之
奔奔音純鶴鶉鳥鶴音烏南反　行不下孟反下同　彊彊音姜韓詩云奔奔彊彊乘匹之
貌　定之方中丁佞反下同定星名爾雅云營室謂之定孫炎云定正也　衛爲狄
所滅一本作狄人本或作衛懿公爲狄所滅非也　漕音曹　攘如羊反　說之音悅
熒澤迥丁反　以廬力居反　東辟音壁　揆之葵癸反　度也

待洛反下同　南視字又作眡音同　廏居又反　榛側巾反　椅於宜反梓屬草木疏云梓實桐皮曰椅也　梓音子　漆音七　長大丁丈反　彼虛起居反本或作墟　夾於居洽反　濟水節禮反　依倚於綺反　使能所吏反　能說如字鄭志問曰山川能說何謂也荅曰兩讀或言說說者說其形勢也或曰述述者述其故事也述讀如遂事不諫之遂　讄本又作讄又作誄皆力水反說文云讄禱也累功德以求福也誄謚也　爲卿大夫一本無卿字　倌人音官徐古患反主駕人也說文云小臣也　星言韓詩云星晴也　說于毛始銳反舍也鄭如字辭說　星見賢遍反　爲我于僞反　操也七刀反　騋牝上音來馬六尺已上也下頻忍反徐扶死反　以上時掌反　六種章勇反下同　過禮一本作過禮制　而復符富反　蝃蝀上丁計反下都動反蝃蝀虹也爾雅作蝃蝀音同　相長張丈反　虹音洪一音絳　遠父于万反下同　惡之烏路反下惡之皆同　朝隮子西反升也徐又子細反鄭注周禮云隮虹氣　氣應應對之應

大無音泰注同　相鼠息亮反篇內同　之行下孟反　高顯之處昌慮反　無止毛止所止息也鄭止容止也韓詩止節無禮節也　不遄市專反速也

干旄音毛　美好呼報反篇內同　孑孑居熱反又居列反　在浚蘇俊反衛邑也

之旃之然反通帛爲旃　紕之毛符至反鄭毗移反　組也音祖　之旒音留

縿所銜反何沈相沾反　彼姝赤朱反　畀之必寐反與也注予同　說此音悅

干旟音餘鳥隼曰旟　隼荀尹反　州長張丈反　總以子孔反　驂馬七南反　析星歷反　祝之毛之六反織也鄭作屬之蜀反著也　著也直略反沈知略反

載馳　閔其一本作愍密謹反　唁其音彥弔失國曰唁　載駈字亦作驅如字協韻亦音丘　跋涉蒲末反草行爲跋水行爲涉韓詩云不由蹊遂而涉曰跋涉

告難乃旦反　不臧子郎反　不遠于万反注同協句如字　不閟悲位反徐又方冀反閉也　蝱音盲貝母也藥名也　以療力照反　尤之本亦作訧音同過也

穉本又作稚直吏反　一槩古愛反　芃芃薄紅反徐又符雄反盛長　長也張丈反　控于苦貢反引也　引也夷忍反又夷刃反　求援于眷反又音袁沈于万反

衛淇奧第五鄭王俱云紂都之東也

淇奧上音其下音於六反一音烏報反淇水名奧隈也草木疏云奧亦水名　入相息亮反

綠竹並如字綠王芻也爾雅作菉音同竹萹竹也韓詩竹作薄音徒沃反云薄萹筑也石經同　猗猗於宜反美盛也　隈也烏迴反孫炎云水曲中也　王芻初俱反郭璞云今呼白脚莎莎音蘇禾反一云即菉蓐草也蓐音辱　萹竹本亦作扁匹善反又音篇郭匹殄反一音布典反竹音如字又勑六反韓詩作筑音同郭云似小藜赤莖節好生道旁可食又殺蟲草木疏云有草似竹高五六尺淇水側人謂之菉竹也

之烈一本作之餘烈　有匪本又作斐同芳尾反文貌下同韓詩作邲美貌也　如磋七何反治象名　如琢陟角反治玉名　如磨本又作摩莫何反治石名　僩兮遐板反寬大貌韓詩云美貌說文云武貌　赫兮呼白反德著赫赫然也　咺兮況晚反威儀容止宣著也韓詩作宣宣顯也　諼

兮況元反又況遠反忘也　青青子丁反茂盛也本或作菁音同　琇音秀沈又音誘說文作琇云石之次玉者弋久反　瑩音榮徐又音營又音瑩磨之瑩琇瑩美石也　會古外反注同鄭注周禮則如字說文作髖　弁皮變反皮弁也　之瑱天見反　之縫符用反　轢轢本又作礫音歷又音洛　之朝直遙反下及下篇同　如簀音責積也　綽兮昌若反綏也　猗於綺反依也　重直恭反注同　較兮古岳反車兩傍上出軾者　施舍如字又詩豉反又式氏反　謔兮香略反　有弛本亦作施同式氏反　考槃薄寒反考成也槃樂也　在澗古晏反山夾水也韓詩作干云墝埆之處也　樂也音洛下同　山夾古洽反　覺而交孝反又如字　薖苦禾反毛寬大貌鄭飢意韓詩作⿰亻過⿰亻過美貌　弗過古禾反注同崔古臥反　不復符又反下同　之軸毛音迪進也鄭直六反病也　告語魚據反　碩人　嬖妾補意反　上時掌反　僭作念反　其頎其機反長貌　衣錦於既反注夫人衣翟今衣錦同　褧苦迥反徐又孔穎反襌也說文作檾枲屬也　褧襜昌占

反　**佼好**本又作姣古卯反下同　**禪也**音丹　**爲其**于僞反　**之大**音泰下大子同舊音勑賀反　**邢侯**音形姬姓國　**譚公**徒南反國名　**柔荑**徒奚反　**蝤**似脩反徐音曹　**蠐**本亦作蛴又作齊同音齊沈又音茨爾雅云蠀蛴螬蝤蛴蝎郭云蛴螬在糞土中蝎在木中蝎桑蠹是也蠀音肥分反蠹音妬　**蝎也**音曷或音葛　**瓠**戶故反犀音西　**瓠瓣**補遍反又蒲莧反沈又蒲閑反　**螓首**音秦　**蛾眉**我波反　**顙廣**蘇黨反　**蜻**郭徐子盈反沈又慈性反方頭有文王肅云如蟬而小　**倩兮**本亦作蒨七薦反好口輔也韓詩云蒼白色　**盼兮**敷莧反白黑分也徐又敷諫反韓詩云黑色也字林云美目也匹問反又匹莧反　**敖敖**五刀反　**說于**本或作稅毛始稅反舍也鄭作襚音遂衣服曰襚　**有驕**起橋反壯貌　**朱幩**孚云反又符云反飾也說文云馬纏鑣扇汗也　**鑣鑣**表驕反馬銜外鐵也一名扇汗又曰排沫爾雅云鑣謂之钀钀音魚列反沫音末　**茀**音弗車蔽也　**以朝**直遙反注皆同　**用遹**丁歷反本亦作遹　**夙退**韓詩退罷也案禮記云朝廷曰退　**爲妃**音配　**洋洋**音羊徐又

音祥盛大也　活活古闊反又如字流也　罛音孤魚罟　濊濊呼活反毛云施之水中也馬云大魚罔目大豁豁也韓詩云流皃說文云礙流也　鱣陟連反大魚口在頷下長二三丈江南呼黃魚與鯉全異　鮪于軌反鮥也似鱣大者名王鮪小者曰叔鮪沈云江淮閒曰叔伊洛曰鮪海濱曰鮥　發發補末反盛貌馬云魚著罔尾發發然韓詩作鱍　葭音加蘆也　菼他覽反玉篇通敢反　揭揭其謁反徐居謁反長也　孽孽魚竭反徐五謁反盛飾也韓詩作钀牛遏反長貌　朅欺列反徐起謁反武壯貌韓詩作桀云健也　罛音孤　罟音古　鮥音洛　蘆也音盧　薍五患反江東呼之烏蓲蓲音丘

氓莫耕反民也韓詩云美貌　無別彼列反　華落戶花反或音花　復相扶又反　弃背音佩　喪其息浪反　妃耦音配　以風福鳳反　佚也音逸

蚩蚩尺之反敦厚貌　貿莫豆反買也　頓丘都寸反　通稱尺證反　愆期起虔反過也字又作諐　將子七羊反毛願也鄭請也　故語魚據反　垝俱毀反毀也　垣音袁　所近附近之近　鄉其許亮反本又作嚮　漣漣音連泣貌

爾筮市利反著曰筮體無如字卦兆之體也韓詩作履履幸也咎言其九反著曰

音尸之繇直又反卦兆之辭也我賄呼罪反財也徑以經定反沃若

如字徐於縛反桑葚本又作椹音甚桑實也士耽都南反樂也鶻鳩音骨

樂也音洛下同百行下孟反而隕韻謹反湯湯音傷水盛貌漸車

子廉反注同漬也濕也帷裳位悲反隋也字又作墮唐果反猶冒音墨此難

乃旦反其行下孟反注同不解音懈浸薄子鴆反咥許意反又音熙

笑也又一音許四反說文云大笑也虛記反又大結反有泮音判毛云坡也鄭音畔畔涯也坡

本亦作陂北皮反澤陂詩傳云障也呂忱北髮反云陂阪也亦所以為隰之限域也本或作破字未詳觀王述意似作破

白拱俱勇反本又作共音同之宴如字本或作卝者非旦旦說文作怛怛

懇起很反憪本亦作悃楚力反竹竿籊籊他歷反長而殺以釣

音弔而殺色界反遠莫如字又于万反注同遠兄于万反之瑳七可

反沈又七何反笑皃 之儺 乃可反說文云行有節也 不惡 烏路反 浟浟 本亦作滺

音由流皃 檜 古活反又古會反木名 楫 本又作檝子葉反徐音集方言云楫謂之橈或謂之櫂釋名云楫捷

也撥水使舟捷疾也橈音饒 櫂舟 直教反 思鄉 本又作嚮同許亮反 芄蘭

芄音丸本亦作丸芄蘭草名 恒蔓於地 蔓音万本或作蔓莚於地者後人輙加耳 佩 蒲對

反依字從人或玉傍作者非 觿 許規反解結之器 觿與 音餘下佩韘與同 悸兮 其季

反韓詩作萃垂皃 紳帶 音身 不稱 尺證反 韘 失涉反毛玦也鄭沓也 玦

也 本又作決音同 沓也 徒荅反 彄沓 苦侯反 我甲 如字狎也爾雅同徐胡甲

反韓詩作狎 狎也 戶甲反 河廣 一葦 韋鬼反 杭之 戶郎反渡也

廣與 音餘下遠與同 喻狹 音洽 非為 于僞反 跂予 丘豉反 容

刀 如字刀小船也字書作舠說文作𦨴並音刀 伯兮 為王 于僞反又如字注下為王

並同 從王伐鄭 讀者或連下伯也為句者非 揭兮 丘列反武貌 桀兮 其列

反毛云特立也鄭云英傑也　**執殳**市朱反長丈二無刃　**長丈**如字又直亮反　**軫**本亦作軌之忍反　**酋**在由反發聲　**矛**音謀　**誰適**都歷反主也注同　**爲容**于僞反或如字　**杲杲**古老反　**出日**如字沈推類反　**日復**扶又反下同　**厭也**於豔反下同　**心嗜**市志反　**憂思**息嗣反　**焉得**於虔反　**諼草**本又作萱況袁反說文作藼云令人忘憂也或作蘐　**之背**音佩沈又如字北堂也　**令人**力呈反　**善忘**亡向反又如字　**心痗**音每又音悔病也　**有狐**音胡　**喪其**息浪反下注同　**妃耦**音配下注同　**殺禮**所戒反又所例反　**所以育人民也**本或作蓄育者非　**生**　**長**張丈反　**綏綏**音雖匹行貌　**無爲**于僞反　**淇厲**力滯反　**木**　**瓜**古花反楙木也　**遺之**唯季反下注同　**瓊**求營反美玉也說文云赤玉也　**琚**音居徐又音渠　佩玉名　**楙**音茂字亦作茂[illegible]雅云楙木瓜也　**爲好**呼報反篇內同　**結己國以**　**爲恩也**一本作結己國之恩也　**瑶**音遥美玉也說文云美石　**玖**音久玉名字書云玉黑色

苞苴 子餘反 橘 均栗反 柚 餘救反

王黍離第六 王國者周室東都王城畿內之地在豫州今之洛陽是也幽王滅平王東遷政遂微弱詩不能復雅下列稱風以王當國猶春秋稱王人

黍離 如字說文作穄 過故 古臥反又古禾反 顛覆 芳服反 彷 蒲皇反 徨 音皇

鎬京 胡老反 能復 扶又反 而同於國風焉 崔集注本此下更有猶尊之故稱王也今詩本皆無 搖搖 音遙 所愬 蘇路反 蒼天 本亦作倉采郎反爾雅云春爲蒼天莊子云天之蒼蒼其正色邪 昊天 胡老反夏爲昊天字書從日夰聲夰音工老反 昊天 密巾反閔也秋爲旻天 之穗 音遂秀也 所更 音庚 如噎 於結反

君子于役 危難 乃旦反下注同 以風 福鳳反 曷至 寒末反何也 雞棲 音西 于時 如字本亦作塒音同爾雅同玉篇持理反鑿牆以棲雞 鑿 在各反 言畜 許又反 其有佸 戶括反說文口活反會也韓詩至也 下括 古活反至也 弋 本亦

作杙羊職反或音羊特反

君子陽陽　遠害于万反　執簧音皇笙簧

其樂音洛注且樂和樂及下章同　只且子徐反又作且七也反　陶陶音遙和樂貌

執翿徒刀反纛也　由敖五刀反遊也　纛也徒報反沈徒老反俗作纛　翳也於計反

於燕本又作宴於見反　揚之水如字激揚也或作楊木之字非　遠

屯徒門反　戍東遇反守也韓詩云舍　怨思如字沈息嗣反　久令力呈反　迫

近附近之近或如字　而數音朔　束薪音新　激揚經歷反　至湍吐端反

迅也音信又蘇俊反　彼其音記詩內皆放此亦作己亦同　束蒲如字毛云草也鄭云蒲柳也孫毓云蒲草之聲不與戍許相協箋義爲長今則二蒲之音未詳其異耳

中谷有蓷吐雷反爾雅云鵻也韓詩云茺蔚也廣雅又名益母　飢本又作饑居疑反穀不熟　饉音覲蔬不熟

暵呼但反徐音漢菸貌也說文云水濡而乾也字作𪷎又作灘皆他安反　鵻音隹爾雅又作萑音同

菸於據反何音於說文云鬱也廣雅云臰也　仳匹指反徐符鄙反又敷姊反別也字林及几扶罪二

反　**嘅其**口愛反　**嘆矣**本亦作歎，吐丹反，協韻也　**其脩**如字，本或作蓨，音同，且乾也　**歠矣**籒文嘯字，本又作嘯　**徒用**如字，徒空也，沈云當作從　**啜**張劣反，泣貌　**將**

復扶又反　**兔爰**　**背畔**音佩　**不樂**沈音岳，又音洛，注同　**欲覺**古孝

反，又如字，下同　**所操**七刀反，本亦作懆，沈七感反，今作躁，與定本異，與箋義合　**蹙**子六反，本亦作戚，七

歷反　**百罹**本又作離，力知反，憂也　**吪**本亦作訛，五戈反，動也　**我長**張丈反　**大**

音代賀反　**罦**音俘，覆車也，郭云今之翻車大罔也　**覆**芳服反　**車**赤奢反　**罿**昌鍾反罬

也，韓詩云施羅於車上曰罿，字林上凶反　**罬**張劣反，郭徐姜雪、姜穴二反，爾雅云罬謂之罦，罦，覆車也

葛藟力軌反，藟似葛，廣雅云藟，藤也　**刺桓王**本亦作刺平王，案詩譜是平王詩，皇甫士安以

爲桓王之詩，崔集注本亦作桓王　**之滸**呼五反，水涯也　**長不**張丈反，下同　**水涯**

本亦作厓，魚佳反　**思施**始豉反，下同　**終遠**于万反，又如字，注下皆同　**之涘**音俟

涯也　**王又無母恩也**一本作王后　**漘**順春反，爾雅云夷上洒下不漘，旁從水，郭云涯

上平坦而下水深爲滑不發聲也　隒魚檢反何音檢爾雅云重甗隒郭云形似累兩重甑上大下小李巡云隒阪也詩本又作水旁兼者字書音呂恬理染二反廣雅云溓清也與此義乖　采葛　使

出所吏反下竝同　以共音恭　艾兮五蓋反　大車　檻檻胡覽反車行聲　毳衣尺銳反冕名　如菼吐敢反　騅也本亦作萑音佳　蘆之力吳反

亂也五患反　巡行下孟反　衣纘胡妹反　無禮與音餘　啍啍他敦反徐又徒孫反重遲貌　如璊音門赬也說文作璊云以毳爲罽也解此璊云玉赬色也禾之赤苗謂之璊玉色如之　赬也勑貞反赤也　曒日本又作皦古了反白也　壙中苦晃反

有別彼列反　丘中有麻　墝本亦作墽苦交反　埆苦角反又音學

本或作逮此從孫義而誤耳　之處昌慮反　於朝直遙反　則治理直吏反

將其王申毛如字鄭七良反下同　施施如字　伺音司　閒音閑又如字　來食如字一云鄭音嗣　復來扶又反　詒我音怡　佩玖音久石次玉者說文紀又反云石之

次玉黑色者 **能遺** 唯季反下同

鄭緇衣第七 鄭者國名周宣王母弟桓公友所封也其地詩譜云宗周圻內咸林之地今京兆鄭縣是其都也漢書地理志云京兆鄭縣周宣王弟鄭桓公邑是也至桓公之子武公滑突隨平王東遷遂滅虢鄶而居之卽史伯所云十邑之地右洛左濟前華後河食溱洧焉今河南新鄭是也在滎陽宛陵縣西南

緇衣 側基反 **敝** 本又作弊符世反 **聽朝** 直遙反下同 **之館** 古亂反舍也 **之粲** 七旦反餐也 **飧也** 蘇尊反 **諸廬** 力於反 **欲飲** 於鴆反 **食之** 音嗣 **蓆兮** 音席大也韓詩云儲也說文云廣多 **將仲子** 七羊反請也下及注皆同 **無不勝** 音升 **祭仲** 側界反後放此 **弗聽** 吐丁反 **好勇** 呼報反 **無折** 之舌反傷害也下同 **樹杞** 音起木名 **騶諫** 竹救反服虔云數也 **君若與之** 一本若作將 **段將** 此一將字如字 **誅與** 音餘 **垣也** 音袁 **樹檀** 徒丹反木名 **彊** 其良反一本亦作刃同而慎反依字木旁作刃爲是案 音居良反 **忍** 今此假借也沈云系旁作刃爲是案

系旁刃音女巾反離騷云紉秋蘭以爲佩是也　叔于田　繕甲市戰反善也　人
說音悅　甲鎧苦愛反　巷無學絳反里塗也　大叔音泰後大叔皆放此　洵
美蘇遵反信也　于狩手又反　冬獵力輒反　大叔于田　而
勇本或作而好勇好衍字　叔于田本或作大叔于田者誤　乘乘馬上如字下繩證反後
句例僉　如組音祖　中節竹仲反　柱藪素口反澤也禽之府也韓詩云禽獸居之
曰藪　襢本又作袒但音　裼素歷反裼肉襢也　以搏音博　將叔七羊反請也　毋
音無本亦作無　狃女九反毛習也鄭復也　狃復符又反下同　上襄竝如字　鴈
行戶郎反注同　夾轅古洽反　射忌注作己同音記辭也下皆同　抑磬苦定反
反騁馬也　控口貢反止馬也　騁馬敕領反　鴇音保驪白雜毛曰鴇依字作䳍　驪白
力馳反　嫚本又作慢莫晏反遲也　掤音冰所以覆矢也馬云櫝丸蓋也杜預云櫝丸箭箙也
䩙弓敕亮反　弢弓吐刀反　清人　高克一本作剋　好利呼報

反注同惡而烏路反下同欲遠于万反克將子亮反而御魚呂反注同翺翔五羔反駟介音界甲也旁旁補彭反王云彊也駟四馬也

一本駟介四馬也二矛莫侯反方言云矛吳揚江淮南楚五湖之閒謂之鉇鉇音蛇或謂之鋋鋋音蟬或謂之鏦鏦音錯江反其柄謂之矜矜郭音巨巾反重直龍反注下同英如字沈於耕反酋矛在由反麃麃表驕反武貌重喬毛音橋累荷也鄭居橋反雉名所以縣毛羽也韓詩作鷮

逍本又作消遙本又作搖累荷舊音何謂刻矛頭爲荷葉相重累也沈胡可反謂兩矛之飾相負荷也矛矜字又作穃同巨巾反沈又居陵反近上附近之近室題音啼題頭也室劒削名也方言云劒削自河而北燕趙之閒謂之室此言室謂矛頭受刃處也削音笑以縣音玄枉軸音逐地名陶陶徒報反驅馳貌右抽勑由反毛抽抽矢也鄭抽抽刃也說文作搯他牢反云抽刃以習擊刺也作好呼報反注同謂將子亮反下同羔裘字或作求

刺朝直遙反下及注同以風福鳳反如濡音儒洵直徐音荀又音旬均也

且侯侯君也韓詩侯美也　舍命音赦處也王云受也沈書者反　不渝以朱反變也　緣

以悅絹反　晏兮於諫反鮮盛貌　粲兮采旦反衆意　美稱尺證反

遵大路　摻所覽反徐所斬反擥也　之祛起居反又起據反袂也　擥也音覽

袂也面世反　惡兮烏路反注同　寁帀坎反速也　故也一本作故兮後好也

亦侖　魗本亦作𣪘又作𣫔帀由反毛棄也鄭惡也或云鄭音為醜　好也如字鄭云善也或呼報反

女曰雞鳴　不說音悅下同　而好呼報反　昧旦音妹　相

警音景　有爤力旦反　不見賢遍反又如字　蚤於音早本亦作早　別色彼列

反　弋羊職反　鳧音符　閒於音閑　繁音灼本亦作繳　殽音爻本亦作肴

偕老音皆　燕樂音洛下同　珩音衡佩上玉也　璜音黃半璧曰黃　琚音居佩玉名　瑀

音禹石次玉也　衝牙昌容反狀如牙　豫儲直居反　出使所吏反　問遺尹季

反　之好之呼報反注同　有女同車　大子音泰　請妻七計

反以女適人曰妻　**不取**如字又促句反　**有女同車**讀與何彼禯矣詩同　**如舜**

戶順反本槿也　**華**讀亦與召南同下篇放此　**親迎**魚敬反下同　**木槿**音謹　**洵美**

恤句反信也　**壻御**音細字書作壻　**將將**七羊反玉佩聲　**傳道**直專反

山有扶蘇如字徐又音疎扶蘇扶胥木也　**扶胥**音疎又相如反　**菡**本又作歒又作苔戶

感反　**萏**本又作歒又作蓞度感反菡萏荷華也未開曰菡萏已發曰芙蓉　**傎**本亦作顛都田反　**倒**

都老反　**狂**求匡反狂人也　**且**子餘反辭也注同　**人之好美色**呼到反下同

往睹都杜反本亦作覩　**有橋**本亦作喬毛作橋其驕反王云高也鄭作槁苦老反枯槁也

狡童古卯反　**蘀兮**他洛反槁也　**不倡**昌亮反本又作唱注下同　**而和**胡臥

反注下同　**槁**苦老反　**長幼**張丈反　**稱也**尺證反　**漂女**匹遙反本亦作

飄　**要女**於遙反成也注同　**狡童**　**擅命**善戰反專也　**餐兮**七丹

反　**不遑**音皇暇也　**褰裳**起連反本或作騫非說文云褰袴也　**恣**資利反　**行**

下孟反注下同　**更出**音庚　**涉溱**側巾反　**簒國**初患反　**揭衣**欺例反又**涉**

起列反　**告難**乃旦反　**先鄉**香亮反本亦作向　**也且**子餘反下同

洧于軌反　**丰**芳凶反面貌豐滿也方言作妦　**道鈌**巨悅反　**陽倡**昌亮反

不和胡臥反　**親迎**魚敬反下親迎同　**則爲**于僞反　**堂兮**毛如字門

堂也鄭改作棖方庚反門梱上近邊木　**梱**本亦作閫苦本反　**近邊**附近之近　**衣錦**

如字或一音於記反下章放此　**褧衣**苦迥反禪也下如字　**禪也**音丹　**禪縠**戶木反

爲其文于僞反　**之大**音泰舊勑賀反　**紂衣**側基反本或作純又作緇並同　**纁**許云反

衻如鹽反　**又易**以豉反　**東門之壇**音善除地町町者也依字當作墠此序舊

無注而崔集注本有鄭注云時亂故不得待禮而行　**茹**音如後篇同　**藘**力於反茹藘茅蒐蒨草也後篇

同　**枉阪**音反又符板反　**町町**吐鼎反又徒冷反　**茅**貌交反又音妹　**蒐**所留反

之爲難乃旦反　**易越**以豉反下同　**行上**竝如字行道也左傳云斬行栗　**啗**

徒覽反本又作啖亦作噉竝同　甘耆常志反　風雨　淒淒七西反　喈

喈音皆　夷說音悅下同　瀟瀟音蕭暴疾也　膠膠音交　不瘳勑留反愈

也　不爲于僞反　子衿音金衿領也本亦作襟徐音琴　世亂本或以世字在

下者誤　學校戶孝反注及下注同鄭國謂學爲校左傳云鄭人游於鄉校是也公孫弘云夏曰校沈音

教　以校正音教　青青如字學生以青爲衣領緣衿也或作菁音非也　衣純章允反

反又之閏反　嗣音如字毛嗣習也鄭續也韓詩作詒詒寄也曾不寄問也　傳聲直專反

碝本又作瑞如兗反　瑉亡巾反　組音祖　綬音受　挑兮他羔反又勑彫反說文作

叏　達兮他末反挑達往來見貌說文云行不相遇也　但好呼報反　爲樂音洛

揚之水　流漂匹妙反　終鮮息淺反寡也注下同　迋女求往反誑也徐

又居望反　誑也九況反　出其東門　五爭爭鬬之爭注同　子亹

已匪反又音尾莊公子　思存如字注及下皆同沈息嗣反毛音如字鄭息嗣反　縞衣古老

反又古報反白色衣 綦巾 巨基反蒼艾色 聊樂 音洛注並同一音岳或云箋留樂又音岳 我員 音云

本亦作云韓詩作魂魂神也 所爲 于僞反 之難 乃旦反 闉 音因曲城 闍 鄭郭

音都城臺也孫炎云積土如水渚所以望氣祥也徐止奢反又音蛇 如荼 音徒茅秀 茅秀 本或

作荂音同劉昌宗周禮音荂音酉 思且 音徂爾雅云存也舊子徐反 與娛 本亦作虞

野有蔓草 音万蔓延也 漙兮 本亦作團徒端反團團然盛多也 婉兮 於阮

反 邂 戶解反 逅 本亦作逅胡豆反邂逅不期而會 瀼瀼 如羊反盛貌徐又乃剛反

溱洧 側巾反下于軌反鄭國之二水名說文溱作溍云溍水出鄭溱水出桂陽也 渙渙 呼亂反春

水盛也韓詩作洹洹音丸說文作汎汎音父弓反 蕳兮 古顏反蘭香也字從艸韓詩云蓮也若作竹下

是簡策之字耳 淫泆 音逸 之行 下孟反 士曰既且 音徂往也徐子胥反下章放此

寬閒 音閑 之處 昌慮反 洵 息旬反韓詩作恂 訏 況于反大也韓詩作盱云恂盱樂貌

也 且樂 音洛注下同 相謔 許略反 勺 時灼反 藥 芍藥香草也韓詩云離草也言

將離別贈此草也　劉音留深也說文劉淸皃力九反

齊雞鳴第八齊者太師呂望所封之國也其地少昊爽鳩氏之墟在禹貢青州岱嶺之陰濰淄之野都營丘之側禮記云太公封於營丘是也

雞鳴　賢妃芳非反　怠慢武諫反　警戒居領反本又作敬音同　朝

既直遥反注下皆同　蒼蠅餘仍反　纚笄色蟹反何霜綺反　薨薨呼弘反

妃其音配本亦作配　猶樂音岳又五教反　會且七也反沈子餘反　卿大

夫朝會此一朝如字音張遥反　見惡烏路反下同　於夫人音符或依字讀者非

還音旋便捷皃韓詩作嫙嫙好皃　好田呼報反　無厭於豔反又於占反本或作饜音

同止也　好焉萬縞反　峱乃刀反山名說文云峱山在齊崔集注本作巎　便捷本亦

作便旋　並驅本又作駈曲具反注下同　兩肩如字獸三歲曰肩說文云三歲豕肩相及者本

亦作豜音同又音牽　揖我一入反　儇兮許全反利也韓詩作婘音權好貌　併也

步項反下文同 譽音餘下同 兩牡茂后反 佼好古卯反本又作姣 著直居反又直據反又音於詩內協句宜音直據反 親迎魚敬反注同 象瑱吐遍反 以縣音玄下同 爲紞都覽反 瑩音榮又音營 東方之日 刺衰色追反本或作刺襄公非也南山已下始是襄公之詩 彼姝赤朱反 我闥他達反門內也韓詩云門屏之間曰闥 東方未明 朝廷直遙反注皆同 挈苦結反又音結 壺音胡挈壺氏掌漏刻之官 顛倒都老反 促遽其慮反 別色彼列反 未晞音希明之始升 令之力證反 折柳之舌反注同 樊圃音布又音補樹菜蔬曰圃 瞿瞿俱具反無守之貌 柔脆七歲反 藩也方元反本又作蕃 不任音壬下同 則莫音暮 南山 之行下孟反 公讁直革反責也又張革反 彭生乘繩證反一本作彭生乘公乘則依字讀 而搤於革反說文云捉也公羊傳云拉公幹而殺之沈又烏詣反拉音郎荅反 猶復扶又反下皆同 于禚音灼地名 行

惡下孟反下之行皆同　崔崔子雖反又音佳高大貌　無別彼列反　淫佚音逸
下同　可恥惡烏路反又如字　有蕩徒黨反徐敕黨反平易貌　平易夷豉反
屨九具反　五兩王肅如字沈音亮　冠緌如誰反　傅姆上音付下音茂　同處昌慮
反下同　人奇居宜反　蓺魚世反樹也本或作藝技藝字耳　衡音橫注同亦作橫字　取妻七喻
又一音如字衡郎訓爲橫韓詩云東西耕曰橫　從足容反注同韓詩作由云南北耕曰由
反注下皆同　鞫止居六反毛窮也鄭盈也　令至力呈反下同　析薪星歷反
其邪似嗟反　甫田　無田音佃下同　維莠羊九反　致治
直吏反　忉忉音刀憂勞也　桀桀居竭反徐又居謁反　怛怛旦末反　婉
兮於阮反　孌兮力轉反　總角本又作揔子孔反　丱兮古患反幼穉也　未幾居豈反注
同　見兮一本作見之　突而吐活反注同方言云凡卒相見謂之突吐訥反　弁兮皮眷反冠也
兩髦音毛　少自詩照反　盧令音零下同　好田呼報反　以

風福鳳反 噣也直角反本亦作濁畢星名何音鐲 繳射音灼 纓環於盈反又
於政反 而樂音洛下同 而說音悅 重環直龍反下同 鬈音權毛好貌鄭
勇壯也說文云髮好貌 鋂音梅一環貫二也 且偲七才反多材也說文云強力也
敝笱婢世反徐扶滅反本又作弊敗也笱音古口反取魚器也 人惡烏路反 魴音房 鰥
毛古頑反大魚也鄭古魂反魚子也 易制夷豉反 其從才用反注下皆同 魴鱮
才呂反毛云大魚也廣雅云鰱也音連 唯唯維癸反沈養水反毛云出入不制也鄭云行相隨順貌韓
詩作遺遺言不能制也 載驅欺具反又如字下皆同本亦作駈 淫播波佐反
薄薄普各反徐扶各反疾駈聲也 簟笰音弗車蔽 朱鞹苦郭反革也 發夕韓詩云發
旦也 其乘車繩證反或音繩 魯竟音境本亦作境 平易夷豉反下樂易同
四驪力馳反 濟濟子禮反注同美貌 儞儞本亦作瀰同乃禮反注同衆也 徒爲
一本作從兩通 之行下孟反 豈開改反樂也 弟如字或音待易反 樂易音洛

闉音開　闍音亦　汶水音問水名　湯湯失章反大貌　彭彭必旁反

彷音旁徉音羊　滔滔吐刀反流貌　儦儦表驕反衆貌說文云行貌　猗嗟於宜反字或作欹猗嗟歎辭　技藝其綺反　頎而音祈長貌　佼古卯反本又作姣　射

抑若於力反美色貌　巧趨本又作趨七須反又七遇反　蹌兮七羊反巧趨貌　射侯食亦反注所射毎射同　正兮音征注同畫五采曰正　參分七南反又音三　選兮雪戀反齊也　則貫毛古亂反中也鄭古患反習也　中也張仲反　反兮如字復也韓詩作變變易　以禦魚呂反　乘矢繩證反四矢也　故處昌慮反

魏葛屨第九案魏世家及左氏傳云姬姓國也詩譜云周以封同姓其地虞舜夏禹所都之域也在古冀州雷首之北析城之西南枕河曲北涉汾水

葛屨俱具反　褊也必淺反　陿音洽本或作狹依字應作陜　隘於懈反　機巧如字徐苦孝反　趨利七須反徐七喩反　儉嗇音色　糾糾吉黝反沈居酉反猶繚繚

也　繚繚音了沈音遼　摻摻所銜反又所感反徐又息廉反說文作攕山廉反云好手貌

纖纖息廉反　廟見賢遍反　要之於遙反褸也　襋之紀力反衣領也

謂屬音燭　著之直略反　提提徒兮反安諦也　宛然於阮反辟貌　左辟音避注同一音婢亦反

揥勑帝反所以爲飾也　安諦音帝　汾沮洳汾音扶云反水名也沮音子預反洳音如預反沮洳漸洳也

其君子一本無子字　其莫音暮菜也　其

漸如字又接廉反　軞車本亦作旄音毛　趙盾徒本反　公行戶郎反注同

藚音續水舄也一名牛脣說文音似足反　水舄音昔　昭穆紹遙反說文作佋

園有桃之殽本又作肴音爻　省國色領反　且謠音遙徒歌曰謠　之

行下孟反下文行國同　我所爲于僞反下所爲皆同　何其音基下章同　夫人

音符　何爲如字　無復符又反　謗君博浪反毀也　有棘紀力反從兩束

俗作棘同　陟岵音戶毛云山無草木曰岵此傳及解屺共爾雅不同王肅依爾雅　國迫

而數音朔　侵削本或作國小而迫數數見侵削者誤　之處昌慮反　夜莫音暮

無解音介　旃哉之然反　屺音起　少子詩照反　無耆常志反

十畝之閒莫后反古作畮俗作畝皆同　閒閒音閑本亦作閑往來無別貌　無別彼列反　還兮本亦作旋　泄泄以世反多人之貌　逮也徒賚反又徒帝反

伐檀徒丹反木名也　坎坎苦感反伐檀聲　寘之之豉反置也　漣力纏反風行水成文曰漣　猗於宜反本亦作漪同　廛本亦作壥又作墰直連反一夫之居曰廛古者一夫田百畝別受都邑五畝之地居之故孟子云五畝之宅是也　有縣音玄下皆同　貆本亦作狟音桓徐郭音暄貉子也

宵田音消夜也　貉子戶各反依字作貈　素餐七丹反說文作餐云或從水字林云吞食也飧音孫　伐輻音福　伐輪音倫　之漘順倫反厓也本亦作脣

且淪音倫小風水成文轉如輪也韓詩云順流而風曰淪淪文貌　囷兮丘倫反圓倉

鶉兮音純鳥也　素飧素門反熟食曰飧字林云水澆飯也　碩鼠音石大也　斂

也呂驗反下同　貫女古亂反徐音官事也　無復扶又反　稅斂始銳反　肯

大比毗志反　樂音洛注下同　土如字他古反沈徒古反　之訣古穴反

勞如字又力報反注同　倈我本亦作來同力代反　咏本亦作永同音詠歌也　號戶毛反呼

也注同　呼也火故反　喜說音悅

唐蟋蟀第十　唐者周成王之母弟叔虞所封也其地帝堯夏禹所都之墟漢曰太原郡在古冀州太行

恒山之西太原大岳之野其南有晉水叔虞之子燮父因

改爲晉侯至六世孫僖侯名司徒書堯儉約遺化而不能

以禮節之今詩本

其風俗故云唐也

蟋蟀上音悉下所律反蟋蟀蛬也說文蟀作𧌒　僖公許其反史記作釐侯　不中丁仲反

虞樂音洛下皆同　思遠息嗣反注同　歲聿允橘反遂也　其莫音暮

其除直慮反去也注同　蛬也俱勇反沈又九共反趨織也一名蜻蛚　不復扶又反

大康音泰徐勑佐反下同　其居義如字協韻音據　好樂呼報反下同　瞿

瞿俱具反顧禮義　禮樂之外此一樂字音岳　蹶蹶俱衛反動而敏於事也　其

慆吐刀反過也　休休許虯反樂道之心　山有樞本或作蓲烏侯反荎也

昭公左傳及史記作昭侯　自樂音洛下及注同　有朝直遙反　廷徒佞反　洒所懈反沈所寄反下同

埽蘇報反本又作掃下同　有楡以朱反　荎田節反沈又直黎反

弗曳以世反　弗婁力俱反婁亦曳也馬云牽也　宛於阮反本亦作苑死貌　是

愉毛以朱反樂也鄭作偷他侯反取也　有栲音考山樗　有杻女久反檍也　山樗勑書反又他胡反

檍也於力反　廷內音庭又徒佞反　弗鼓如字本或作擊非

灑也色蟹反又所綺反　有漆音七木名　不離力智反　揚之水

封沃烏毒反邑名卽曲沃　鑿鑿子洛反　激揚經歷反　湍疾吐端反

洗蘇禮反又蘇典反　去羌呂反　垢濁古口反　所惡烏路反又如字　襮音博領也字林方沃反

繡音秀衆家申毛並依字下文同鄭改爲綃　黼音甫　爲綃音綃本亦作綃

爲純眞允反又眞順反　不樂音洛　皓皓古老反潔白也　鵠戶毒反曲沃邑
粼粼利新反清澈也本又作磷同　澈也直列反或作徹誤　椒聊椒木名聊
辭也　其蕃音煩　衍延善反　一捄音求又其菊反何捄沈居局反　朋比王肅
孫毓申毛必履反謂無比例也一音必二反鄭云不朋黨則申毛作毗至反　佼好古卯反　聊
且子餘反下同　匊本又作掬九六反兩手曰匊　綢繆上直留反下亡侯反綢繆猶纏
緜也　參也所金反　始見賢遍反下不見見於東同　薪芻楚俱反說文云芻刈草也
象苞束草之形　合宿音秀　後陰戶豆反　邂本亦作解戶懈反一音戶佳反　覯本又
作逅同胡豆反一音戶冓反邂覯解說也韓詩云邂覯不固之貌　解音蟹　說音悅　直戶音值
又如字　粲者采旦反三女爲粲字林作婺　杕杜徒細反特貌本或作夷狄字非也下
篇同杜赤棠木　所弁必政反　湑湑私敘反不相比次也　相比毗志反下文及注同
踽踽俱禹反無所親　遠其于万反　不佽七利反助也　菁菁本又作青

同子零反毛葉盛也鄭希少貌睘睘本亦作煢又作㷀求營反無所依也羔裘不

卹本亦作恤荀律反憂也豹祛起居反又丘據反袪末也居居如字又音據懷惡不相親

比之貌親比毗志反有悖補對反豹褎徐救反本又作褏同究究

九又反爾雅云居居究究惡也之好呼報反注同鴇羽音保鴇似鴈而大無後趾性不

樹止政役音征篇內注同養其羊亮反鄠侯五各反于苞補交反稹

也栩況禹反杍木也稹也本又作稹之忍反何之人反沈音田又音振廣雅云概也杍也

食汝反徐治與反之處昌慮反迫迮側百反梱戶本反致直置反下同

靡盬音古蓺魚世反何怙音戶恃也罷倦音皮鴇行戶郎反注同

翮也戶革反爾雅云羽本謂之翮無衣始并卑政反下注同爲之

于僞反之使所吏反注同愈羊主反且奧本又作燠於六反煖也煖

奴緩反有杕之杜宗族本亦作宗矣陰寡於鴆反又如字本亦作蔭

同　噬肯（市世反逮也韓詩作逝逝及也）　與比（毗志反）　好之（呼報反下同）　曷飲（於鴆反下文同）　食之（音嗣下同）　道周（周曲也韓詩周右也）　觀也（古亂反）

葛生　好（呼報反）　攻戰（音貢又如字）　多喪（息浪反注同弃亡也又如字）　怨思（息嗣反或如字）　蘞（音廉又力恬反又力儉反徐又力劒反草木疏云似栝樓葉盛而細子正黑如燕薁不可食）　齊則（側皆反本亦作齊下同）　枕篋（口牒反）　韣（本亦作檲又作櫝徒木反）

墳墓（符云反）　壙（音曠）　采苓（力丁反大苦也郎甘草葉似地黃）　好聽（呼報反）　幽辟（匹亦反下同）　小行（下孟反）　爲言（于僞反或如字下文皆同本或作僞字非）　舍旃（音捨下同）　旃（之然反）　爲言謂爲人（並于僞反若經文依字讀則此上爲字亦依字）　訕人（所諫反）　采葑（孚容反）

秦車鄰第十一（秦者隴西谷名也在雍州鳥鼠山之東北昔皐陶之子伯翳佐禹治水有功舜命作虞賜姓曰嬴其末孫非子爲周孝王養馬於汧渭之閒封爲附庸邑於秦谷及非子之曾孫秦仲周宣王又命爲大

夫仲之孫襄公討西戎救周周室東遷以岐豐之地賜之始列爲諸侯春秋時稱秦伯崔云秦在虞夏商爲諸侯至周爲附庸

車鄰本亦作隣又作轔栗人反　**秦仲始大**絕句或連下句非　**白顛**都田反

的丁歷反　**顙**桑黨反　**寺人**如字又音侍本或作侍字寺人奄人內小臣也　**之令**力呈反注同又力政反沈力丁反韓詩作伶云使伶　**傳告**直專反　**阪有**音反又扶板反陂者曰阪

陂者彼寄反又普羅反又彼皮反　**以閒**音閑　**安樂**音洛下文並同　**其耋**田節反老也八十曰耋一音天節反　**之朝**直遙反　**將後**胡豆反又如字　**鼓簧**音黃笙也

駟驖田結反又吐結反驖驪馬也　**始命**絕句　**園囿**音又沈又之九菊反

樂音洛　**孔阜**符有反大也　**驪也**力知反　**媚子**眉冀反　**獻麋**亡悲反　**舍**音捨　**拔**蒲末反括也　**射之**食亦反　**括也**苦活反　**善射**音社

四種章勇反　**輶車**由九反又音由輕也　**鸞**盧端反　**鑣**彼驕反　**獫**力驗反長

喙田小犬也說文音力劍反歇本又作猲許謁反說文音火遏反驕本又作獢同許喬反獫獢短喙田犬
也輕也遣政反又如字下同喙況廢反驅逆丘遇反或丘于反乘車
繩證反搏噬音博舊音付小戎毛云小戎兵車也鄭云羣臣兵車故曰小戎王云駕
兩馬者矜其居澄反夸大苦花反有樂音岳又音洛俴錢淺反淺
也收如字軫也五楘音木本又作鞪歷錄也曲轅上束也梁輈陟留反軫也之忍反
歷錄一本作歷祿句衡古侯反脅驅本亦作脇起俱反靷之忍反
鋈音沃舊惡白金也續義如字徐辭屢反靳環居覲反本又作靷沈云舊本皆作靳靳者言無
常處游在驂馬背上以驂馬外轡貫之以止驂之出左傳云如驂之有靳居釁反無取於靷也以禦魚呂
反愼駕具愼或作順義亦兩通拚軓於檢反常處昌慮反著服
直略反又丁略反軾前音式本亦作式文茵音因文茵以虎皮爲茵茵車席也暢勑亮
反長轂也轂音谷騏音其馬騏文也馵之樹反馬左足白騮音留赤馬黑鬣也騧

古花反黃馬黑喙也驪本又作驪力軛反兩騑芳非反龍盾順允反徐又音允
䮂古穴反軜音納內也驂馬內轡也俴駟毛云四介馬也韓詩云駟馬不著甲曰俴駟
厹矛音求三隅矛也鋈錞徒對反舊徒猥反一音敦鐏也說文云矛戟下銅鐏蒙伐如字本或
作厖音同毛云蒙討羽毛也伐中干也鄭云蒙厖也討雜也畫雜羽之文于伐故曰厖伐四介音界甲也
鐏徂寸反又子遜反之札側八反厖伐莫江反虎韔勑亮反下同本
亦作暢弓室也鏤膺魯豆反下於澄反毛云膺馬帶也鄭云鏤膺有刻金飾也竹閉悲位反本一作
䩲鄭注周禮云弓檠曰䩲弛則縛於弓裏備損傷也以竹爲之䩲音悲位反徐邊惠反一音必結反緄縢古本
反繩也下直登反約也紲息列反厭厭於鹽反安靜也秩秩陳乙反有知也
知也本亦作智蒹葭古恬反薕也葭蘆也入被皮寄反廉也音廉
作緊於奚反猶是也遡洄蘇路反下音回逆流而上也遡游順流而涉也宛
在紆阮反本亦作苑易得以豉反萋萋本亦作淒七奚反未晞音希毛云

乾也鄭云未爲霜也　之湄音眉　水隒魚儉反又音儉　且躋本又作隮子西反升也
中坻直尸反小渚　之涘音俟厓也　迂音于　中沚音止小渚也
終南　有條本亦作樤音同稻也　稻也吐刀反山榎也　枏也如鹽反沈云孫炎稱
荊州曰枏揚州曰梅重實揚州人不聞名枏　朝廷直遙反　以裼星歷反　渥丹
於角反淳漬也丹如字韓詩作沰音撻各反沰赭也　淳之純反又如字本亦作厚　漬辭賜反　有
紀如字基也本亦作屺沈音起　黻衣音弗　將將七羊反　黃鳥　仲
行戶郎反下皆同　鍼虎其廉反徐又音針　從死才容反　惴惴之瑞反　其慄
音栗　壙中苦晃反　殲我子廉反又息廉反　愬之蘇路反　可贖食燭
反又音樹　之防徐云毛音方比也鄭音房　之禦魚呂反注同當也　晨風
鴥說文作鴪尹橘反疾飛貌字林於寂反　鸇也字又作鸇之然反草木疏云似鷂青色說文止仙反
字林尸先反　之駛所吏反疾也　苞櫟盧狄反木名　六駮邦角反獸名毛云如

馬倨牙食虎豹草木疏云駮馬木名梓榆也　倨音據　靡樂音洛　棣音悌唐棣也

樹檖音遂或作遂赤羅也　無衣　好呼報反下注同　攻古弄反又如字下注同

亟欺冀反　同袍包毛反襺也　襺也古顯反本亦作繭　同仇音求毛云匹也

鄭云怨耦曰仇　戈長直亮反又如字　同澤如字毛澤潤澤也鄭褻衣也說文作襗云袴也

褻衣仙列反　近附近之近　汙音烏又汙穢之汙　垢古口反　渭陽音謂水名水北

日陽　麗姬本又作驪同力馳反　之難乃旦反　大子音泰　都雍於用反縣名今

屬扶風　乘黃繩證反注同　我思息嗣反　瓊瑰古回反石次玉也

權輿音餘權輿始也　夏胡雅反大也　屋如字具也　渠渠其居反猶勤勤也　以食

我音嗣注篇內同　四簋音軌內方外圓曰簋以盛黍稷外方內圓曰簠用貯稻粱皆容一斗二升

經典釋文卷第五

經典釋文卷第六

毛詩音義中 起第七盡第十五

唐國子博士兼太子中允贈齊州刺史吳縣開國男陸德明撰

陳宛丘詁訓傳第十二 陳者胡公嬀滿之所封也其先虞舜之冑有虞遏父者爲周陶正武王賴其器用與其神明之後故妻以元女其子滿乃封於陳以備三恪其地宓羲之墟在古豫州之界宛丘之側

宛丘 怨阮反毛云四方高中央下曰宛丘爾雅云宛中宛丘郭云中央隆高 之湯 佗郎反蕩也舊他浪反 洵有 音荀信也 則傚 戶教反 坎其 苦感反坎坎擊鼓聲 值其 直置反持也 鷺 音路白鳥也一名舂鉏 爲翳 於計反 指麾 毀危反字又作撝 缶 方有反盎也 盎 本亦作瓮烏浪反 翿 音導又音陶翳也 東門之枌 符云反白楡也 亟會 欺冀反 之栩 況浦反杼也 杼也 常汝反說文丈與反 婆 步波反說文作媻音同 娑 桑何反婆娑舞也 穀旦 鄭音旦明也本亦作且王七也反苟且也

徐子餘反　于差　鄭初佳反擇也王音嗟韓詩作嗟徐七何反沈云毛意不作嗟案毛無改字宜從鄭讀

曰相擇　音越下曰往矣同　以騣　子公反毛數也鄭總也　會處　昌慮反　如

菽　祁饒反芘芣也郭云荊葵也　芘　音毗又芳耳反　芣　音浮又芳九反　相說　音悅　乃

遺　唯李反　情好　呼報反　衡門　如字衡橫也沈云此古文橫字　誘　音酉

愿　音願謹也　掖　音亦扶持也　棲遲　音西　興治　直吏反　泌　悲位反泉水也

洋洋　音羊　以樂　本又作𤻲毛音洛鄭力召反沈云舊皆作樂字逸詩本又作疒下樂以形聲言之殊非其義𤻲字當從疒下尞案說文云𤻲治也療或𤻲字也則毛本止作樂鄭本作𤻲注放此　慤愿

苦角反　魴　音房　取妻　音娶下文同　東門之池　池城池也孔安國云停水曰池　以漚　烏豆反柔也　可緝　七立反西州人謂績爲緝　叔姬　音淑本亦作淑善也

晤歌　五故反毛遇也鄭對也　紵　直呂反字又作苧　菅　古顏反茅已漚爲菅

東門之楊　親迎　魚敬反下注同　牂牂　子桑反盛貌　煌煌　音皇　肺

肺普貝反又蒲貝反　晢晢之世反　墓門　陳它本亦作佗同徒多反五父也史記以爲厲公　殺君音試本又作弒同　以斯所宜反又如字又音梳鄭注尚書云斯析也爾雅云斯侈離也孫炎云斯析之離讀者如字　析也星歷反　幽閒音閑　不睹

都魯反又作覩　相也息亮反　猶去羌呂反　禍難乃旦反　有鴞于驕反惡聲鳥也　萃止徂醉反集也　柟也如鹽反　人則惡之烏路反　訊之本又作誶音信徐息悴反告也韓詩訊諫也　顛倒都老反　防有鵲巢防邑名也　邛有其恭反丘也　苕徒凋反草也　侜陟留反侜張誑也說文云有廱蔽也　予

美韓詩作娓音尾娓美也　忉忉都勞反憂也　誑也九況反　甓蒲歷反令適也　鷊五歷反綬草也　令音零字書作瓴　適都歷反字書作甋　綬草音受　惕惕吐歷反　月出　刺好色呼報反序同　而說音悅澤陂詩同　皦兮古了反本又作皎月光也　白晳星歷反　佼人字又作姣古卯反好也方言云自關而東河濟

之閒凡好謂之姣 僚兮本亦作嫽同音了好貌 舒窈烏了反又于表反 糾兮其趙反又其小

反一音其了反窈糾舒之姿說文音己小反又居酉反 悄兮七小反憂也 皓兮胡老反

劉兮本又作懰同力久反好貌埤蒼作懰懰妖也 懮於久反舒貌 慅兮七老反憂

也 燎兮力召反又力弔反 夭紹於表反 慘兮七感反憂也 株

林陟朱反株林夏氏邑也 夏姬戶雅反注下同 御叔魚呂反又如字 淫佚音逸

之行丁孟反 䑧拒都禮反 乘馬繩證反下乘驕注君乘馬君乘驕車乘並同 說

于音稅舍也注同 乘驕音駒沈云或作駒字是後人改之皇皇者華篇內同 澤陂彼皮

反陂澤障也 憂思息嗣反 行父音甫 涕他弟反自目曰涕 泗音四自鼻曰泗

滂普光反 沱徒河反下文同 與荷音河夫渠也 澤障章亮反 夫音符本亦

作芙下同 渠其居反本亦作蕖 之莖幸耕反 佼大古卯反 覺也音教 與

蕑毛古顏反蘭也鄭改作蓮練田反夫渠實 且卷本又作婘同其員反好貌 悁悁烏玄反猶

悒悒　菡本又作莟又作欿戶感反　萏本又作歁大感反　且儼本又作曮魚檢反矜莊皃

輾轉張輦反本又作展

檜本又作鄶古外反　羔裘第十三　檜者高辛氏之火正祝融之後妘姓之國也其封域在古豫州外方之北滎波之南居溱洧之閒祝融之故墟是子男之國後爲鄭武所并焉王云周武王封之於濟洛河潁之閒爲檜子

羔裘　好絜呼報反下注同　政治直吏反下注同　得玦古穴反　以朝直遙反注同下篇注亦同

大蜡仕詐反祭名也　見君賢遍反　忉忉音刀　如膏古報反　有曜羊照反　素冠　子爲于僞反下同　欒欒力端反瘠貌　瘠貌情昔反　縞冠古老反　素紕婢移反　皆解佳賣反

慱慱徒端反憂勞也　素韠音畢　蘊結紆粉反

故覬音冀　膄本亦作瘦所救反

子夏戶雅反下同　見於賢遍反下同　援琴音袁下同　衎衎

苦旦反　而樂音洛　夫三音符　其行下孟反　隰有萇楚丈羊反萇楚銚弋也本草云一名羊腸一名羊桃　恣也姿刺反　狡古卯反　犾古快反本亦作獪古外反　猗於可反　儺乃可反猗儺柔也　銚弋音遙　長大張丈反下同　尋蔓音万　人少詩照反下同　夭之於驕反少也　沃沃烏毒反壯佼也　樂子音洛注下皆同　妃匹音配　匪風　禍難乃旦反　偈兮起竭反疾也　疾驅丘遇反又如字　怛兮都達反慘怛也　飄兮符遙反迴風也又必遙反　嘌兮本又作票匹遙反嘌嘌無節度也　亨魚普庚反注同煑也　溉之本又作摡古愛反滌也　釜符甫反　鬵音尋又音岑釜屬也說文云大釜也一曰鼎大上小下若甑曰鬵音才今反　滌也庭歷反

曹蜉蝣第十四

曹者武王之弟叔振鐸所封之國也爵爲伯其封域在兗州陶丘之北菏澤之野今濟陰定陶是也

蜉蝣上音浮下音由蜉蝣渠略也　國小而迫一本作昭公國小而迫案鄭譜云昭公好奢而任小人曹之變風始作此詩箋云喻昭公之朝是蜉蝣爲昭公詩也譜又云蜉蝣至下泉四篇共公時作今諸本此序多無昭公字崔集注本有未詳其正也　楚楚如字鮮明貌說文作䊢䊢云會五綵鮮色也　渠本或作䖴音同其居反注同　略本或作螺音同沈云二字並不施虫是也　之朝直遥反下皆同一讀下朝夕字張遥反　之難乃旦反　掘求勿反　閱音悅　解閱音蟹下同　歸

說音稅舍息也協韻如字　候人官名　刺近附近之近下同　共公音恭下篇同　遠君于万反下注同　而好呼報反　何戈何可反又音河揭也　祋都外反殳也又都律反　揭也音竭又苟謁反　殳也市朱反　彼其音記下皆同　赤芾音弗韠也祭服謂之芾沈又甫味反　曹朝直遥反下在朝同　緼音温何烏本反赤黃之色　黝於糾反黑色　珩音衡　以上時掌反　鵜徒低反洿澤鳥也一曰淘河　洿澤音烏一音火故反　不稱尺證反注同　咮陟救反徐又都豆反喙也　喙也虛穢

反又尺稅反又陟角反烏口也　其媾古豆反厚也　薈兮烏會反　蔚兮於貴反薈蔚雲

興貌　朝隮子兮反外雲也　婉兮於阮反少貌　孌兮力轉反好貌　少貌詩照

反　鳲鳩音尸本亦作尸鳲鳩秸鞠也　秸居八反又音吉　鞠居六反　莫從

音暮　下上時掌反　其弁皮彥反　伊騏音其騏綦文也說文作璂云弁飾往往冒玉也或亦

作璂　作璂音其　不稱尺證反　不忒他得反　正長張丈反下同

言任音壬　在榛側巾反本名也又仕巾反字林云木叢生也字林榛木之字從辛木云似梓實如小

栗音莊巾反　下泉泉下流也　思治直吏反　侵刻音克　洌音列寒也

寖本又作浸子鴆反　稂音郎徐又音良毛童粱也鄭作涼音良蕭蓍之屬　非溉古愛

反　蕭蓍音尸　愾苦愛反歎息也說文云大息也音火既反　覺音教　蒿也好刀

反　芃芃薄工反又薄雄反　膏之古報反　郇伯音荀　勞之力報反

謂朝直遙反

豳筆巾反七月第十五豳者戎狄之地名也夏道衰后稷之曾孫公劉自邰而出居焉其封域在雍州岐山之北原隰之野於漢屬右扶風郇邑周公遭流言之難居東都思公劉大王爲豳公憂勞民事以比敘己志而作七月鴟鴞之詩成王悟而迎之以致太平故大師述其詩爲豳國之風焉

七月　王業于況反又如字下同　無褐音曷以毛爲布也　觱發音必說文作畢發音如字觱發寒也　栗烈並如字栗烈寒氣也說文作颲颲　于耜音似　饁炎輒反野饋也字林于刦反　田畯音俊田大夫也　至喜王申毛如字鄭作饎尺志反酒食也下同　夏正戶雅反下染夏夏小正同　晚寒如字謂節晚而氣寒也　饋其愧反　穰來式亮反　又爲于僞反　離黃本又作鵹作鸝同力知反　稺桑直吏反本亦作稚　祁祁巨之反一音上之反衆多也　迨及音待始也　皤蒿音婆　萑戶官反薍也　葦韋鬼反葭也　薍五患反　葭音加　豫畜本又作蓄同勑六反下同　條桑他彫反注條桑同枝落　斨七羊反方銎也　猗彼於綺反徐於宜反角而束也又如字沈暢遙反

之　蛩曲容反說文云斧空也　黃桑徒奚反　鵙圭覓反伯勞也字林工役反

纁也許云反　春暴蒲卜反　染夏如琰反　秀葽於遙反草也　鳴

蜩徒彫反蟬也　其穫戶郭反下同　隕于敏反墜也　蘀音託落也　螗音唐

隊直類反　王萯音婦　于貉戶各反獸名　狐貍力之反獸名　往搏

音博舊音付　自爲也于僞反　載纘子管反繼也　其豵子公反毛云豕一歲

也鄭云豕生三曰豵　獻豜古牽反又音牽豕三歲　斯螽音終　莎雞音沙徐又素和反沈

云舊多作莎今作沙音素何反　在宇屋四垂爲宇韓詩云宇屋霤也　蟋音悉蟀所律反

蚣相容反又相工反　蝑相魚反又相呂反　訊音信本又作迅同　非卒寸忽反

穹起弓反窮也　窒珍悉反徐得悉反塞也　熏鼠許云反　塞向如字北出牖也韓詩云北向窻也

也　墐戶音覲塗也　牖也音酉　篳戶音必　曰爲上音越下于僞反一讀上而實

反下如字漢書作聿爲　及薁於六反蘡薁也　亨葵普庚反　及菽音叔本亦作叔藿也

剝棗普卜反擊也注同　以介音界　棣屬大計反　蘡於盈反或於耕反　叔苴七餘反麻子也　涷丁貢反　醪老刀反　而釀女亮反　食瓜古花反字或加艸非　采荼音徒　薪樗敕書反又他胡反惡木也　食我音嗣　瓠也戶故反　拾也音十　之糝素感反　築場直羊反下同本又作場塲依字失陽反今亦宜直羊反　圃布古反一音布　菜茹如豫反　黍稷重直容反注同先種後熟曰重又作種音同說文云禾邊作重是重穋之字禾邊作童是種蓺之字今人亂之已久　穋音六本又作稑音同說文云稑或從翏後種先熟日稑　之囷上倫反　上入時掌反注同　索素洛反　綯徒刀反絞也　絞也古卯反　亟其紀力反急也　定將都佞反　鑿冰在洛反　沖沖直弓反聲也　凌陰力證反又音陵陵陰冰室也說文作朕音凌　其蚤音早　祭韭音九字或加艸非　水腹音福　覿徒歷反　祭司寒本或作祭寒　朝之祿位直遥反　秋刷所劣反爾雅云清也三蒼云埽也　滌場廷歷反埽也

曰殺音越或人實反非 縮也所六反 閒於音閑 躋彼子兮反升也 兕徐履反本或作兕 觥音號彭反本亦作觵 無疆居良反竟也或音注爲境非 學校戶教反 既樂音洛 鴟鴞上尺之反下于嬌反鴟鴞鳥也 以遺唯季反本亦作貽此從尚書本也 鸋乃丁反郭音甯 鴂音決鸋鴂似黃雀而小俗呼之巧婦 重言直用反 大平音泰 鴇子本又作孺如住反 誚公在笑反 鬻子由六反徐居六反稺也一云賣也 迨天音待及也徐又勑改反 桑土音杜注同桑土桑根也小雅同韓詩作杜義同方言云東齊謂根曰杜字林作檄桑皮也音同 綢繆上直留反下莫侯反綢繆猶纏緜也 恚怒於季反 拮音吉又音結 据音居拮据撠挶也韓詩云口足爲事曰拮据 捋力活反 荼音徒萑苕也 畜勑六反本亦作蓄 租子胡反本又作祖如字爲也韓詩云積也 卒屠本又作瘏音徒病也 撠京劇反本亦作戟 挶俱局反說文云持也 萑音丸 苕音條 之難乃旦反 譙譙本或作燋同在消反殺也 翛翛素彫反注同敝也 殺也色界

反又所列反下同　翹翹祁消反危也　所漂匹遥反　嘵嘵呼堯反懼也
愬之音素　東山　勞歸力報反　其思息嗣反　望女音汝
樂男音洛　以說音悅下同　金縢徒登反　分別彼列反　志伸音身
慆慆徒刀反又吐刀反久也　其濛莫紅反雨貌　爲之于僞反　勿士　無
行毛音衡鄭音衡王戶剛反　枚莫杯反毛云微也鄭注周禮云枚如箸橫銜之於口爲繣絜於項中
行戶剛反　陳直震反下同　蜎蜎烏玄反蠋貌　蠋音蜀桑蟲也　烝在之承反窴也
窴也音田又音珍一音陳字書云塞也大千反從穴下眞　窴塡塵依字皆是田音又音珍亦音塵鄭云古聲同案陳完奔齊以國爲氏而史記謂之田氏是古田陳聲同　敦彼都迴反注同
果臝力果反果臝括樓　亦施羊豉反　伊威並如字或傍加虫者後人增耳
在室本或作堂誤也　蠨音蕭說文作蠨音夙　蛸所交反蠨蛸長踦也郭音蕭　町他典反或他頂反字又作圢音同
畽本又作疃他短反町畽鹿迹也字又作墥　熠以執反　燿以照反又以灼反熠

燿熒火也下章皆同　括樓古活反　委黍並如字沈委音於爲反委黍鼠婦也本或並作虫邊
踦起宜反韋昭呂忱音同云一足意也今詩義長踦長脚蜘蛛又巨綺反又其宜反又居綺反　燐
也洛刃反字又作蟒　熒火惠丁反　令人力呈反　慼思息嗣反下憂思同
作鷖於兮反是也又作繄　鸛本又作雚古玩反水鳥　于垤田節反蟻冢也　洒所懈
反沈所寄反　埽素報反　螘本亦作蟻又作蛾魚綺反　好水呼報反　拚甫問反
有敦徒端反專也注同專　栗薪毛如字鄭音列韓詩作蓼力菊反衆薪也　專專徒端
反下同　綴焉張衛反　之瓣盧遍反又白莧反說文云瓜中實也沈薄閑反　皆爲
于僞反　樂之音洛　皇駁邦角反　之禕許韋反　施衿繫佩帶其鳩反
結帨始銳反　破斧　以惡烏路反注同　斨七羊反說文云方銎斧也
隋徒禾反何湯果反孔形狹而長也　銎曲容反　錡巨宜反字或作奇音同鑿屬也韓詩云木屬
訛五戈反又作吪化也　銶音求徐又音虯木屬也韓詩云鑿屬也一解云今之獨頭斧　是

遒在羞反徐又在幽反毛固也鄭斂也 **之休**虛虯反美也 **伐柯**古河反斧柄也

朝廷直遥反注及下篇同 **斧柄**彼病反 **取妻**七喻反本亦作娶 **我覯**古豆反

有踐賤淺反行列貌 **行列**戶郎反 **之饌**士戀反 **歡樂**音洛

以說音悅 **九罭**本亦作罭于逼反罭魚網 **鱒**才損反沈又音撰大魚也 **魴**音房

緵子弄反又子公反字又作緵 **罟**音古今江南呼緵罟爲百囊網也 **袞衣**古本反六冕之第二章也畫爲九章天子畫升龍於衣上公但畫降龍字或作卷音同 **卷龍**卷冕衣 **鳧**音符 **鷖**烏兮反又作鷖

所賣子西反本或作齎同 **狼跋**音郎獸名也跋音卜末反躐也又蒲末反字或作拔同 **王功**于況反 **大平**音泰下大平同 **無愆**起然反 **載疐**本又作疌丁四反又陟值反跲也 **躐也**力輒反 **跲**其劫反又居業反 **有難**乃旦反 **無玷**丁簟反 **公孫**毛如字公孫成王也鄭音遜公周公也孫遜也 **赤舄**音昔 **盛屨**俱具反 **絇貌**其俱反 **遁也**徒遜反 **疵瑕**才斯反

鹿鳴之什第十六什音十什者若五等之君有詩各繫其國舉周南即題關雎至於王者施教統有四海歌詩之作非止一人篇數既多故以十篇編爲一卷名之爲什

小雅從鹿鳴至菁菁者莪凡二十二篇皆正小雅六篇亡今唯十六篇從此至魚麗十篇是文武之小雅先其文王以治內後其武王以治外宴勞嘉賓親睦九族事非隆重故爲小雅皆聖人之迹故謂之正

鹿鳴　既飲於鴆反注同　食之音嗣注同　筐丘房反　篚音匪　侑幣音又　呦呦音幽　苹音平毛云萍也鄭藾蕭也　萍本又作苹薄丁反江東謂之薸薸音瓢扶遙反　懇誠苦很反　嘉樂音岳又音洛　藾音賴　鼓簧音黃　好我呼報反注同　示我毛如字鄭作寘之豉反置也　周行毛如字道也鄭胡郎反列位也　之蒿呼毛反菣也　蒿菣去刃反字又作藍同本或作牡菣牡行字耳　視民音示　不恌他彫反偷也　是傚胡教反　愉也他侯反又音踰　芩其今反草也說文云蒿也又其炎反　和樂音洛注下皆同　且湛都南反字又作耽　夫不音扶　四牡茂后反

勞力報反篇末注同　使臣所吏反注皆同　則說音悅　歌樂音洛　騑騑芳非

反行不止之貌　倭本又作委於危反　遲倭遲歷遠之貌韓詩作倭夷　而朝直遙反

靡盬音古不堅固也　情思息嗣反　嘽嘽他丹反喘息也　駱音洛白馬黑鬣曰駱

喘息川兖反　黑鬣本又作鬣力輒反本亦作髦音毛　啓跪求毀反郭巨几反沈堪彼

反　舍幣舍音釋　于禰乃禮反　翩翩音篇　鵻音隹夫不也本又作隹

苞栩況甫反　夫方于反字又作鳺同　不方浮反又如字又作鴀同草木疏云夫不一名浮鳩

愨謹起角反　將養也以尚反下注同一音如字　杞音起枸檵也　枸音苟

本亦作苟同　檵音計　載驟助救反又仕救反　駸駸楚金反驟貌字林云馬行疾也七林反

來諗音審毛念也鄭告也　皇皇者華　使臣所吏反注下並同　不

辱命也一本作不辱君命　煌煌音皇又音晃　駪駪所巾反衆多貌　維駒

音俱本亦作驕　如濡如朱反鮮澤也　咨本亦作諮　諏子須反咨事爲諏爾雅云謀也說文云聚

謀也　維騏音其　調忍音刃　難易夷豉反　沃若烏毒反沈又於縛反
咨度待洛反注同咨禮爲度　維駰音因馬陰白雜毛也　咨詢音荀諮親爲詢謂親戚之
謀　常棣大計反字林大內反　召公上照反　爲作于僞反　鄂五各反毛
云華外發鄂鄂然也鄭云承華曰鄂　不毛如字鄭改作柎方于反柎鄂足也　韡韡韋鬼反光明也　常
棣棣也本或作常移移音以支反又是兮反案爾雅云唐棣移常棣棣作移者非　不柎同不音
如字又芳浮反二聲相近也柎亦作跗前注同一云不亦方于反　畏怖普故反　裒矣薄侯
反聚也　脊井益反亦作即又作鶺皆同　令音零本亦作鴒同雝渠也　急難如字又乃旦反
注同　則搖音遙又餘照反　其常處昌慮反　況也或作兄非也　永歎吐丹
反又吐旦反以協上韻　鬩許歷反很也　于牆本或作廧在良反　外禦魚呂反　其務
如字爾雅云侮也讀者又音侮此從左傳及外傳之文　很也戶墾反　烝也之承反
烝塡依字音田與寘同又依古聲音塵塵久也故箋申之云古聲塡寘塵同　戎相如字又息亮反下同

切切然定本作切切偲偲然 相琢陟角反 儐爾賓胥反陳也 之飫於慮反私也 聽朝直遥反 和樂音洛下皆同 且孺本亦作𤩽如具反屬也 好合呼報反 相應應對之應 和也胡臥反 既翕許急反合也 且湛荅南反又作耽韓詩云樂之甚也 妻帑依字吐蕩反經典通爲妻帑字今讀音孥也 亶其都但反信也 伐木 丁丁陟耕反伐木聲也 嚶嚶於耕反毛云驚懼也鄭云兩鳥聲 相彼 喬其驕反喬高也 鄉時本又作鄕同許亮反 則復扶又反 相彼息亮反視也注同 矧尸忍反況也 許許沈呼古反柿貌 釃徐所宜反又所餘反葛洪所寄反謂以筐漉酒漉音鹿 有藇音敘又羊汝反美也 柿貌孚廢反又側几反 以藪素口反 曰湑思敘反 肥羜直呂反未成羊也 於音烏如字舊 粲采旦反鮮明也 洒所懈反徐所寄反 埽素報反 陳饋其位反 八簋居偉反 已灑所蟹反又所懈反 糞本又作拚甫問反 食音嗣 乾餱音侯食也爾雅云餱食也 以愆起虔反

反 訕也所諫反 之饌士戀反 遠之于万反亦如字 湑我本又作醑思敘反茜之也 酤我毛音戶一宿酒也說文同鄭音顧又音沽買也 茜之所六反與左傳縮酒同義謂以茅泲之而去其糟也字從艸 則泲子禮反 坎坎如字說文作竷音同云舞曲也 蹲蹲七旬反本或作壿同舞貌也爾雅云喜也說文云士舞也從士尊 爲我于僞反下同 以樂樂已上音岳下音洛 迨我音待及也 今閒音閑 天保 下下俱戶嫁反注下下及下臣同 俾必以反使也 單厚毛都但反云信也厚也鄭音丹 盡也 不除治慮反注同開也 戩子淺反福也 汲汲己及反 縱足用反 長張丈反 吉蠲古玄反舊音圭絜也 爲饎尺志反酒食也 孝享許丈反獻也 禴本又作礿餘若反夏祭名 祠嗣絲反春祭名 烝之丞反冬祭名 嘗秋祭名 諸盩直留反周大王父名 無疆居良反 尸嘏古雅反 傳神直專反 弔矣都歷反至也 詒俞以之反遺也 遺也唯季反 相燕樂音洛 徧爲音遍 之

恒本亦作緪同古鄧反沈古恒反弦也　不騫起虔反　采薇音微菜也　一　昆夷
本又作混古門反昆夷西戎也　玁本或作獫音險　狁音允本亦作允玁狁北狄也　之難乃旦反注
皆同　命將率子亮反下所類反本亦作帥同注及後篇將率皆同　以勞力報反後篇勞還皆
同　杕杜大計反　重言直用反下重敘同　莫止音暮本或作暮協韻武博反
脃七歲反　脕音問或作早晚字非也　靡使如字本又作靡所　少而詩照反
堅忍音刃　時坤本亦作巛困魂反　孔疚久又反病也　彼爾乃禮反注
同華盛貌說文作薾　業業如字又魚及反或五盍反壯也　三捷息暫反又如字　騤騤
求龜反彊也　所腓符非反毛云避也鄭作芘必寐反倚也　芘倚其綺反舊於蟻反
象弭彌氏反弭弓反末彆也以象骨爲之　解紒音計又音結本又作紛芳云反　彆說文方血
反又邊之入聲埤倉云弓末反戾也　曰戒音越又人栗反　警勅音景　昔我韓詩昔始
也　雨雪于付反　霏霏芳菲反甚也　以說音悅　出車如字沈尺遂反

勞力報反　還音旋　彼牧音目　多難乃旦反注及下皆同　使裝側良反本
又作莊　此旐音兆　彼旄音毛　屬之音燭致也　彼旟音餘　旆旆
蒲貝反　鳥隼息允反　旒垂音留　悄悄七小反　況瘁似醉反本亦作
萃依注作悴音同　憔悴慈遙反　憂其馬之不正一本作之不正也一本作馬之政
央央本亦作英同於京反又於良反　近玁附近之近下近西戎同　軍壘力軌反
于襄如字除也本或作攘如羊反　雨雪于付反又如字　嚶嚶於遙反　趯
趯吐歷反　阜螽音終　躍音藥　而嚮許亮反或作鄉音同　而興許譍反
忡忡勅中反　則降戶江反又如字注下皆同　卉木許貴反草也　萋萋七西反
喈喈音皆　采蘩音煩　祁祁巨移反　執訊音信辭也言也　杕杜
晥華版反字從白或作目邊實貌　蕃滋音煩　已間音閑　以說音悅　亦莫
音暮本亦作暮　則思息嗣反又如字　其杞音起　檀車徒丹反檀車役車　幝幝

尺善反又㔹丹反敝貌說文云車敝也從巾單韓詩作繟音同　痯痯古緩反罷貌　敝貌婢世反　罷貌音皮　孔疚居又反　於繇直又反　魚麗力馳反下同麗歷也　以上時掌反　於適本或作佚　樂音洛　諸夏戶雅反　于罶音柳寡婦之笱　鱨音常楊也草木疏云今江東呼黃鱨魚尾微黃大者長尺七八寸許　鯊音沙字亦作魦鮀也今吹沙小魚也體圓而有黑點文舍人云鯊石鮀也　鮀待何反　大平音泰　不暴蒲卜反　豺祭仕皆反　獺祭勑鎋反又他末反　後漁音魚一本作𢿱同取魚也　罻羅音畏　草木不折不操草刀反　斧斤一本作草木不折不芟定本芟作操草刀反　不麛亡兮反本或作麑同　不卵魯短反　不隱如字本又作偃亦如字　塞蘇代反又新勒反　不數七欲反又所角反陳氏云數細也　罟音古　君子有酒旨絕句　且多此二字爲句後章放此異此讀則非　魴鱧音禮鮦也　鮦直冢反　鰋音偃郭云今偃額白魚　鮎乃兼反江東呼鮎爲鮧鮧音啼又在私反毛及前儒皆以鮎釋鰋鱧爲鯇鱧爲鯉唯郭注爾雅

是六魚之名今目驗毛解與世不協或恐古今名異逐世移耳 **南陔** 古哀反 **以養** 餘尚反

白華 **華黍** 此三篇蓋武王之詩周公制禮用為樂章吹笙以播其曲孔子刪定在三百一十一篇內遭戰國及秦而亡子夏序詩篇義合編故詩雖亡而義猶在也毛氏訓傳各引序冠其篇首故序存而詩亡 **縣中** 音玄 **合編** 必仙反 **以見** 賢遍反

南有嘉魚之什第十七

南有嘉魚 自此至菁菁者莪六篇并亡篇三是成王周公之小雅成王有雅名公有雅德二人協佐以致太平故亦並為正也 **樂與** 音洛又音岳徐五教反序文同 **大平** 音泰後大平皆同 **於**

朝 直遙反下注同 **燕樂** 音洛下注皆同 **烝然** 之承反鄭塵也王衆也 **罩罩** 張教反徐又都學反篧也字林竹卓反云捕魚器也 **篧** 助角反郭云捕魚籠也沈音穫又音護說其形非罩也

遲之 直冀反下同 **以樂** 音洛協句五教反得賢致酒歡情怡暢故樂 **汕汕** 所諫反樔也說文云魚游水貌 **樔** 側交反字或作罺同 **撩罟** 力弔反又力條反沈旋力到反 **以衎**

苦旦反樂也　樛木居虯反　甘瓠音護　纍之力追反本亦作虆同　君子下遐嫁
反　翩翩音篇　者鵻音隹本亦作隹　又復扶又反下同　南山有臺
臺夫須也　能爲如字又于僞反　有萊音來草也　夫須音符　樂樂上音岳下
音洛　無疆居良反　有杞音起草木疏云其樹如樗一名狗骨　栲音考山樗也
杻女久反檍也　山樗勑居反　檍也音憶　枸俱甫反枳枸也　楰音庾鼠梓
楸屬　枳枸諸氏反　黃耇音苟壽也　保艾五蓋反養也沈音刈　由庚
崇丘　由儀此三篇義與南陔等同依六月序由庚在南有嘉魚前崇丘在南山有臺
前今同在此者以其俱亡使相從耳　乃間古莧反　蓼蕭音六蓼長大貌蕭蒿也
外薄音博諸本作外敷注音芳夫反　四海九夷八狄七戎六蠻也海者晦也地險言其去中國險遠稟政
敎昏昧也　五長張丈反　湑兮息敘反湑湑露貌　長大如字又張丈反　不
爲于僞反　朝見直遥反下賢遍反下燕見同　瀼瀼如羊反徐又乃剛反露蕃貌

蕃貌音煩　被皮寄反　泥泥乃禮反霑濡也　豈開在反本亦作愷下同樂也後豈弟放此　弟如字本亦作悌音同易也後皆放此　樂也音洛下篇同　易也夷豉反　濃奴同反又女龍反厚貌　鞗革徒彫反轡也　沖沖直弓反徐音同又音勑弓反垂飾貌

在軾音式　在鑣彼苗反　湛露直減反湛湛露茂盛貌　不晞音希乾也

厭厭於鹽反安也韓詩作愔愔和悅之貌　是渫息列反　飲桓公於鴆反

其椅於宜反木名也　陔節古哀反字亦作祴音同戒也　彤弓徒冬反彤弓赤弓也以講德習射　所愾苦愛反很也杜預云很怒也說文作鎎火既反云怒戰也　玈弓音盧黑弓也本或作旅字訛　弨兮尺昭反弛貌說文云弓反也字林充小反　弛貌式氏反

大飲於鴆反　樂也音洛　右之毛音又勸也鄭如字薦右也　卒爵遵律反本或作啐者誤也啐音七內反　櫜之古刀反韜也　韜也本又作弢吐刀反弓衣也

好之呼報反悅也　說也音悅　醻之本又作酬市由反毛報也鄭厚也勸也　賓酢才洛

反　**菁菁者莪**上子丁反下五何反菁菁盛貌莪蘿蒿也　**能長**張丈反下注並同

喜樂音洛下并注同　**選士**雪戀反　**中沚**音止　**汎汎**芳劒反　**則**

休虛虬反美也　**六月**從此至無羊十四篇是宣王之變小雅　**和樂**音洛篇末注同

缺矣苦悅反　**蓄積**勑六反　**隊矣**直類反　**諸夏**戶雅反　**棲棲**

音西簡閱之貌　**既飭**音勑正也依字從力脩飾之字從巾不同也今人食邊作芳以爲脩飭之字借作勑

音非　**騤騤**求龜反　**簡閱**音悅　**孔熾**尺志反盛也　**比物**毗志反齊同也

有顒玉容反大貌說文云大頭也　**有嚴**如字威也　**共武**鄭如字注下同王徐音恭

犖師所類反下將帥同後篇放此　**匪茹**如豫反徐音如度也　**焦穫**音護焦穫周地

爾雅十藪周有焦護　**侵鎬**胡老反鄭云北方地名王云京師　**茹度**徒洛反下同　**織文**

音志又尺志反注同　**白茷**本又作旆蒲貝反繼旐曰茷左傳云蒨茷是也一曰旆與茷古今字殊　**央**

央音英鮮明也或於良反下篇同　**徽織**音輝　**將帥**子亮反下大將同後篇將帥放此

皆著知略反　十乘繩證反　啓行戶郎反注前行同　夏后戶雅反　輊竹二反摯也　鉤古侯反　股音古今經注作鞶無股字　以先蘇薦反　敵陳直覲反　飲　佶其乙反又其吉反毛正也鄭壯健貌　摯也音至　大原音泰　飲御於鳩反注同　魚白交反徐又甫交反　鼈畢滅反　膾鯉古外反　釆芑音起菜也徐又求己反　菑側其反田一歲曰菑郭云反草曰菑　曰畬音餘田三歲曰畬　莅止本又作涖音利又音類沇力二反臨也　扞也胡旦反　千乘繩證反下一乘同　士卒子忽反下皆同　羨卒錢面反餘也又徐薦反　有奭許力反赤也　簟茀音弗車蔽也　鞗革音條　樊纓步干反馬大帶　約軝祁支反廣雅云轂篆　錯衡如字沇七故反　瑲瑲本亦作鎗七羊反徐七羨反聲也　朱茀本又作芾或作紱皆音弗下篇赤茀同　有創本又作瑲亦作鎗同皆七羊反　蔥珩音衡　煌煌音皇又音晃　朱衣裳本或作朱衣纁裳纁衍字　鴥彼唯必反　鉦人音征說文云鐃也又云鐲也　鞠

旅居六反告也　將戰此如字餘並子匠反　闐闐徒顛反　長幼張丈反下之長
同　蠢爾尺允反動也爾雅不遜也　執訊音信　嘽嘽吐丹反衆也徐音他　焞焞
吐雷反又他屯反本又作啍同盛也　霆音廷徐音挺又音定　無罷音皮　車攻攻堅
外攘如羊反除也却也　之竟音境　器械戶戒反三蒼云械總名也說文云無所盛
曰械　復會扶又反　而選宣兖反數也沈思戀反下同　齊豪戶刀反依字作毫也
龐龐鹿同反徐扶公反充實也　甫草毛如字大也鄭音補謂圃田鄭藪也　大艾魚廢反
禍纏音曷　爲槷魚列反何魚子反門中臬　鞶音計劉兆注穀梁云繼也本又作擊音同
或古歷反　之左者之左一本無上之字下句亦然　而射食亦反　抗苦浪反舉
也　大綏本亦作緌同而隹反下同　出頃苦穎反　甫田舊音晡十藪鄭有圃田下同毛
依字甫大也　囂囂五刀反或許驕反聲也　唯數所主反　搏獸音博舊音付
今近附近之近　金舄音昔　有繹音亦陳也　時見賢遍反下同　史

本又作決或作抉同古穴反鉤弦也　既佽音次利也說文子利反云便利也　比次毗志反

舉柴子智反又才寄反積也說文作㧘士賣反　不中丁仲反下中者同　不猗於寄反又於綺反　舍矢音捨　如椎直追反　不讙音歡又音喧　譁也音花

大庖蒲茅反　左膘頻小反又扶了反三蒼云小腹兩邊肉也說文云脅後髀前肉也本亦作髀蒲禮反或又作髃　射之食亦反下射左髀同　右腢本亦作髃音愚又五厚反謂肩前也說文同郭音偶謂肩前兩間骨何休注公羊自左膘射之達于右腢中心死疾鮮潔也又五回五公二反　射右耳食亦反　左髀本又作髀方爾反又薄禮反謂股外　右䯚餘繞反又胡了反謂水膁也字書無此字一本作髂音羊紹反又羊招反呂忱于小反本或作膘　踐毛子淺反　有聞音問注同本亦作問

讙呼端反又作諠　譁音花　去穀起呂反　大平音泰　吉日

伯馬祖也　禱丁老反馬祭也說文作禂　爲之于僞反　既差初宜反又初佳反擇也　麀鹿音憂鹿牝曰麀　麌麌愚甫反說文作噳云麇鹿羣口相聚也鄭云麕牡曰麌麌復麌

言多也　麀牝頻忍反徐扶盡反又扶死反　麜牡本又作麇俱倫反下音茂　麌復又扶反　沮七徐反　其祁毛巨私反又止之反大也鄭改作麎音辰郭音脤何止尸反沈市尸反　麋巳悲反　儦儦本作麃又作爊表驕反趨也廣雅云行也　俟俟音士行也徐音矣　或羣或友獸三曰羣二曰友　之射食亦反　既挾子洽反又子協反又戶頰反　小豝音巴豕牡曰豝　殪於計反　大兕徐履反本又作光　能中丁仲反

鴻鴈之什第十八○舊脫此題今補

鴻鴈　勞來力報反下力代反　矜寡本又作鰥同古頑反徐又棘冰反篇內矜寡同老無妻曰矜老無夫曰寡　肅肅所六反本或作翻同羽聲也　劬勞其俱反注及下文同韓詩云數也毛云疾苦也　王使所吏反　矜人棘冰反　偏喪息浪反　欲令力呈反　賙音周救也　餼之許氣反　去其上呂反　于垣音袁　百堵丁古反　其究居又反窮也　嗸嗸本又作嗷五刀反聲也　庭燎力照反徐又力燒反大燭也鄭云在地曰燎執之曰燭又云樹之門外曰大燭

於內曰庭燎皆是照衆爲明 箴之之金反諫諱之辭 將朝直遥反下皆同 何其音基
辭也下皆同 未央於良反毛云且也鄭云猶言夜未渠央也説文云久也已也王逸注楚辭云央盡也
將將七羊反本或作鏘注同 且也七也反又子徐反又音旦經本作旦 鸞鑣表驕反又必苗
反 未渠其據反 未艾毛五蓋反云久也鄭音刈云芟末曰艾 晣晣本又作哲之世
反明也 噦噦呼會反徐呼惠反徐行有節也 芟末所銜反 夜先悉薦反
鄉晨許亮反字又作嚮 有煇音暉毛云光也 其旂音祈亙幾反 別色彼列反
沔水緜善反沔流滿也徐莫顯反 朝宗直遥反注皆同 春見賢遍反下夏見同
鴥彼惟必反 飛隼息尹反 湯湯失羊反波流盛貌 復不扶又反 不
蹟井亦反 弭忘彌氏反止也下音亡 好詐偽呼報反 毀惡烏路反
鶴鳴草木疏云鶴鳴聞八九里 九皐音羔澤也韓詩云九皐九折之澤 聲聞音問下同 數
至色主反 則見賢遍反 治平直吏反 樂彼音洛沈又五孝反注及下同 一

爰有音表　檀音壇　維蘀音託落也　之觀古亂反下同　朝廷直遙反

它山古他字　爲錯七落反說文作厝云厲石也字林同千故反　琢玉陟角反

穀工木反說文云楮也從木㱿聲非從禾也毛云惡木也以上章上檀下蘀類之取其上善下惡故知穀惡木也　祈勤衣反　父音甫下同圻父司馬也掌封圻兵甲者　若𠷎此古疇字本又作壽案孔注尚書直留反馬鄭音受　爲王于僞反下母爲父同　底止之履反至也　亶不都旦反誠也　不得供九用反　養也羊亮反　白駒馬五尺以上曰駒

皎皎古了反潔白也　場苗直良反　縶之陟立反絆也徐丁立反　絆也音半繫足曰絆　於焉於虔反又如字下同　作繄烏兮反　場藿火郭反　賁然彼義反飾也徐音奔鄭云山下有火賁毛鄭全用易爲釋　逸樂音洛　遯思字又作遁徒遜反徐徒損反　度己待洛反下音紀　訣之音決　生芻楚俱反　毋金音無本亦作無毋字與父母之字不同宜詳之他皆放此

黃鳥　聯兄弟音連　無啄陟角反

妃匹音配　于栩況甫反　我行其野　蔽芾必制反徐又方四反　芾方味反蔽芾葉始生貌　其樗勑書反惡木也　其蓫勑六反本又作蓄毛惡菜也鄭牛蘈也　牛蘈本又作蘈徒雷反　其葍音福毛惡菜也鄭葍也　葍音富　嫁女女不思女並音汝　肯塍音孕又繩證反　亦祇音支適也　可惡烏路反　斯干干澗也　皆佼古卯反　而釁許靳反　落之如字始也或作樂非　秩秩直乙反流行貌　干澗音諫　相好呼報反　猶矣毛如字道也鄭改作瘉羊主反病也　詢病呼豆反　似毛如字嗣也鄭音巳午之巳　妣祖必履反　姜嫄本或作原音同　西鄉本又作嚮同許亮反下同　安樂音洛　閣閣音各猶歷歷也　椓之陟角反擿土也　槖槖音託用力也本或作柝　縮所六反　擿呂忱丈牛反沈呂菊反說文音勑周反引也從手留聲　攸除直慮反去也　攸芋毛香于反大也鄭作幠火吴反覆也或作吁　弘殺所界反　堅致直置反本亦作緻同　相稱尺證反　如

跂音企　跂竦粟勇反　斯棘居力反毛稜廉也鄭云戟也韓詩作朸朸隅也旅即反
斯革如字翼也韓詩作䩐云翅也　稜廉力登反　挾弓子沓反又子協反又音協
其肘張久反　翬音輝雉名說文云大飛也　攸躋子西反升也　殖殖市力反平
正也　噲噲音快　其正音政長也　噦噦呼會反　其冥毛莫形反幼也鄭莫定反夜也
正長王丁丈反崔直良反　冥幼王如字本或作窈崔音杳　熠熠音謂呂忱云火光貌
下莞音官徐又九還反草叢生水中莖圓江南以爲席鄭云小蒲席也形似小蒲而實非也　乃鋪
普吳反又音敷　以樂音洛本亦作落　應人應對之應　維熊于弓反　維羆彼宜
反　維虺許鬼反　維蛇市奢反　大人音泰後大人同　載衣於既反注衣以裳下
衣之裼同　璋音章半圭曰璋　喤喤音橫華彭反沈又呼彭反聲也　朱芾音弗　煌煌
音皇　裼他計反褓也韓詩作禘音同　褓也音保齊人名小兒被爲褓　紡芳罔反　塼
也音專本又作專　母詒本又作貽以之反遺也　罹本又作離力馳反憂也　無遺唯季

反一　無羊　其犉本又作犉而純反黃牛黑脣曰犉　濈濈本又作䎸亦作戢莊立反　美畜許又反　濕濕始立反又尸立反又處立反　呞本又作齝亦作齝丑之反一音初之反郭注爾雅云食已復出嚼之也今江東呼齝爲齥音漏洩　或訛五戈反徐又五何反動也韓詩作謞謞覺也　何河可反又音河下及注同　蓑素戈反草衣也　何笠音立　其餱音侯　何揭音竭又其謁反　索則色白反　以蒸之丞反薪也　搏禽音博下同亦作捕音步　競競其冰反　不騫起虔反　麾之毀皮反　以肱古弘反臂也　擾馴音巡又常遵反　旄維音兆　旟矣音餘　以養羊亮反下同　相供九用反　溱溱側巾反衆也

節南山之什第十九從此至何草不黃凡四十四篇前儒申毛皆以爲幽王之變小雅鄭以十月之交以下四篇是厲王之變小雅漢興之初師移其篇次毛爲詁訓因改其第焉

節南山在切反又如字又音截下及注同高峻貌韓詩云視也　家父音甫注及下同　巖

巖如字本或作嚴音同　赫赫許百反　如惔徒藍反又音炎燔也韓詩作炎字書作焱說文作炎字才廉反小爇也　大師音泰下皆同　燔也音煩　脅下許業反本又作脇　卒子律反　不監古銜反注同視也韓詩云領也　斷也都緩反　其猗於宜反毛云長也鄭云倚也　倚也於綺反下同　山畎本亦作甽古犬反　薦徂殿反重也注及下篇注同　瘥才河反病也　重也直用反下同　疫病音役本又作疢勑覲反　長幼張丈反　噆莫本或作憯七感反曾也　弔唁音彥服虔云弔生曰唁　之氏丁禮反毛云本也徐云鄭音都履反　是毗婢尸反毛厚也鄭輔也王作埤埤厚也　卑民本又作俾同必爾反後皆放此　桎之實反又丁履反礙也本有作手旁至者誤也　鎋字又作轄胡瞎反　不弔如字又丁歷反至也下同　昊胡老反　空我苦貢反注同窮也　愬之蘇路反本亦作訴下同　勿罔毛如字鄭音末　式已毛音以鄭音紀　殆近附近之近又如字下同　瑣瑣素火反小也本或作璅非也璅音早　亞於嫁反　膴仕音武厚也　不

傭勑龍反均也韓詩作庸庸易也　鞫九六反盈也　訩音凶訟也　大戾音麗乖也　之行下孟反　乖爭爭鬬之爭下皆同　傚爲下敎反　如届音戒毛極也鄭至也　酲音呈病酒曰酲也　心闋苦穴反息也　易也以豉反下同　反復音服本又作覆芳服反　爲用于僞反又如字　蹙蹙子六反縮小也王七歷反　所騁勑領反極也　縮小所六反　日見而乙反　相爾息亮反注同視也　矛矣亡侯反戈矛也　既懌音亦服也　相酬市由反又作醻　夷說音悅下同　其已音以　酢也音昨　覆怨芳服反　正長張丈反　邪心似嗟反　家父音甫　爲王于僞反　式訛五戈反　以畜許六反　正月音政夏之四月也四月純陽用事故曰正月　繁霜扶袁反多也　夏之胡雅反下同　建巳音似　心爲于僞反　行酷苦毒反　癙憂音鼠病也字林癙音恕　以痒音羊病也　我瘉音庾病也　不長張丈反下正長佀長長者皆同　莠言餘久反醜也　惸

惸本又作煢其營反憂意也一云獨也篇末同　幷其必正反注幷制同　圜土音圓圜土獄也　是難乃旦反下之難同　侯蒸之丞反　之處昌慮反下之處同　朝廷直遙反下皆同　夢夢莫紅反亂也沈莫滕反韓詩云惡貌也　弗勝毛音升乘也鄭尸證反　尚復扶又反篇末同　作繄烏兮反　憎惡烏路反　蓋卑本又作庳同音婢又必支反　之行下孟反　訩之本又作詾音信問也　別異彼列反　不局本又作跼其欲反曲也　不蹐井亦反徐音積累足也說文小步也　維號音豪注同　雷霆音庭又音挺　陷淪音倫又倫峻反　怖普故反　號呼火故反　爲誣音無　虺暉鬼反　蜴星歷反字又作蜥螈也　螈也音元　阪田音反又扶版反　有菀音鬱茂也徐又於阮反　崎起宜反　嶇丘俱反　墝苦交反　埆戶角反又苦角反又音角　在閒音閑　辟匹亦反　扤我五忽反徐又音月動也　逡疾音峻　謷謷本又作慠五報反沈五刀反　燎之力詔反徐力燒反　炎熾尺志反　熛怒必遙

反**褒**補毛反國名**姒**音似毛云姓也鄭云字也**威之**呼悅反齊人語也字林武劣反說文云從火戌聲火死於戌陽氣至戌而盡本或作滅**鎬**胡老反**又窘**求殞反毛困也鄭仍也字林巨畏反**泥陷**乃計反**遠賢**于萬反**爾載**才再反注及下同**將伯**七羊反注將請也皆同**輸墮**許規反本又作墮待果反**數也**音朔下同**負于**音云益也**輻**方六反**婁顧**力住反數也又作屢**于沼**之紹反池也**克樂**音洛注同**之炤**音灼之若反**易見**夷豉反下如字又賢遍反**慘慘**七感反戚戚也**戚戚**千歷反**嘉肴**本又作殽戶交反**洽比**毗志反**孔云**本又作員音同毛旋也鄭友也**慇慇**音殷又於謹反痛也**佌佌**音此小也說文作佌音徙**蔌蔌**音速陋也**方穀**本或作方有穀非也**而窶**其矩反一音慮**夭**於兆反又於遙反災也**是椓**陟角反**哿**哥我反可也**十月之交　刺幽王**毛如字鄭改爲刺厲王從此至小宛四篇皆然**節刺**在結反**皇父**音甫後皇父皆同**惡褒**烏路反**番也**

方袁反徐甫言反本或作潘音同韓詩作蘩下同　夏八戶雅反　政治直吏反　煜
煜于輒反震電貌　沸騰甫味反沸出騰乘也　崒舊子恤反徐子綏反鄭云崔嵬也宜依爾雅音
沮恤反本又作卒　山頂丁冷反　崔徂回反爾雅作厜才規反　嵬五回反爾雅作巖五規反
處昌呂反　胡憯七感反曾也亦作慘　聚子側留反　蹷俱衛反　趣
馬七走反注同趣馬官名掌王馬之政　楀音矩弓禹反　豔妻餘贍反美色曰豔毛云豔妻褒姒鄭
云豔妻厲王后　煽音扇熾也說文作傓云熾盛也　方處一本作熾　熾尺志反盛也　后嬖
必計反　司朝直遙反下同　擅市戰反　抑此如字辭也徐音噫韓詩云意也
汙音烏注同　萊音來　噫於其反下同　令我力呈反　趣農七住反本又作趨七
俱反　不戕在良反殘也王本作臧臧善也孫毓評以鄭爲改字　下共音恭本亦作供　于
向式亮反邑名下及注同　亶都但反信也　多藏才浪反注同　知厭於鹽反
不憖魚覲反爾雅云願也強也且也韓詩云誾也　強之其丈反　黽勉民允反本

又作偭同　囂囂五刀反衆多貌韓詩作嗸嗸　之孽魚列反妖孽　噂子損反說文作僔云聚也　沓本又作沓同徒荅反　背憎蒲妹反注同　天隋徒火反　我里如字毛病也鄭居也本或作瘥後人改也　之痗莫背反又音悔本又作悔病也　有羨徐箭反餘也　敢傚戶教反　雨無正音政　浩浩古老反又胡老反　昊天胡老反　不駿音峻長也　饑饉其靳反　更相古衡反　昊天疾威密巾反本有作旻天者非也　威恐起勇反　舍彼音赦除也一音捨　淪胥上音倫率也下息魚反相也　以鋪普烏反徧也王云病也　鋪徧音遍下同　于彘直例反　我勩夷世反勞也又音曳　正長張丈反下同　無復符富反　罷勞音皮　朝夕直遙反舊張遙反　覆芳服反　不退徐音退本又作退　曾在登反　暬御思列反　憯憯千感反　日瘁徂醉反病也　之畜勑六反　餼許氣反　用訊音信徐息悴反告也又音碎　排步皆反　惡直烏路反　是出尺遂反音毳

處休虛虯反注同　風切福鳳反　剴微古愛反又古哀反一音祈　不悖補對反
遻五故反本亦作逆　順說音悅　急笮本又作迮側格反　鼠思息嗣反注憂思　敷撫扶
同　爲其于僞反　距止本又作岠音巨　一　小旻武巾反下同
反　徧知音遍　回遹音聿僻也韓詩作歈義同　斯沮在呂反毛壞也鄭止也
邪也似嗟反　僻也匹亦反下同　不憖七全反改也沈又七旬反　覆用芳服
反　之邛其凶反病也　潝潝計急反　訿訿音紫爾雅云潝潝訿訿莫供職也韓詩云
不善之貌　稱其尺證反一本作稱乎　胡底之履反至也　背違音佩　旣厭
於豔反注同　簸數音朔　不復扶又反　占繇音胄　不中丁仲反　莫
適音的　訩訩音凶　泩當丁浪反　跬步缺氏反舉足曰跬　動軔音刃
礙車木也字林如戰反　則泥乃麗反　不潰戶對反遂也　或否方九反徐音鄙
靡膴王火吳反大也徐云鄭音謨法也又音武沈音無韓詩作靡腜猶無幾何　或艾音刈治也

艾治也直吏反下音同 有知者音智 馮河符冰反陵也徒涉曰馮河 徒搏音博 兢兢己冰反 恐也上勇反 恐隊直類反本又作墜下篇同 小宛於阮反小貌 翰飛胡旦反高也 鶻音骨 鵰陟交反何音彫字林作鶻云骨鵰小種鳩也草木疏云鳴鳩班鳩也 温克王如字柔也鄭於運反蘊藉也 温藉在夜反又慈夜反 又復扶又反下同 有菽音叔 藿也火郭反 螟亡丁反 蛉音零螟蛉桑蟲也俗謂之桑蟃一名戎女蟃音萬 蜾音果 蠃力果反蜾蠃蒲盧也即細䙳蜂俗呼蠮螉是也蠮於結反螉音翁 煦況甫反又況具反 嫗紆甫反又紆具反鄭注禮記云以氣曰煦以體曰嫗 題彼大計反視也 脊令音零本亦作鶺鴒注同 自舍音捨 視睇大計反 我日而乙反下同 視朝直遥反 毋忝音無下他簟反字林他念反 桑扈音戶 場大良反 啄粟陟角反 竊脂音切 之治直吏反 填寡徒典反盡也韓詩作疹疹苦也 宜岸如字訟也韋昭注漢書同韓詩作犴音同云鄉亭之繫曰犴朝廷曰獄 握於角反

惴惴之瑞反　恐隕上勇反下于敏反　小弁步干反樂也下同　大
子音泰注大子皆同　之傳音付　鸒音豫　斯鸒斯鴨居也一名雅烏小而腹下白不反
哺者謂之雅烏說文云雅楚烏也一名鸒一名鴨居秦謂之雅一云斯語辭　提提是移反羣飛貌
樂音洛下同　畀居本亦作鴨同音匹又必移反　于罹力知反憂也　王取七住
反　大子音泰　又說音悅　日號上而乙反下戶刀反　旻天亡巾反
踧踧徒歷反平易也　鞫爲九六反窮也　平易夷豉反　惄焉乃歷反思也
如擣丁老反心疾也本或作𢻮同韓詩作疛除又反義同　疢如敕覲反病也又作疹同　不
脫本亦作稅吐活反一音始銳反　與梓音子木名　不屬音燭徐音蜀　于裏音里
長大丁丈反　胞音包　胎他來反　菀彼音鬱　鳴蜩音條蟬也　嘒嘒
呼惠反蟬聲也　有漼于罪反深貌　萑音丸　葦韋鬼反　淠淠徐孚計反又匹計反衆也
譬彼匹致反下同　所屆音戒至也　伎伎本亦作跂其宜反舒貌　朝

雊古豆反雊雉鳴也　妃匹音配　壞木胡罪反又如字瘣也說文作瘣云病也一日腫旁出也又音同　瘣也胡罪反木瘤腫也爾雅云瘣木苻婁郭云尫傴瘻腫無枝條也　相彼息亮反

投兔他故反　或先蘇薦反　或墐音覲路冢也說文作殣云道中死人人所覆也

先敺起俱反又作驅同　涕音替　隕之音蘊　隊直類反　讎之市由反

掎矣寄彼反　拖矣勑氏反又宅買反徐又直是反觀其理也　踣之蒲北反

挫折子臥反　舍彼音捨注同又音赦　之佗吐賀反加也注同　莫浚蘇俊反深也

黙存本亦作嘿亡北反　無易夷豉反　耳屬音燭注同　于垣音袁

我笱音苟　不閱音悅容也　高叟素口反　關弓烏環反下同本亦作彎

而射食亦反下同　夫高音符　磯也居依反又古愛反一音祈　復有扶又反

巧言　曰父母且徐七餘反協句應爾觀箋意宜七也反　此憮火吳反下同毛大也鄭傲也

思也息嗣反下同　憮傲五報反下同本又作敖　愬王音素

大憮音泰本或作泰徐勑佐反　僭始毛側蔭反數也鄭又子念反不信也　既涵毛音含容也鄭音咸同也韓詩作減減少也　僭數音朔下同　不別彼列反　遄市專反疾也　沮辭呂反止也　如祉音恥福也　遄已音以　屢盟本又作婁力住反數也　用長丁丈反又直良反　相要於遙反　屢數音朔　相背音佩　時見賢遍反下同　用餤沈旋音談徐音鹽　止共音恭本又作恭　之邛其恭反病也　好爲呼報反　不共音恭本亦作供　又爲于僞反　奕奕音亦大也　予忖本又作寸同七損反　秩秩音帙　莫之如字又作漠同一本作謨案爾雅漠謨同訓謀莫協韻爲勝　度之待洛反注皆同　躍躍他歷反　毚士咸反狡兔也　遇犬如字世讀作愚非也　進知音智　狡兔古卯反　馴者音旬又音脣　荏而甚反　染音冉　數之所主反注同　椅桐於宜反　梓漆上音子下音七　蛇蛇以支反淺意也　其行下孟反　如簧音黃　之麋本又作湄音眉水草交曰麋　惡之烏路

反　無拳音權力也徐又巳袁反　易誅夷豉反　且尰市勇反腫足也　骭戶諫反脚脛也　瘍音羊本亦作傷音同創也　腫足諸勇反　幾何居豈反注同　大多音泰又如字　倐能音素　何人斯　女與音豫下疑其與之女與於譖皆同　大切音泰　由己音紀　唁我音彥　見王賢遍反　得譴遣戰反　女即音汝下注同　今日而乙反　於己音紀　睹女丁古反本又作覩　不媿九位反或作愧　飄風避遥反疾風也沈又方消反　祇音支適也　攪交卯反亂也　亟行紀力反疾也　脂音支　其盱況于反病也　心易夷豉反注同韓詩作施施善也　否難方九反不通也一云鄭符鄙反　俾我必爾反　祇祈支反毛病也鄭安也一云鄭上支反　說也音悅下同　解說音蟹　女與音豫　復難扶又反下章同　壎況袁反土曰壎　篪音池竹曰篪　相應應對之應　和胡卧反　如貫古亂反　諒音亮信也　以詛側助反以禍福之言相要曰詛　比次毗志反　繩

索素洛反　爲其于僞反　欲長如字又張丈反　蜮音或沈又音域短狐也狀如鼈
三足一名射工俗呼之水弩在水中含沙射人一云射人影　有靦土典反姡也　姡戶刮反面
醜也　㠯極音以古以字本作以　巷伯官名也　寺人如字又音侍　巷
伯奄於檢反　官本或將此注爲序文者　相近附近之近下近嫌同　萋兮七西反
斐兮孚匪反本或作菲萋斐文相錯也　餘蚳直基反貝黃白文曰餘蚳　大甚音泰注同
徐勑佐反　哆昌者反大貌說文云張口也玉篇尺紙反又昌可反　侈兮尺是反又式是反
辟嫌音避下同　釐婦力之反寡婦也依字作嫠　放乎甫往反　蒸盡之升反
縮屋所六反又作樎同　閒居閒側之閒又音閑　嫗紆甫反又紆具反本或作煦況甫反
踵章勇反足根也　狹音洽　誰適如字往也王徐皆都歷反下同　緝緝七立反口舌聲
也說文作咠云聶語也又子立反　翩翩音篇往來貌字又作扁　惡其烏路反　捷捷
如字又音妾　幡幡芳煩反　訕也所諫反又所姧反　倉卒寸忽反　誹女

方味反　**投畀**（必二反下同）　**豺**（士皆反字或作犲）　**猗于**（於綺反徐於宜反加也）

作爲此詩（一本云作爲作詩）

谷風之什第二十

谷風（音穀東風謂之谷風）　**將恐**（上勇反注下同）　**與女**（音汝）　**遭厄**（本又作阸於革反）　**難**（乃旦反）　**將樂**（音洛注下皆同）　**頹**（徒雷反風之焚輪）　**而上**（時掌反）

寘子（之豉反置也）　**崔**（徂回反）　**嵬**（五回反崔嵬山巔也又作峞）　**不萎**（於危反）

生長（張丈反下同）　**槁者**（苦老反）　**切磋**（七河反）　**蓼莪**（上音六下五河反蓼蓼長大貌）　**終養**（餘亮反注除鞠養也穀養也二字餘並同）　**伊蒿**（呼毛反）　**長大**（張丈反下皆同）

憂思（息嗣反）　**伊蔚**（音尉牡菣也）　**牡菣**（去刃反）　**勞瘁**（似醉反病也）

缾之（蒲丁反）　**罄矣**（苦定反盡也）　**維罍**（音雷）　**鮮民**（息淺反寡也）

供養（九用反）　**何怙**（音戶韓詩云怙賴也）　**何恃**（恃負也）　**拊我**（音撫）　**畜**

喜郁反 顧音故 反覆也芳福反 飄風遙遙反後篇同本又作票 卒子恤
反終也 重自直用反 大東 譚徒南反國名 饛音蒙滿也 簋音軌
飧音孫熟食也 有捄音虯又其牛反長貌下章同 棘匕必履反 饔於恭反 施
予始豉反 如砥之履反 共之音恭本又作恭 睠言音卷本又作眷 潸
焉所姦反涕下貌說文作潸云涕流貌山晏反 出如字徐尺遂反 涕音體 爲之于僞反
杼直呂反說文云盛緯器 柚音逐本又作軸 斂之力豔反後同 糾糾居黝反 葛
屨九具反 佻佻徒彫反徐又徒了反沈又徒高反獨行貌韓詩作嬥嬥往來貌並音挑本或作窕非
也 周行戶郎反注周行下載施之行并注同 轉餫音運 心疚音救病也 有
冽音列寒意也 氿泉音軌泉側出也字又作晷 無浸子鴆反漬也字又作浸 穫薪戶郭反毛
刈也鄭落木名也字則宜作木旁 契契苦計反徐苦結反憂苦也 憚人丁佐反徐又音旦勞也下
同字亦作癉 濕腐音輔朽也 畜之勑六反 不來音賚注同勤也 熊羆

下彼皮反　舟檝音接字又作楫　相近附近之近下同　使搏音博　冥氏莫歷

反　百僚力彫反字又作寮同　鞙鞙胡犬反玉貌字或作琄　佩璲音遂　監古暫

反視也　闓置音開字亦作開　跂彼說文作攱巨鼓反徐又巨婢反隅貌　更其音庚

歷也　睆彼華板反明星貌　服箱息羊反車箱也　何鼓胡可反又音河何鼓星名

牝服頻忍反　簸揚波我反徐又府佐反　有斗都口反沈音主　挹音揖斢也

斢也矩于反廣雅云酌也本又作斢　載翕許急反毛合也鄭引也　柄彼病反　揭

居竭反徐起謁反　四月　國構古豆反　患難乃旦反　淒淒本亦

作棲七西反涼風也　百卉許貴反草也　具腓房非反病也韓詩云變也　瘼矣音莫病也

其亟紀力反　養其餘亮反　蹂踐如久反廣雅云履也　令不力呈反

蕃茂音煩　與受音豫　廢爲如字忕也一音發　忕時世反下同本作廢大也此一

是王肅義　其行下孟反下之行同　相彼息亮反視也注同　曷云舊何葛反鄭云

何也一云毛安葛反　滔滔吐刀反大水貌　長理張丈反　盡瘁本又作萃似醉反病

也下篇同　鶉徒丸反鵰也字或作鷙　鳶以專反鴟也　鱣張連反　鮪于軌反

鵰也音彫　蕨居月反　桋本亦作荑音夷　枸音苟檵音計　赤楝所革

反爾雅云楝赤楝郭霜狄反　北山　役使如字　己勞音紀下注喻己同　靡盬音古

養其餘亮反　其杞音起　偕偕音皆強壯也徐音諧說文云強也

溥天音普大也　之濱音賓涯也　涯也魚佳反字又作崖　傍傍布彭反不

得已也　鮮我息淺反沈云鄭音仙　得已音以　叫本又作噭古弔反呼也　號戶報

反召也協韻戶刀反　慘慘七感反字亦作懆　棲遲音西　偃卬音仰本又作仰　鞅

掌於兩反何也　猶何戶可反又音河　捧之芳勇反　或湛都南反　樂音洛

畏咎其九反　風音諷放也　議如字協句音宜　無將大車　祇自

音支適也　憂累劣僞反篇末同本或作辱　疧兮都禮反病也　不任音壬　惌

負起連反　冥冥莫庭反又莫迴反　令無力呈反　于頹古迴反沈又古頃反光也　雍兮於勇反字亦作壅蔽也又於用反　自重直龍反又直用反累也　小明　艽野音求艽野遠荒之地　則更音庚　大苦音泰　共人音恭注下皆同　罪罟音古網也　方除直慮反如字案鄭云四月爲除若依爾雅則宜餘舒二音　云莫音暮注及下同　憚我丁佐反勞也徐又音旦亦作癉同　睠睠音眷　譴弃戰反　怒乃路反　方奥於六反煖也　煖音暄又奴緩反　愈蹙子六反促也　穫戶郭反　菽音叔　詒遺唯季反下同　我冒莫報反又亡北反　反覆芳福反注同　好是呼報反注同　之處昌慮反　爲治直吏反　若祐音又本或作右又作佑並同　介爾音界　鼓鍾　將將七羊反聲也注同　湯湯音傷流盛也下注同　德比毗志反　爲之于僞反下同　犧象素何反犧象皆罇名王音義　喈喈音皆　湝湝戶皆反　回邪似嗟反　鼛古毛反大鼓長丈二尺

妯勑留反徐又直留反毛動也鄭悼也郭音爾雅盧叔反又音迪　不猶如字若也鄭改作瘉羊主反病也　之樂音岳　四縣音玄　以籥以灼反樂器　不僣七念反沈又子念反又楚林反　韎本又作昧音妹又莫戒反東夷樂名　曰禁居蔭反北夷樂名　楚茨徐咨反楚楚茨棘貌茨蒺藜也　田萊音來田廢生草曰萊　言抽勑留反徐直留反　我蓺魚世反　蒺音疾　藜音棃一音黎　與與音餘蕃廡貌注同　露積如字又子賜反　蕃音煩　廡音無又音武　以妥湯果反安坐也　以侑音又勸也　神坐才臥反　爲其于偽反　濟濟子禮反大夫之容也　蹌蹌七羊反士之容也　或亨普庚反飪之也注同　或肆音四陳也　飪之本又作腍而甚反　將齊才細反下或齊同　解剥上佳買反下邦角反　有肆他歷反解肆也　奉持芳勇反又如字　于祊補彭反門內也說文作䰃云門內祭先祖所彷徨也　之處昌慮反　皇暀于況反下篇同　無疆居良反下篇同　竟界音境　執爨七亂反注唯言爨竈一字七端反餘並同　踖踖

七夕反又七略反爨竈有容也 或燔音煩 廩爨力甚反 膟音律 膋音寮脂膏

肝炙之赦反 莫莫音麥 內羞如字內羞房中之羞或作肉羞非也 適妻音的

之稱尺證反 庶胗字又作侈昌紙反何沈都可反 主共亦作供音恭 獻

醻市由反又作酬 卒度如字法也沈徒洛反 邪行似嗟反 以徧音遍下同

熯矣而善反敬也又呼但反 徂賚如字與也徐音來 受嘏古雅反 苾蒲蔑

反一音蒲必反下篇同 芬孚云反苾芬有馨香也 神耆市志反徐云又巨之反下章同

幾音機期也 卜子羊汝反下同 乃歆喜今反 女之音汝下同 既齊

王申毛如字整齊也鄭音資減取也一音才細反謂分齊也 既筐本亦作匡丘方反 擩而專

反又音芮又而純反何耳誰反 醓音海 祭禮畢禮或作祀 尸謖所六反起也

肆夏戶雅反 廢方吠反 徹直列反 去也起呂反下同 復皆扶又反

長幼張丈反 勿替天帝反 信南山 甸之毛田見反治也鄭繩

證反六十四井爲甸 **畇畇** 音匀又作畇蘇遵反又音旬墾辟貌 **墾辟** 上苦很反下婢亦反 **所佃** 音田本亦作田 **一乘** 繩證反 **雨雪** 于付反崔如字 **雰雰** 芳云反雪貌 **疆埸** 音亦下同畔也 **霡霂** 亡革反 音木霡霂小雨也 **既優** 說文作瀀音憂 **既渥** 烏學反

彧彧 於六反茂盛也 **畀我** 必寐反與也注同 **齊戒** 側皆反 **有廬** 力居反 **剝** 邦角反 **是菹** 側居反 **以便** 毗戰反 **削** 思約反 **淹** 英鉗反 **漬** 子賜反淹也 **之祜** 音戶福也 **以騂** 息營反字林許營反 **享于** 許兩反徐許亮反注及下同 **酒鬱** 雍勿反 **五齊** 才細反 **納享** 普庚反 **血膋** 音聊

中節 丁仲反 **臭** 昌救反 **無疆** 居良反

甫田之什第二十一

甫田 **倬彼** 陟角反明貌韓詩作菿音同云菿卓也 **甫之言丈夫也** 直兩反依義丈夫夫是也本又作大夫一本甫之言夫也又一本甫之言大也 **大古** 音泰 **欲見** 賢遍反

食我音嗣　賒音奢　貰音世又食夜反說文云貸也　以紓音舒何常汝反　之

蓄勑六反　芸音云沈又音運本又作耘音同除草也　耔音子沈音茲壅禾根也　薿

薿魚起反徐又魚力反茂盛也　攸介音界鄭舍也王大也　烝我之承反　髦士音毛

俊也　民鋤本又作助同仕魚反　閒暇音閑　之處昌慮反　講肆以四反字

亦作肆同　之行下孟反　齊明本又作齎又作齍同音資注同器實曰齊　犧羊許宜

反　爲五穀于僞反下爲農親爲爲之皆同　大蜡仕詐反　▲勞農力報反篇末勞

賜同　以御牙嫁反迎也注同　吹豳彼貧反本亦作邠　以樂音洛　饁彼

于輒反饋也　田畯子峻反本又作俊後篇同　至喜毛如字鄭爲饎饎酒食也尺志反下篇同　攘

其如羊反鄭讀爲饟式尚反饋也王如字　饋也巨媿反　從行才用反　禾易

以鼓反治也徐以赤反　如茨徐私反積也鄭屋蓋也　之庾羊主反　如坻直基反水

中之高地　積也如字又子賜反下皆同　有藁古老反　納稯作孔反　委

積如字又於僞反　年收手又反又如字　無疆居良反　無竟如字　大

田　矜寡古頑反注皆同字或作鰥　既種章勇反此注及下注擇種並同　可墾苦很

反　先相息亮反　土長張丈反　冒莫報反　橛其月反　覃以冉反徐又以

廉反利也　俶載眾家並如字俶音尺叔反始也載事也鄭讀爲熾菑熾音尺志反菑音緇　栗音列

鄭注周禮云讀如裂繻之裂　既皁才老反　不稂音郎又音粱童粱草也說文作蓈云根或

字也禾粟之莠生而不成者謂之童蓈也　不莠餘久反　去其起呂反注同　螟莫庭反　螣

字亦作蟘徒得反說文作蟘　蟊賊本又作蛑莫侯反爾雅云蟲食苗心曰螟食葉曰螣食節賊食根蟊

隨所食爲名郭云皆蝗類也　田穉音稚下同　秉如字執持也韓詩作卜卜報也　畀必二反與

也　炎火于沾反沈于凡反　氣贏音盈　有渰本又作弇於檢反雲興貌漢書作黤　萋

萋七西反雲行貌　興雨如字本或作興雲非也　祁祁巨移反徐也　雨我于付反注內主雨同

一本主作注雨如字　不穫戶郭反　斂穧上力檢反下才計反又子計反穧穫也　滯

穟音遂　秉把巴馬反　故矜音鰥　饋食音嗣　勞倦力報反　禋
祀音因　以享許兩反徐又許亮反　黝伊糾反黑也　瞻彼洛矣洛水名
泱泱於良反深廣貌　漑古愛反　浸水子鴆反　灌漑古亂反　韎音昧
又亡界反　韐音閤又古洽反　有奭許力反赤貌　茅如字蒐所留反　代韠音畢
任音壬　軍將子匠反下同　紨衣音緇　纁裳許云反　鞞字又作琕補頂反說
文云刀室也　琫字又作鞛必孔反佩刀鞘上飾　有珌字又作琿賓一反佩刀下飾　珧珌音遙
以蜃者謂之珧　璗徒黨反字又作瑒音同爾雅云黃金謂之璗　璆珌音虯又巨樛反又舊周反
玉也沈舉彪反又與彪反又張疇反　鐐音遼爾雅云白金謂之銀其美者謂之鐐徐何盧到反又力弔反本
又作璙亦音遼又力小反說文云玉也字書力召反　鏐珌力幽反又力幼反沈又力虯反黃金之美者郭
云紫磨金　士珕力計反說文云蜃屬　能斷丁亂反　篡初患反　殺之本亦作弒
同音試　裳裳者華裳裳猶堂堂也　諂勑檢反　湑兮思敘反盛貌

而治直吏反　遠矣于萬反又如字　我覯古豆反見也　芸其音云徐音運
微見賢遍反　有駁邦角反　四駱音洛　沃若如字徐於縛反　朝
祀直遥反下及下篇同　桑扈音戶桑扈竊脂鳥也說文扈作雇　鶯於耕反有文章也
佼佼交卯反　樂胥毛如字皆也鄭徐思敘反有才知之稱　之祜音戶　才
知音智下同　屏畢郢反　爲天下于僞反　捍音汗　患難乃旦反下患難
同　之翰戶旦反幹也　百辟音璧注同君也　之楨音貞　不戢莊立反
兕徐履反獸名　觥古橫反罰爵也以兕角爲之　其觩音虯本或作斛　其樂音洛　不
憮火吳反　敖五報反下文同　鴛鴦於袁反沈又音溫下於崗反又於良反鴛鴦匹鳥也止則
爲耦飛則爲雙　大平音泰　畢揜於檢反　性馴音巡又音脣　獺勑轄反又
他末反　戢其側立反歛也韓詩云捷也捷其噣於左也　無恐丘勇反　乘馬王徐
繩證反四馬也鄭如字下同　在廄音救　摧采臥反芻也　秣音末穀馬也　芻也楚俱

反　今莖采臥反韓詩云委也　則委紆僞反猶食也　與於音豫　齊而側皆反本亦作齋　盛饌士戀反　減焉古攬反　艾之魚蓋反養也徐音刈　緌之音土果反又如字　頍弁缺婢反著弁貌說文云舉頭貌弁皮弁　燕樂音洛卒章同燕又作宴　如雨于付反卒章同　朝服直遙反下皆同　蔦音鳥說文音弔寄生草也爾雅云寓木宛童是也　女蘿力多反在田曰兔絲在水曰松蘿又唐蒙　施于以豉反下同　奕奕音亦　說音悅懌音亦本又作繹　依怙音戶　解懌音蟹　何期本亦作其音基辭也王如字　怲怲兵命反憂盛滿也　霰蘇薦反消雪也字亦作霓　樂酒音洛　而摶徒端反　死喪息浪反　無幾居豈反注同　復幾扶又反　車舝胡瞎反車軸頭鐵也　嫉音疾又音自　妬丁故反　敗國必邁反又如字　下注同　思孌力兗反美也　有齊側皆反下同　美好之少女詩照反本亦作季女　來括本又作佸音活會也徐古闊反　覯得音冀　好友呼報反注下並同

維鷸音驕雉也　無射音亦猒也下同　射猒於豔反下同　相樂音洛

析其星歷反　柞薪子洛反析之以爲薪　滑兮思敘反茂盛也　爲其于僞反下亦爲同

必辟婢亦反又音璧　鮮我息淺反徐音仙善也　覯爾古候反　見女音汝

行如是下孟反一本無行字　仰止本或作仰之　景行下孟反注有明行同　四牡茂口反

騑騑孚非反　調均音條　有和胡臥反　慰怨也於願反王申爲怨恨之意韓詩作以慍我心慍恚也本或作慰安也是馬融義馬昭張融論之詳矣　青蠅餘仍反

營營如字往來貌說文作謍云小聲也　于樊音煩　藩也方元反一本甫煩反

汙白汙辱之汙烏路反　令力成反　遠物于萬反　愷開在反　悌音弟　樂音洛

易也以豉反　于榛士巾反又側巾反　構我古豆反韓詩構亂也　賓

之初筵音延席也　媟息列反　近附近之近　沈如字直林反字或作耽都南反　湎莫衍反飲酒齊其色曰湎徐又莫顯反

淫液音亦淫液者飲酒時情態也　情態他代反　秩

秩直乙反毛肅敬也鄭智也　折旋之舌反　知也音智下同　肴核上戶交反下戶
革反　菹醢側俱反、：　孔偕音皆　舉醻市由反　改縣音玄　既抗
苦浪反舉也　斯張如字　舉鵠戶沃反鵠鴿也說文云即鵲也小而難中又云鵠者覺也直也
射者直己志　而棲音西著也　梓人音子　烝衍苦旦反　其非祭與音餘
本作乎又作也並非　發功如字徐音廢　既比毗志反　中的丁仲反　有
勺音的質也本亦作的同　以祈音其　拾發其劫反更也　飲不於鴆反下同
其爭爭鬭之爭　籥舞余若反　烝衍苦旦反　以洽戶夾反　相應
應對之應　滌蕩徒歷反　衎樂音洛下樂其湛樂喜樂下文曰樂並同　徧至音遍
錫音析　純嘏古雅反　其湛荅南反樂也　爾能如字徐奴代反又奴來反
手仇毛音求匹也鄭讀爲斞音俱謂抯取酒　登餕子峻反　又復扶又反下皆同
手抯一入反　中者也張仲反　人無㳄也一本人作又　反反

如字重愼也韓詩作昄昄音蒲板反善貌　**曰既** 音越下是曰皆同下章放此　**幡幡** 孚袁反失威儀　**屢**

也　**舍** 音捨　**其坐** 如字徐才臥反　**屢** 力具反數也注及下同本作婁　**僊僊** 音仙　**屢**

數 音朔　**之態** 他代反　**率如此** 音類又所律反　**抑抑** 於力反愼密也　**怭**

怭 毗必反又符筆反媟嫚也說文作佖平一反、　**媟嫚** 息列反下音慢　**載號** 胡毛反注同

載呶 女交反　**僛僛** 起其反舞不能自正也注本正或作止按下傞傞是舞不止此宜爲正說文云

醉舞也　**其郵** 音尤過也　**之俄** 五何反傾也廣雅云衺也　**傞傞** 素多反舞不止也一

音倉柯反　**號呼** 火故反　**讙呶** 呼端反下女交反　**箴之** 之林反　**欲令** 力呈

反　**非惡** 烏路反　**式勿** 徐云毛如字又云用也鄭讀作慝他得反惡也　**大怠** 音泰

徐勑佐反　**勿語** 魚據反又如字　**故爲** 于僞反下同　**顛** 都田反本作傎　**佇** 何音一

音蒲北反說文云頓也　**語** 魚據反　**將恚** 一瑞反怒也　**俾出** 如字徐尺遂反　**童**

羖 音古　**脅** 許業反　**矧敢** 失忍反況也

魚藻之什第二十二

魚藻音早水草也　鎬胡老反　自樂音洛篇內唯注八音之樂一字音岳餘並同

頒符云反大首貌說文同韓詩云衆貌　著見賢遍反　豈樂本亦作愷同苦在反樂也下同

㑘心七全反改也沈又七旬反　有莘所巾反長貌　有那乃多反鄭安貌王多也

采菽本亦作叔大豆也　侮慢亡甫反　來朝直遥反篇內皆同　數

徵色角反音朔　爲合于僞反　筐之音匡　筥之音舉　以芼亡報反

則薇音微　爲藿火郭反　用鉶音刑　羹古衡反　乘馬繩證反下注車乘驂

乘同　玄袞古本反玄袞冕服　及黼音斧徐又音補　卷龍眷勉反下同本又作衮

黻音弗　絺衣知里反本又作黹同豬知反　鷩必滅反冕也　毳尺銳反　觱

音必　沸音弗觱沸泉出貌　檻泉銜覽反徐下斬反爾雅云檻泉正出正出涌出也　其芹巨斤反

反水菜也　爲菹側魚反　絜清如字一音才性反　其旂巨機反　淠淠匹弊

反徐孚蓋反又芳計反動也　嘒嘒呼惠反中節也　載驂七南反騑馬曰驂　載駟音四

所屆音界極也　中節丁仲反　諸侯將朝于王一本無于字皆以王字絕句一讀諸侯將朝絕句以王字下屬　乘乘上音承證反下音繩　赤芾音弗　在股音古脛本曰股

邪似嗟反注同　幅音福偪也如今之行縢　匪紓音舒紓緩也　所予音與　偪彼力反　大古音泰　之韠音必　上廣光曠反下同　長三直亮反

脛本胡定反　行縢徒登反　解怠古賣反　樂只上音洛下音止　申重直用反下同　禮樂樂之上音岳下音洛　維柞子洛反又音昨木名　蓬蓬步公反盛貌注同　殿天多見反填也注同　鎮陟慎反又音珍本作填　平平婢延反辯治也韓詩作便便云閑雅之貌　汎汎芳劒反　紼音弗爾雅云紼繂也繂音律　纚力馳反綏也韓詩云筰也筰音才各反　綏也如誰反　葵之其維反揆也　膍頻尸反厚也韓詩作肶注同

角弓　而好呼報反　騂騂息營反調和也沈又許營反說

文作蛸音火全反　翩其匹然反　紲息列反弓鞁也　檠音景弓匣也說文云榜也謂輔也　有裕

胥息徐反　易以羊豉反　傚矣戶教反　綽綽處若反寬大也

羊樹反饒也　爲瘉羊朱反病也　一處昌慮反　怨恚一瑞反　比周毗志反

反　鄗爭爭鬭之爭　爲駒音拘　而孩本作咳戶才反許愼云小兒笑也　幼

穉音稚　如食音嗣注同　宜如字本作儀注同韓詩云儀我也　饇於據反飽也徐又於具反

孔取如字沈又音娶　宜令力呈反　如飲於鴆反　度待洛反　所勝

音升　其量音亮　猱乃刀反沈乃遭反猨屬　塗附如字毛著也鄭木桴也　猨

屬音表字或作猋　附著直略反下同　木桴音孚　有徽音暉美也　與屬

音蜀注同讀者亦音樹　亦樂音洛又音岳又五教反下樂善同　雨雪于付反注及下同

瀌瀌符驕反徐符彪反又方苗反雪盛貌　見如字下文同韓詩作曣音於見反云曣見日出也　晛乃見

反日氣也　曰消音越下同韓詩作聿劉向同　始見賢遍反又如字　肯下遐嫁反注甲下

同又如字 遺王申毛如字鄭讀曰隨 婁驕王力住反數也徐云鄭音樓斂也爾雅云裒鳩樓聚也沈

力俱反 如髦舊音毛尋毛鄭之意當與尚書同音莫侯反 之行下孟反 苑

柳音鬱木茂也徐於阮反 不中丁仲反下注不中同 欲朝直遙反篇內同 甚蹈

音悼毛動也鄭作悼病也 自暱女栗反又女筆反徐乃吉反近也 俾予必爾反本作卑使也

後皆同 予極毛如字至也鄭音棘誅也 愒焉欺例反徐上麗反息也 自瘵側界

反毛病也鄭音際際接也 亦傅音附至也 四裔延世反 都人士 長

民張丈反注同 不貳音二變易無常謂之貳 從容七容反從容休燕也 不復扶又

反下注同 倡率色類反 朝夕直遙反 出言如字 士行下孟反下文行

歸注操行同 則衣於既反 過差初賣反又如字 所望如字協韻音亡 臺

如字爾雅作薹草名 笠音立 緇側基反 撮七活反 夫須音符本亦作扶 綢直直留

反密也 密致直置反本亦作緻 無隆俗本作降 殺也所界反又所例反 我

不見第二章作不見後三章作弗見一本四章同作不字　不說音悅　琇實音秀徐又音誘

爲瑱他見反　尹吉毛如字鄭讀爲姞其吉反又其乙反　菀結於勿反屈也積也徐

音鬱又於阮反　垂帶音帶本亦作帶　而厲毛如字帶之垂也鄭當作裂音列　卷髮音權

注及下同　如蠆勑邁反又勑界反蠚蟲也通俗文云長尾爲蠆短尾爲蠍蠍音虛伐反　如鞶薄寒

反　螫蟲音釋本又作蠚呼莫反　末揵其言反又音虔漢書音義云舉也又渠偃反一音其

蹇反　曲上時掌反　有旟音餘揚也　何盱喜俱反病也　采綠綠王

芻也　憂思息嗣反下皆同　一匊弓六反兩手曰匊注本或一手曰匊　王芻楚俱反草

也　易得以豉反　曲局其玉反卷也　卷也音權下同又眷勉反沈其言反

采藍盧談反沈力甘反染草也　一襜尺占反衣蔽前謂之襜郭璞云今之蔽膝　不詹音占

至也　于狩尺救反　言韔勑亮反弢也沈治亮反本亦作鬯　于釣音弔　言綸音倫

釣繳音灼亦作繳同　狩與音餘下同　爲之于僞反下同　維魴音防　及

鱮音敘　觀者古玩反多也注同韓詩作覩　多技其綺反　黍苗　膏潤古報反下同　召伯上照反注及下同　芃芃蒲東反長大貌一音扶雄反　長大張丈反　勞之力報反注及下篇注同　營謝一本作營謝邑　將徒役一本作將師旅　勞來音賚　勸說音悅又始銳反　我任音壬注同　我輦力展反沈連典反　士轉餫音運本又作運　有輓音晚　牽傍薄浪反　所爲于僞反　卒尊忽反一本作士衆　師從才用反下同　土治直吏反下同　相其息亮反　隰桑　有難乃多反盛貌　庇必利反又彼備反　䕃於鴆反　其樂音洛注下皆同　有沃烏酷反　有幽於糾反　膠音交　臧之鄭子郎反善也王才郎反　白華音花野菅也　王取七與反　以孽魚列反　爲之于僞反　適子音的　菅兮音姦茅已漚爲菅　已漚烏候反柔也　柔忍音刃　爲肥七歲反又音毳　任妃后音壬一本作任王后　之遠于願反下注遠善同

又如字注及下皆同　**俾**必爾反　**不復**扶又反　**譖申**側鴆反　**宜咎**音柩

英英如字韓詩作泱泱同　**昔夏**戶雅反　**桼**七其反沫也又尸醫反爾雅云桼蝨也蝨音鹿

黿音元　**燮之**補悌反又必計反　**滮池**符彪皮流二反水流貌　**浸彼**子鴆

反字亦作浸　**生殖**市力反　**豐鎬**戶老反　**歗歌**音嘯本亦作嘯　**妖大**

古卯反本又作姣姣音於驕反　**樵彼**徂焦反　**卬**五綱反我也　**烘**火東反燎也徐又音洪說

文亙凶甘凶二反孫炎音恭　**于煁**市林反烓也　**燎也**音了又力弔力召二反　**烓竈**

音恚又上弭反郭云三隅竈也說文云行竈也呂沈同音口潁反何康瑩反顧野王口井烏攜二反

昌垂反注同　**饔**於恭反　**饎**尺志反　**之爨**七亂反　**食人**音嗣　**用焰**音照　**以炊**

卑賤如字下文卑兮并注同　**聲聞**音問　**形見**賢遍反　**懆懆**七感反說文七

倒反云愁不申也亦作慘慘　**邁邁**如字不說也韓詩及說文並作怖怖孚吠反又孚葛反又匹代反韓

詩云意不說好也許云很怒也　**不說**音悅下同　**有鶖**音秋鳥名禿鶖也　**有鶴**呼各

反　秃吐木反　鶴絜音結　餒奴罪反　近惡附近之近　不別彼列

反　相下遐嫁反下同　令我力成反　有扁邊顯反又必淺反乘石貌乘石者登

車所履之石　疷兮徐都禮反又祁支反病也　緜蠻面延反下如字緜蠻小鳥貌

飲食上於鴆反下音嗣篇內皆同注如字　末介音界　賙音周　贍市豔反　之處

昌慮反　我罷音皮下同　倅車七對反副車　憚行徒旦反難也下同　難

也乃旦反下同　能極如字　瓠葉戶故反　牲牢老刀反　饔於恭反熟

曰饔字又作饔　餼許氣反　腥曰音星　幡幡孚煩反瓠葉貌　亨之普庚反孰也注

同　之葅莊魚反　賢行下孟反　易兌徒外反易卦名也訓悅　有兔

他故反下同　斯首毛如字此也鄭作鮮音仙白首也　炮本作炰白交反毛曰炮　燔之音煩

加火曰燔　相近附近之近　不下遐嫁反　炙之音隻　酢之才洛反

炕火苦浪反何沈又苦郎反　醻之市周反導飲也　道飲徒報反本亦作導同　復

酌扶又反　俗之一本作俗人　漸漸之石士衜反沈時衜反山石高峻也亦作嶄嶄下同　戎翟徒歷反本或作狄　叛之音畔　將率上子亮反下所類反注及後篇將率放此　役久病於外一本作役人久病人衍字　舒鄝音了本又作蓼　士卒尊忽反下篇士卒同　勞矣如字孫毓云鄭音遼　而上時掌反　卒服寸忽反　皇朝直遙反注同　人罷音皮　其卒毛子衃反竟也鄭在律反　崔罪回反　嵬五回反本作峞　之處昌慮反下同　令力呈反下注同　出使所吏反　白蹢音的蹄也都歷反　烝涉之丞反　將久雨一本作天將雨　能水奴代反本又作耐　曰駭戶楷反爾雅說文皆作豥古哀反　九躁子到反　今離力智反　其繒在陵反爾雅豕所寢曰繒方言作橧從木音同　波漣音連一本作瀾力安反　勇悍戶旦反　滂普郎反　沱徒河反注同　噣也直角反又音晝本又作濁　先見賢遍反　它音他

苕之華音條徐音韶苕陵苕草名下音花　王距音巨　其難乃旦反下之難

同　近危附近之近　芸其音云沈音運　諸夏戶雅反下同　罷病音皮

青青子零反注同　爲鄣章亮反　葉見賢遍反下同　牂羊子桑反

墳首扶云反大也　在罶音柳本又作霤蘧婦笱也　牝羊頻忍反　之笱音苟

復興扶又反　鮮可息淺反　治日直吏反　何草不黃

背叛音佩　數起所角反　不矜古頑反注同無妻曰矜　牙蘖魚列反

猶復扶又反　匪兕徐履反　有芃薄紅反小獸貌沈又扶東反　有棧士板

反役車也　輂者一本作輂車

經典釋文卷第六

經典釋文卷第七

毛詩音義下 起第十六盡第二十

唐國子博士兼太子中允贈齊州刺史吳縣開國男陸德明撰

文王之什第二十三 大雅 自此以下至卷阿十八篇是文王武王成王周公之正大雅據盛隆之時而推序天命上述祖考之美皆國之大事故為正大雅焉文王至靈臺八篇是文王之大雅下武文王有聲二篇是武王之大雅

文王 而王 于況反 於昭 音烏歎辭也注及下於緝并注皆同 昭見 賢遍反下著見同 著 珍慮反 崩謚 音示慎也悉也生存之行終始悉録之以為謚也 大王 音泰後大王皆同 亹亹 音尾勉也 令聞 音問注同 哉周 如字毛載也鄭始也左傳作載本又作載同 敷恩 音孚 之施 始豉反 適為 音的字或作嫡 之楨 音貞幹也 其為 于偽反下天為此同 濟濟 子禮反多威儀也後濟濟皆同 緝 七入反

熙許其反緝熙光明也　假哉古雅反固也　其麗力計反沈又力知反數也　裸將古亂反灌也　黼音甫　冔況甫反殷冠名字林作綒又火于反　鬯也勑亮反　夏后戶雅反　藎臣才刃反　爲之法一本作爲之法度　聿脩于必反述也　未喪息浪反注同　巳上時掌反本作以　自紂直久反　駿命音峻又音俊大也　不易毛以豉反不易言甚難也鄭音亦言不可改易也下文及後不易維王同　無遏於葛反或作謁音同止也韓詩遏病也　義問毛音儀善也鄭如字　虞度待洛反下同　宣徧音遍下同

大明　復命扶又反　赫赫呼伯反恐也　徵應應對之應　炤章遙反本或作灼　晢之設反　見於賢遍反　忱斯市林反信也　殷適音的注同　不挾子燮反達也一作子協反　摯仲音至摯國名仲字　氏任音壬注同下大任皆同　放此　曰嬪毗申反婦也　之中丁仲反下同　大任音泰後大任大姒大姜皆同　身重直勇反又直龍反謂懷孕也廣雅云有娠也下同　懷孕以證反　在洽戶夾

反一音庚合反水名也案馮翊有郃陽縣應劭云在郃水之陽郃音戶荅反**在渭**音謂水名**之涘**音士水涯也**合妃**音配字亦作配下皆同**則爲**于僞反下天爲亦爲同**之處**昌慮反**俔**牽遍反磬也徐又下顯反說文云譬諭也韓詩作磬磬譬也**親迎**魚敬反**造舟**七報反又七道反毛云天子造舟方言云浮梁也廣雅作艁音同說文艁古造字一音才早反**煇**音暉**纘女**子管反繼也**維莘**所巾反大姒國也**長子**張丈反注同**保右**音佑助也字亦作佑佑注同**燮伐**蘇接反和也**協**戶頰反**會**古外反**牧野**州牧之牧徐音目在朝歌南七十里是周武王與紂戰於牧野之地**維予**毛羊慮反鄭羊呂反**不爲**于僞反又如字**陳於**如字又直刃反**洋洋**音羊廣也**檀車**徒丹反**煌煌**音皇明也**駟騵**音元騮馬白腹曰騵**騮馬**音留**涼彼**本亦作諒同力尚反佐也韓詩作亮云相也**大師**音泰**鷙**之利反**上將**子匠反**肆伐**音四毛疾也鄭故今也**師帥**所類反亦作率**坶誓**音牧本又作牧**昧爽**音妹**緜**彌延反**本**

由一本無由字　大王也序舊無注本或有注者非　瓜古華反　瓞田節反瓝也韓詩瓞小瓜也　沮七余反　漆音七毛云沮漆二水名　瓝蒲剝反小瓜也　長大張丈反

嚳苦毒反高辛氏帝也　之冑直又反　封邰他來反　王業于況反亦如字後王業同

亶都但反　父音甫本亦作甫　陶音桃　復音福注同累土於地上也說文作復　或殷以名

言絕句　翟音狄　屬其音燭　岐其宜反　其壤而丈反　鑿在洛反

爲二于僞反　來朝直遙反　水滸呼五反水涯　辟惡音避本亦作避

後放此　相可息亮反　賢知音智　膴膴音武美也韓詩同　堇音謹毛菜也案

廣雅云堇藋也今三輔之言猶然藋音徒弔反　荼音徒苦菜　如飴音移　爰契苦計反開也本又作

挈一音苦結反　灼之略反　廼疆本亦作壃同居良反注及後放此　廼宣如字鄭云

時耕曰宣王云徧也　卑立必爾反本亦作俾注同後皆放此　位處昌慮反　其繩

如字本或作乘案經作繩傳作乘箋云傳破爲乘字後人遂誤改經文　縮版色六反　廏音救

廣輪光浪反　以索桑洛反　捄之音俱呂沈同虆也徐又音鳩　陾陾耳升反又如之反衆也說文云築牆聲也音而　度之待洛反注同毛居也鄭投也韓詩云塡也　薨薨呼弘反沈呼萌反爾雅云衆也王云亟疾也　削屢力注反又力朱反注同　馮馮扶冰反注同　虆力追反沈力戈反字或作樏或作虆音同劉熙云盛土籠也　鍛丁亂反　捊也薄侯反爾雅云聚也說文云引取土　盛之音成　百堵丁古反　鼛音羔大鼓也長一丈二尺　弗勝音升　謂之應應對之應小鼓也　鼛薄迷反　皋門音羔　有伉本又作亢苦浪反高也韓詩作閌云盛貌　將將七羊反注同嚴正也　朝門直遙反下同　大社音泰下大社同　蜃市軫反器名　不殄田典反　厥慍紆問反恚也　不殞韻謹反墜也　柞子洛反櫟也後同　棫音域白桵也後同三蒼云棫即柞也字林于目反　拔矣蒲貝反又蒲蓋反下同　兌矣吐外反成蹊也又徒外反　恚也一遂反　隊也直類反

成蹊音兮　櫟音歷　白桵如誰反後同　絕去羌呂反　恚惡惡人

上烏路反下如字　脫然通外反本亦作兑　混夷音昆　駾矣徒對反突也　其
喙許穢反困也徐又音尺銳反　之使所吏反　惶怖上音皇下音普故反　虞芮
如銳反二國名　蹶俱衛反動也　盍往胡臘反　其覓音景　提挈苦結反
朋田音閑　先蘇薦反注同　後胡豆反注先後同　本音奔本亦作奔注同　奏如字
本又作走音同注同　御魚呂反本又作禦音同　侮亡甫反　相息亮反　道音導本亦作導
折之設反　衝昌容反　棫樸上雨逼反下音卜沈又符卜反樸枹木也　芃芃
薄紅反盛也　楢之音酉積也字亦作槱弋九反云積木燒也　枹木必茅反　蕃興
音煩　樸屬之欲反　豫斬一本作斫　燎之力召反　辟王音璧君也注及
下同　趣之七喻反趨也　奉璋音章毛半圭曰璋鄭璋瓚也　瓚在但反字或作贊
祼以古亂反　峨峨本又作俄五哥反盛壯也　髦士音毛俊也　淠匹世反舟行貌
沈字計反　涇音經　烝徒之丞反　楫之音接櫂也徐音集方言云楫謂之橈或謂之櫂郭注

云楫橈頭索也所以縣櫂謂之楫說文云楫舟棹也釋名云在傍撥水曰櫂又謂之楫**櫂也**直教反

倬陟角反大也　**追**對迴反雕也毛云金曰雕鄭云亦治玉也注同　**琢**陟角反治玉也注同

雕都挑反　**其相**如字一云鄭息亮反　**研**倪延反　**其好**呼報反　**而樂**音洛下同

罔罟音古　**旱麓**戶但反下音鹿本亦作鹿旱山名麓山足　**榛**側巾反字林云木叢又仕人反　**楛**音戶草木疏云楛木莖似荊而赤其葉如著上黨人篾以爲筥箱又屈以爲釵也　**豐**

樂音洛下同　**被其**皮僞反　**豈弟**本亦作愷又作凱苦亥反弟亦作悌徒禮反一音待豈樂也弟易也後豈弟皆同　**樂易**以豉反下同　**瑟彼**所乙反絜鮮貌字亦作璱　**黃金**

所以流鬯也一本作黃金所以爲飾流鬯也是後人所加　**秬**音巨黑黍　**鬯**勑亮反以黑黍米擣鬱金草取汁而煮之和釀其酒其氣芬香調暢故謂之秬鬯　**爲勺**上灼反字或作杓　**攸**

降如字下也又戶江反注同　**鳶飛**悅宣反　**鴟**尺尸反　**騂牡**息營反字林火營反

畜頊香又反　**以享**許丈反徐許亮反　**以介**音界後同　**所燎**力召反又

力弔反說文作尞一云柴祭天也又云燎放火也字林同尞尞音力召反燎音力小反 熂 許氣反芟草燒之曰

熂何沈虛刈反 所勞 力報反注同 勞來 力代反本亦作倈同 佑助 音又 藟

力軌反字又作蘽同 施于 以豉反注同 枚 芒回反 延蔓 音萬 思齊 側皆

反本亦作齋齋莊也下同 思媚 美記反後同愛也沈音眉 德行 下孟反 見其 賢遍

反 徽音 許韋反美也 恫 音通痛也 𣧑禍 音凶本又作凶 刑于 刑法也韓

詩云刑正也 以御 毛牙嫁反迎也鄭魚據反治也 適妻 丁歷反 兄勗 許王反下

同 辟 必亦反下同 廱 於容反 無射 毛音亦厭也鄭食夜反射藝 保安無

猒也 於豔反下同一本作保安也射猒也非 烈 毛如字業也鄭作厲力世反又音賴病也 假 古雅

反大也 不瑕 毛音遐遠也鄭古雅反已也 之行 下孟反下皆同 孝弟 音悌本又作悌

諫爭 爭鬬之爭 無斁 毛音亦猒也鄭作擇 髦 俊也一本此下更有古之人無猒於有譽

之俊士也此王肅語 故令 力成反 俊乂 音刈 皇矣 一本無矣字 天

監代殷莫若周絕句周世世脩德一讀莫若周世絕句周世脩德爲一句一本無下一世字義並通崔集注莫若周也世世脩德　王天下往況反下追王當王同　其政如字政政教也鄭作正正長也　爰究九又反　爰度待洛反篇內皆同毛居也鄭謀也　謂殷夏戶雅反下文長夏并注同　正長張丈反篇內皆同　共也音恭下同　其行下孟反　耆之亘夷反毛惡也鄭老也　式郭苦霍反大也又如字本又作廓　乃眷本又作睠又作券並音卷同　須假戶嫁反本又作暇　浸大子鴆反　屏之必領反除也　菑本又作甾側吏反又音緇木立死也韓詩云反草也　翳於計反毛云自斃爲翳爾雅云木自斃柛蔽者翳鄭云相覆蔽韓詩作殪云因也因高填下也柛音申　灌古亂反木叢生　栵音例又音列栭也　辟之婢亦反沈必亦反　檉勑貞反河柳也　椐羌居反樻也字林紀庶反又音舉　攘之如羊反　剔之他歷反字或作鬄又作𢯱同　檿烏簟反山桑也　柘章夜反　自斃婢世反本或作蔽必世反　栭音而舍人注爾雅云江淮之間呼小栗爲栭栗　樻去愧反又

去軛反何音匱草木疏云節中腫似扶老即今靈壽是也今人以爲馬鞭及杖　**險隘**於懈反　**刊**

除苦干反　**串夷**古患反毛云串習也鄭云串夷混夷也一本作患或云鄭音患　**混夷**音昆

路瘠在昔反詩本皆作瘠孫毓評作應後後之解者僉以瘠爲誤　**以應**應對之應下應和同

厥配本亦作妃音同注同　**媲**普惠反配也郭璞音譬字林匹地反　**又爲**于僞反下爲生明君

爲之立後同　**省**昔井反善也　**斯拔**蒲貝反　**斯兌**徒外反易直也　**易**以豉

反下施易同　**大伯**音泰注大伯同　**著**珍慮反　**傳世**直專反　**貉**本又作貊

武伯反靜也德正應和曰貉左傳作莫音同韓詩同云莫定也　**勤施**始豉反　**王此**如字鄭云

君也徐于況反　**徧服**音遍　**比**必里反　**帝祉**音恥　**施于**以豉反注同易也延也

畔援毛音袁取也又于願反鄭胡喚反畔援拔扈也韓詩云畔援武強也　**歆**許金反　**羨**錢面

反　**誕**但旦反大也　**拔**蒲末反下同字或作跋　**扈**音戶　**阮**魚宛反　**徂共**音恭

注同毛云徂往也共國名鄭云徂共皆國名　**赫**虎格反　**斯怒**毛如字此也鄭音賜盡也　**以**

按安旦反本又作遏安葛反此二字俱訓止也　周祜音戶　鄉周本又作嚮許亮反下同
阮疆居良反注同　脊井亦反　而令力成反　重言直用反　鮮
息淺反又音仙毛小山別大山曰鮮鄭善也　別大彼列反　見於賢遍反　詢爾
音荀　鉤古候反又古侯反鉤梯也　援音袁　臨如字韓詩作隆　衝昌容反衝衝車也說文作䡴䡴
陷陣車也　崇墉音容城也　鉤梯他兮反　執訊音信言也字又作訊又作誶並同
馘古獲反獲也字又作聝殺而獻其耳也字林截耳則作耳傍獻首則作首傍　是類如字本或
依說文作攋　是禡馬嫁反師祭名　動搖如字一音羊照反　致其社稷羣神
本或作羣臣　孽孽魚列反又五葛反　茀茀音弗彊盛　仡仡魚乙反韓詩云搖也
說文作圪　肆音四毛云疾也鄭云犯突也　無拂符弗反鄭佹也王違也　擊刺七亦
反　佹也九委反戾也　無復扶又反　靈臺神之精明稱靈四方高曰臺
臺所以觀祲象察氣之妖祥也杜預注左傳云靈臺在始平鄠縣今屬京兆府所管　昆古門反鄭注禮記云

明也 **蟲** 直弓反本或作虫非 **冥也** 亡丁反冥冥無知貌字林云幽也又亡定反 **禮** 子鴆反陰
陽氣相侵漸成祥 **觀臺** 古亂反下觀臺節觀同 **經度** 待洛反下同 **應天** 應對
之應 **言說** 音悅 **勿亟** 居力反亟急也 **靈囿** 音又徐于目反 **麀** 音憂鹿牝 **牝**
也頻忍反 **之處** 昌慮反 **濯濯** 直角反娛遊也 **翯翯** 戶角反肥澤也字林云鳥
白肥澤曰翯下沃反 **喜樂** 音洛下文於樂注喜樂皆同 **靈沼** 之邵反池也 **於牣** 音刃
滿也 **魚躍** 羊略反 **皆跳** 徒彫反 **虡** 音巨植曰虡 **樅** 徐七凶反又音衝衝牙也
沈又音子容反 **賁** 符云反字亦作鼖大鼓也 **鏞** 音容大鍾也 **於論** 於音烏鄭如字下於樂於論皆
同論音盧門反思也一云鄭音倫下同 **辟** 音璧水旋丘如璧注同 **植者** 侍職反 **曰**
栒 旬尹反橫者曰栒所以縣鍾鼓 **以縣** 音玄 **鼉** 徒河反沈又音檀毛云魚屬草木疏云形似蜥
蜴四足長丈餘甲如鐙皮堅厚宜冒鼓 **逢逢** 薄紅反和也埤蒼云鼓聲也亦作韸徐音豐 **矇**
音蒙有眸子而無見 **瞍** 依字作叟蘇口反無眸子也字亦作瞍說文云無目也字林先幺反云目有眹無珠子也

眸子莫侯反　下武　復受扶又反　王業于況反　哲王

張列反本又作悊又作喆皆同　知也音智下同　登假音遐已也本或作遐　成王如字

又于況反　此爲如字　來許王如字鄭音賚勤也下篇來孝同　之祜音戶下同

文王有聲　遹尹橘反述也又音述　駿音峻大也　觀厥古亂反多也注同

令聞音問本亦作問　烝哉之丞反君也韓詩云美也　以應應對之應　淢況域反溝

也成閒有淢廣深八尺字又作洫韓詩云洫深池　匪亟居力反下亟同或作棘　其慾音欲本亦

作欲　廣古曠反　深尸鴆反　之行下孟反　伊濯直角反大也韓詩云美也

之垣音表　維翰戶旦反幹也徐音寒　維辟音璧君也注及下皆同又音婢亦反法也

亦氾芳劒反字亦作汎　濫力暫反　大王此及下言大者並如字　必挈苦計反本

又作契或苦結反　有芑音起草也　詒厥以之反傳也　孫謀王申毛如字鄭音遜順也

猶傳直專反下同

生民之什第二十四 自生民至卷阿八篇成王周公之正大雅

生民 音因毛敬也鄭祭天名　姜嫄 音原姜姓嫄名有邰氏之女帝嚳元妃后稷母也鄭云高辛氏之世妃　克禋

以弗 音拂去也注同　去也 起呂反下同　郊禖 音梅下同

祠于 嗣絲反本亦作祀　九嬪 婢人反　弓韣 音獨弓衣　祓也 音拂又音廢下同

齊肅 側皆反本亦作齋篇末齊敬同　武敏 密謹反毛疾也鄭拇也　歆 許金反毛饗也鄭歆歆然

攸介 音戒毛大也鄭左右也　載震 真慎反毛動也鄭有娠也　而見 賢遍反

齊敏 側皆反又如字　育長 張丈反下同　拇也 音母足大指　介左

右 如字　之處 昌慮反　不復 扶又反下故復同　誕彌 面支反終也　如

達 他末反注同毛云生也鄭云羊子也說文云小羊也沈云毛如字　言易 以豉反下同　不

坼 勑宅反　不副 孚逼反說文云分也字林云判也匹亦反　無菑 音災注同　寘之 之豉反置也下同

隘 於懈反　巷 戶降反　腓 符非反避也　藉之 在夜反　呱矣 音孤

泣聲也尚書云啓呱呱而泣是也
覃 徒南反本或作譚毛云長也鄭云始能坐也
訏 況于反毛大也鄭張口嗚呼也
匍 音蒲又音符本亦作扶
匐 蒲北反又音服本亦作服
岐 其宜反知意也
嶷 魚極反識也說文作凝云小兒有知
覃長 張丈反或如字
識別 彼列反
蓺之 魚世反樹也
荏叔 而甚反叔或作菽音同毛云荏叔戎菽也鄭云戎叔大豆也郭璞云今胡豆是
旆旆 蒲貝反長也
穟穟 音遂苗美好也
幪幪 莫孔反茂盛也
瓜瓞 田節反
唪 布孔反徐又薄孔反多實也
長也 如字又張丈反
有相 息亮反注同助也
茀厥 音弗治也韓詩作拂拂弗也
實種 支勇反注種雜種種生不雜下嘉種并注同
實褎 徐秀反長也
實穎 營井反穗也尚書云唐叔得禾異畝同穎是也
有邰 他來反后稷所封國也今在京兆武功縣
維秬 音巨黑黍也
秠 孚鄙反亦黑黍也一稃二米又孚悲反郭芳婢反
穈 音門赤苗也爾雅作虋同郭亡偉反赤粱粟也
芑 音起白苗也徐又巨己反郭云白粱粟也
稃 芳于反字書云麃麃穮也
天應 應對之應
故爲 于僞反下天爲己同
恒之 古鄧反偏

也本又作亘　是穫戶郭反　是任音壬注同　肇祀音兆毛始也鄭郊之神位也

偏音遍下同　舂傷容反　揄音由又以朱反抒臼也說文作舀弋紹反　簸波我反

蹂音柔　叟叟所留反字又作溲濤米聲也爾雅作溞音同郭音騷　烝之之丞反　浮浮

如字氣也爾雅說文竝作烰云烝也　抒食汝反蒼頡篇云取出也　穅者音康字亦作康俗米傍作

康非　淅米星歷反說文云汏也汏音大　將復扶又反　於鑿子洛反精米也字林

作毇云糲米一斛舂爲八斗也子沃反　簠音甫　簋音軌　取羝都禮反牡羊也字亦作羝

軷蒲末反道祭也說文云出必告道神爲壇而祭爲軷字林同父末反　燔音煩傳火曰燔後皆同

涖音利又音類　芟所銜反　獮息淺反　旣奠徒練反　爇如悅反　馨

呼丁反　傳音附　貫古亂反　諏足須反謀也　卬五郎反我也　盛音成注同

其香一本作馨　亶都但反誠也　菹莊居反　醢音海　上行時掌反

以迄許乙反至也　行葦韋鬼反行道也葦草也　耇音苟凍梨也爾雅云壽也

涷梨利知反又利兮反方言云涷梨老也　敦史如字本又作惇同　敦彼徒端反聚貌注同　泥泥乃禮反注同張揖作苨苨云草盛也　爲此于僞反下注爲設同　之筵以然反席也鋪陳曰筵藉之曰席　年穉直吏反　有緝七習反　重席直龍反下同　踧子六反　踖子亦反　或酢才洛反　奠斝古雅反又音嫁爵名也夏曰醆殷曰斝周曰爵　夏曰戶雅反　醆側簡反字或作琖同　醓他感反肉醬也鄭注儀禮云醓汁也　醢呼改反　脾婢支反　臄渠略反函也字或作醵　或咢五洛反毛云徒歌曰咢爾雅云徒擊鼓謂之咢徒歌謂之謠　函胡南反何又戶感反本又作腤同說文云函舌也又云口裏肉也通俗文云口上曰臄口下曰函　比於毗志反　炙用者夜反　敦弓音彫畫弓也注及下同徐又都雷反　鍭音候又音侯矢名　鈞規旬反　舍矢音捨注同　參亭七南反　中蓺丁仲反下皆同　可與者音預下與爲同一本直云可者無與字　矍俱縛反　相息亮反矍相圃名　之圃布古反又音布　觀者古亂反又音官　如堵丁古反　奔軍音奮

奮覆敗也**之將**子匠反 **序點**都簟反 **揚觶**之豉反爵名容三升 **語**魚據反

孝弟音悌 **耆耋**徒節反 **好禮**呼報反下皆同 **者不**弗武反下同 **耄**莫報反字或作旄同八十曰耄 **勤**音其百年曰期頤 **僅**其靳反 **既句**古豆反說文作彀云張弓曰彀

既挾子協反又子合反 **一个**古賀反 **巳偏**音遍 **維醹**如主反厚也說文厚酒也字林同音女父反 **大斗**字又作枓都口反徐又音主 **三尺也**謂大斗之柄

有醇音淳 **台背**湯來反徐又音臺台背大老也爾雅云壽也 **鮐**湯來反魚名一音夷

維祺音其吉也 **以介**音戒毛大也鄭助也後皆放此 **既醉** **大平**音泰後大平皆放此 **之行**下孟反第四章以下注皆同 **下偏**音遍下同 **乃見**賢遍反 **惠**

施式豉反 **有俶**尺叔反毛始也鄭厚也 **嘏**古雅反 **褻味**息列反 **絜**

清如字又才性反 **志好**呼報反 **不匱**求位反竭也 **敎道**音導 **施及**以豉反 **壼**苦本反毛廣也鄭梱致也 **梱**苦本反 **致**直置反 **胙**本又作祚才路反

肖羊刃反嗣也　天被皮寄反注同　附著直略反下同　釐爾力之反予也

淑媛于眷反　之妃音配又芳非反　賢知音智　傳世直專反

鳧鷖音符水鳥也鷖音於雞反鳧屬也蒼頡解詁云鷖鷗也一名水鴞　神祇祁支反　安

樂音洛篇末注同　遠聞音問或如字　品齊才細反　來爲于僞反助也注同協

句如字　渚之與反　沚也音止　旣湑息汝反酒之泲者　泲子禮反字又作

薺同　在潨在公反毛水會也說文云小水入大水也徐云鄭音在容反水外之高者也　瘞於例

反　埋亡皆反字亦作薶同　攸降戶江反　崇重直龍反下同　亹音門毛云山絕

水也鄭云亹之言門也　熏熏許云反毛和說也鄭坐不安之意說文作醺云醉也　和說音悅

但令力呈反　假樂音暇嘉也　保右音又助也注同　申重直用反

且君且王一本且並作宜字　相勗香玉反　不愆起連反過也　無

惡烏路反又如字注同　立朝直遙反　緻直致反本或作致　其行下孟反

無疆居良反下篇同　徒樂音洛　百辟音璧注同　媚于眉備反注同　不
解佳賣反注同　攸塈許器反息也　公劉王云公號劉名也尙書傳云公爵劉名也
王基云公劉字也后稷之曾孫　召康本亦作邵上照反後皆同　涖音利又音類徐力洎反
夏之戶雅反下夏人同　幼少詩照反　相成息亮反　廼埸音亦　廼
裹音果　餱音侯食也字或作糇　糧本亦作粻音良糇也　橐他洛反　囊乃郎反小曰橐大曰
囊說文云無底曰橐有底曰囊　思輯音集又七立反　之難乃旦反　積委上子智反下於
僞反　爲夏于僞反又如字　戚揚七歷反斧也　鉞也音越　之從才用反又
如字　盾也字又作楯順允反又音允　句子音鉤　士卒尊忽反下士卒皆同　曰
爲于僞反下爲公劉皆爲同　永歎他安反字或作嘆　宣徧音遍　相此息亮
反下相此皆同　甗本又作巘魚輦反又音言又音魚偃反又音彥毛云小山別於大山也與爾雅異　復
降音服又扶又反注復下同　及瑤音遙　鞞必頂反　琫必孔反　山別彼列反　一

反復之本亦作覆同芳福反　溥原音普大也　迺覯古豆反見也　之處昌慮反下之處同　廬旅力居反寄也　論難魯困反下乃旦反　館客一本作館舍

蹌蹌七羊反　乃依毛如字鄭於豈反箋云或扆字　乃造七報反　用匏步交反　則殺所戒反　搏豕音博沈又音付　食之音嗣　飲之於鴆反　相其息亮反注同　寒煖況袁反又乃管反　浸潤子鴆反　三單音丹　度其待洛反注及下同　爲羡音賤又音衍下同　其廣古曠反　取厲本又作礪　取鍛本又作碫丁亂反鍛石也說文云碫厲石字林大喚反　材木一本作林木　夾其古洽反又古協反　皇澗古晏反　遡其音素鄉也　過澗古禾反注同　遡鄉本又作鄉許亮反文與桑柔篇注同　校其音教　芮本又作汭如銳反毛云水涯也鄭云內也　鞫居六反毛究也鄭水外也　水涯五佳反字亦作厓　曰澳於六反又於報反字或作隩

洞酌音迥遠也　行潦音老行潦流潦也　挹彼音揖又音邑　餴甫云反餾也又作饙字書云一

蒸米也饎尺志反酒食也字林充之反餾力又反又音留爾雅饙餾飪也孫炎云蒸之曰餴均之曰
餾郭云餴孰爲餾齊絜側皆反本又作齋緊物於兮反樂以音洛易
以羊豉反說安音悅罍音雷祭器也滌也徒歷反溉古愛反清也
清才性反又如字卷阿音權曲也篇內同大陵曰阿票風遥遥反迴風也本亦作飄
𢘊德皮寄反長養張丈反下同猥來烏罪反爲長于僞反
樂易音洛下樂王同易音以豉反後樂易皆放此伴音判徐音畔奐音喚徐音換毛伴奐廣大
有文章也鄭伴奐自縱弛之意自從子用反本又作縱施本又作弛同書氏反各任音王
或如鴆反而治直吏反下爲治同也與音餘共己音恭本亦作恭酋在由反又
子由反又在幽反終也昄徐符版反大也孫炎郭璞方滿反字林方但反又方旦反茀沈云毛音
弗小也徐云鄭音廢福也一云毛方味反鄭芳沸反有馮符冰反注同本又作憑饌几士戀
反又士轉反具也本亦作撰贊道徒報反本亦作導放傚方往反顒顒魚恭

反温貌 **卬卬** 五剛反盛貌 **令聞** 音問本亦作問 **令望** 如字協韻音亡 **切磋** 七何
反或作瑳 **聲論** 魯困反 **德行** 下孟反 **翽翽** 呼會反衆多也說文云羽聲也字林
云飛聲也口外反 **仁瑞** 垂僞反 **藹藹** 於害反爾雅云臣盡力也說文作譪譪云臣盡力之
美也 **之朝** 直遙反 **亦傅** 音附戾也 **令不** 力呈反下欲令同 **梧桐** 音吾
被温 皮寄反 **不棲** 音西 **菶菶** 布孔反又薄孔反又薄公反 **萋萋** 七西反菶
萋萋梧桐盛也 **喈喈** 音皆鳳皇鳴也 **行中** 丁仲反下同 **有乘** 繩證反
不復 扶又反 **民勞** 如字從此至桑柔五篇是厲王變大雅 **賦斂** 力豔反 **重**
數 音朔 **繇役** 本亦作傜音遙 **姧宄** 音軌本亦作軌 **汔** 許一反危也鄭幾也說文巨乞反 **幾**
諸夏 戶雅反下同 **幾也** 音祈下同 **民罷** 音皮 **詭隨** 俱毀反 **式**
遏 於葛反止也 **憯不** 七感反本亦作憯曾也 **揉遠** 音柔本亦作柔 **能邇** 徐云毛如
字鄭奴代反伽也 **伽** 檢字書未見所出廣雅云如若也均也義音相似而字則異舊音如庶反義亦難見

反 **世適** 丁歷反下同 **踈遠** 于万反 **於難** 乃旦反 **之渝** 用朱反變也 **昊天** 胡老反 **曰明** 音越下同 **遊羨** 餘戰反溢也一音延善反本或作衍

蕩之什第二十五

蕩 唐黨反蕩蕩法度廢壞之貌 **召穆** 時照反本又作邵卷內召公召伯皆同 **之辟** 必亦反注同君也沈云毛音埤益反 **多辟** 匹亦反邪也本又作僻注同 **賦斂** 力豔反 · **駿刑** 荀閏反本亦作峻 **多邪** 似嗟反 **烝民** 之承反衆也 **匪諶** 市林反誠也 **鮮克** 息淺反注同寡也 **教道** 音導本亦作導 **彊禦** 魚呂反 **掊克** 蒲侯反聚斂也又自伐而好勝人也徐又甫垢反 **而好** 呼報反 **朝廷** 直遙反下朝廷同 **滔德** 他刀反漫也 **滔漫** 亡諫反本亦作慢又作嫚下同一音亡半反 **倨慢** 居庶反 **多懟** 直類反 **寇攘** 如羊反 **姦宄** 音軌 **侯作** 側慮反祝詛也注同本或作詛 **侯祝** 周救反注同本或作呪非 **靡屆** 音界極也 **靡究** 音救 **炰** 白交反 **烋** 火交反注

同。怱休，猶彭亨也。亨也許庚反。不遑勑領反。無背布內反，又蒲妹反，後也。
無陪本又作培，蒲迴反，貳也。湎面善反，徐莫顯反。飲酒齊色曰湎。韓詩云：飲酒閉門不出客曰湎。
既愆本又作諐，起連反，過也。式號戶刀反，注同。式呼火胡反，又火故反，注同。崔本作譆，或一本作或號或呼。
卑晝必爾反，使也。本亦作俾，後皆同。耽湎本或作湛，都南反。
不爲于僞反。蜩音條，蟬也。螗音唐，蝘也。如沸方味反。蟬市延反。字林云：蟪蛄。
蝘音偃。蟬屬也。草木䟽云：一名蝒蟟，青徐謂之螇螰，楚人名之蟪蛄，秦燕謂之蛥蚗，或名之蜓蚞。郭云：俗呼爲胡蟬，江南謂之唐蜩。沓沓徒荅反。近喪附近之近，又如字，注同。奰皮器反。舊音備。怒也。不醉而怒曰奰。覃徒南反。忕於市制反，又時設反。說文云：習也。好怒呼報反。
臣扈音戶。顛都田反，什也。沛音貝，拔也。之揭紀竭反，根見貌。先撥蒲末反，絕也。
什也蒲北反，又音赴。拔也皮八反，又半末反。見貌賢遍反。謂樹根露見。王如字，言可見。
蹶貌其厥反，沈居衛反，一音厥。夏后戶雅反，注同。抑於力反。抑

反世適丁歷反下同跣遠于万反於難乃旦反之渝用朱反變

也昊天胡老反曰明音越下同遊羡餘戰反溢也一音延善反本或作衍

蕩之什第二十五

蕩蕩唐黨反蕩蕩法度廢壞之貌召穆時照反本又作邵卷內召公召伯皆同之辟必亦

反注同君也沈云毛音埤益反多辟匹亦反邪也本又作僻注同賦斂力豔反駿

刑荀閭反本亦作峻多邪似嗟反烝民之承反衆也匪諶市林反誠也

鮮克息淺反注同寡也教道音導本亦作導彊禦魚呂反掊克蒲侯

反聚斂也又自伐而好勝人也徐又甫垢反而好呼報反朝廷直遥反下朝廷同

滔德他刀反漫也滔漫亡諫反本亦作慢又作嫚下同一音亡半反倨慢居庶反

多懟直類反寇攘如羊反姦宄音軌侯作側慮反祝詛也注同本或

作詛侯祝周救反注同本或作呪非靡屆音界極也靡究音救炰白交反烋火交反注

同包烋猶彭亨也　亨也許庚反　不逞勑領反　無背布內反又蒲妹反後也
無陪本又作培蒲迴反貳也　湎面善反徐莫顯反飲酒齊色曰湎韓詩云飲酒閉門不出客曰
湎　既愆本又作諐起連反過也　式號戶刀反注同　式呼火胡反又火故反注同崔
本作謼或一本作或號或呼　俾晝必爾反使也本亦作俾後皆同　耽湎本或作湛都南反
不爲于僞反　蜩音條蟬也　螗音唐蝘也　如沸方味反　蟬市延反字林云蟪蛄
蝘音偃蟬屬也草木疏云一名蜩蟟青徐謂之螇螰楚人名之蟪蛄秦燕謂之蛥蚗或名之蜓蚞郭云俗呼
爲胡蟬江南謂之唐蜣　沓沓徒苔反　近喪附近之近又如字注同　奰皮器反舊
音備怒也不醉而怒曰奰　覃徒南反　怢於市制反又時設反說文云習也　好怒呼報
反　臣扈音戶　顛都田反什也　沛音貝拔也　之揭紀竭反根見貌　先撥蒲末
反絕也　什也蒲北反又音赴　拔也皮八反又半末反　見貌賢遍反謂樹根露見
王如字言可見　蹶貌其厥反沈居衞反一音厥　夏后戶雅反注同　抑於力反抑

抑密也　自警居領反　靡喆本又作哲亦作悊陟烈反智也下同　則知音智
德行下孟反注同　以倡昌亮反　道之徒報反本亦作導下教道同　訏況于反大
也　謨莫蒲反謀也沈云本亦作漠音莫　爲天下于僞反篇末今我爲王同　顛覆芳服
反下覆謂覆用幷注同　荒湛都南反注及下同　樂於音洛下文及注同　克共
九勇反執也注同　雖好呼報反　耆酒市志反　傚女戶教反　廣索
所白反　淪胥音倫率也　洒色懈反灑也注同又所寄反　埽素報反　廷內音庭
灑也色懈反　用遏他歷反毛云遠也鄭作剔音同治也沈上益反　故復扶又反　戒
將子匠反　帥所類反本或作率　非度待洛反下不億度同　出話戶快反善言也
之玷丁簟反沈丁念反缺也說文作刮　磨鑢音慮　反復音服又豐服反本亦作覆
無易以豉反注同　捫音門持也　不讎市由反用也徐云鄭市文反　則售市又
反一本作讎謂讎物價也此音則與毛同　賈加霸反下同　靡不承一本靡作是　輯柔

徐音集又七入反和也又**脅肩**本又作脇香及反又虛劫反沈又於闔反**諂笑**勑檢反趙岐注孟子
云脇肩竦體也諂笑強笑也**近之也**附近之近一本無之字近則依字讀**相在**息亮反注
同**不媿**俱位反**屋**如字或云鄭於角反**漏**魯豆反西北隅謂之屋漏**云覯**古豆
反**於奧**烏報反西南隅謂之奧**饌**仕眷反**而屝**扶味反隱也沈云許慎凡非反
度思待洛反注度知同**矧可**申忍反況也**射思**音亦厭也**不譖**本亦作僭子念
反差也注及下我譖同**鮮不**息淺反少也**猶擿**直赤反**實虹**戶公反潰也鄭
戶江反**潰也**戶對反**荏**而甚反**染**而漸反荏染柔意**言緡**亡巾反被也
共人音恭本亦作恭**被也**皮寄反下同**柔忍**音刃本亦作刃**告之話**
言戶快反話言古之善言說文作詁云詁故言也**語**魚慮反下面語之同**賢知**音智**於乎**
上音烏下音呼凡此二字相連音皆放此**臧否**音鄙注同臧善也否惡也**言提**音啼**掣**
之尺世反拽也**提撕**音西**借曰**子夜反假也注及下同**未知**如字沈音智下夙知

亦同　假令力呈反　幼少時照反下同　長大丁丈反　而莫音暮本亦
作暮　成與音餘　靡樂音洛注同　夢夢莫空反沈莫登反亂也注同　慘慘
七感反　愬其音素後皆同　諄諄字又作訰之純反又之閏反說文埤蒼並云告曉之熟
藐藐美角反不入也爾雅云悶也　聆音零　既耄莫報反老也　曰喪上音
越下息浪反韓詩作聿喪　不忒他得反差也　回遹于橘反　維邪似嗟反　其行
下孟反　匱盡求位反　桑柔　芮伯如銳反國名　菀彼音鬱注同
茂貌又於阮反　侯旬如字又音荀均也　捋采力活反注同　瘼此音莫病也　言
陰於鳩反本亦作蔭下同　爆本又作暴同音剝下同　爍本又作樂或作落同音洛郭盧角反
柔濡而轉反　入庇必寐反又音祕本亦作芘同　當被皮寄反　倉初亮反喪
也注同　兄音況注同滋也本亦作況　填兮音塵久也　倬彼陟角反明大貌　騤騤求龜
反不息也　旟音輿　旐音兆　有偏音篇本亦作翩　不泯面忍反又名賓反滅也徐又音民

鳥隼荀允反　適長上丁歷反下丁丈反　有黎力奚反毛齊也鄭不齊　以藎才刃反烖餘曰藎本亦作燼同　猶比毗志反又如字下同廣雅云頻比　蔑資音滅輕也　止疑魚陟反定也　今復扶又反下不復考慎同　爲梗古杏反病也　而好呼報反　力爭爭鬭之爭下同　慇慇於巾反樊光於謹反爾雅云憂也　僤怒都但反厚也本亦作亶同　士卒尊忽反　痻武巾反病也一音昬注同　我圉魚呂反毛云垂也鄭改作禦音同謂禦寇也　爲毖音祕慎也　斯削相略反　以濯直角反　我語魚據反　禍難乃旦反下患難同　遡風音素　之僾音愛唈也　荓云字又作迸音普耕反徐補耕反本或作拼同使也　不逮音代一音大計反及也　好是呼報反注但好同　家王申毛音駕謂耕稼也鄭作家謂居家也下句家穡惟寶同　穡本亦作嗇音色王申毛謂收穡也鄭云嗇吝嗇也尋鄭家嗇二字本皆無禾者下稼穡卒痒始從禾　鄉也本又作嚮同許亮反下同　蟊莫侯反說文作

唈烏合反　令代力呈反　不能治人者食人音嗣

蚻　卒痒音羊病也　蟲孽魚列反說文作蠥云衣服謌謡草木之怪謂之妖禽獸蟲蝗之怪謂

之蠥　哀恫音通痛也本又作痌　具贅之芮反又拙稅反屬也　穹蒼起弓反

朝廷直遙反下皆同　者與音餘下所行者惡與同　其相毛如字質也鄭息亮反助也

宣徧音遍下同　之行下孟反下荼毒之行悖逆之行民之行皆同　有肺本又作胇

芳廢反　牲牲所巾反衆多也聲類云聚貌　已譖子念反不信也本亦作僭　相輩

一本作相配　欺背音佩卒章同　罪役一本作罷役罷音皮　覆芳服反下及注除覆

蔭字皆同　狂王居況反鄭求方反　爲王于僞反　分別彼列反　阜白才早反

弗迪徐徒歷反　索音色　荼毒音徒　慍恚紆運反　大風毛如字鄭音泰

泰風西風也　有隧音遂道也　中垢古口反　敗類伯邁反注同　則應應對

之應　我悖蒲對反逆也　之閒如字又音閑　陰女鄭音蔭覆蔭也王如字謂陰知

之　赫毛許白反炙也與王赫斯怒同義本亦作嚇鄭許嫁反口距人也莊子云以梁國嚇我是也

患難乃旦反　職涼毛音良薄也鄭音亮信也下同　至酷口毒反　邪者似嗟反　令民力呈反　善譽力智反　觝距都禮反距或作拒　雲漢雲漢天河也自此至常武六篇宣王之變大雅　仍叔而升反　撥亂半末反　脩行下孟反　欲銷音消　去之起呂反　復行扶又反下注復重弁篇末注同　見憂並如字徐憂音於救反　倬彼陟角反王云著也說文云著大也　愒雨苦蓋反貪也本又作渴苦葛反篇末同　饑音飢又音機　饉其靳反　薦在見反重也　臻側巾反至也　重也直用反下同　罪與音餘下所困與精誠與殺我與同　我聽依義吐定反協句吐丁反　爲旱于偽反下爲旱同　聽聆音零　大甚音泰徐他佐反下大甚並同　蘊隆紆粉反本又作煴紆文反韓詩作鬱同　蟲蟲直忠反徐徒冬反爾雅作爞云熏也郭又徒冬反韓詩作烔音徒東反　雷聲尚殷殷於謹反或如字　然一本作雨雷之聲尚殷殷然　瑱徒薦反　瘞於例反埋也　則索色白反　不齊側皆反本亦作齋　言徧音遍　耗呼報

反韓詩云惡也**斁**丁故反敗也說文字林皆作殬**可推**吐雷反去也注同**兢兢**本又作矜居陵

反恐也**業業**如字鄭五荅反危也**如霆**音庭又音挺一音徒佞反**孑遺**居熱反**去**

也起呂反下同**恐也**丘勇反下同**不相**毛如字鄭息亮反**于摧**在雷反又

子雷反毛至也鄭作嶉子雷反嗟也**可沮**在呂反止也**炎炎**于廉反熱也本或作惔音同

民近附近之近**所芘**音祕又必二反本亦作庇**蔭**於鴆反本亦作廕**百辟**音璧

下同**雩**音于祭名**滌滌**徒歷反旱氣也**旱魃**蒲末反旱神也**如惔**音談燎也

說文云炎燎也徐音炎**如焚**本又作燓同扶云反**憚暑**毛丁佐反勞也韓詩云苦也鄭徒旦反畏

也**如熏**本又作燻許云反灼也**燎也**力皎反又力照反**燋枯**子消反

畏難乃旦反**我遯**本亦作遂徒困反**黽勉**彌忍反又音湎**瘨**都田反病也沈

又都薦反韓詩作殄馳客反云重也**憯**七感反曾也**⿱無示禱**丁老反或都報反**不莫**

音暮本亦作暮**明祀**本或作明神**悔怒**協韻乃路反**虞度**待洛反下同

鞫哉居六反窮也　疚哉音救病也本或作宊又作究同　趣馬七口反趣馬官名
不秣音末穀馬也說文作餗　施其式氏反本又作弛同　不縣音玄　祿氣許氣
反　之長丁丈反下之長同　勞倦力報反　作賙音周　瞻卬音仰本亦
作仰下同　何里如字憂也本又作瘇爾雅作悝並同王云瘇病也　有嘒呼惠反衆星貌
昭假音格毛至也鄭升也沈云鄭古雅反　無贏音盈　無幾居豈反　爲我于僞反注
同　令心力呈反　崧高息忠反高高貌山大而高曰崧釋名云崧竦也　吉甫
本又作父音同後人名字放此　復平音服又扶又反　褎賞保毛反　維嶽字亦作獄
魚角反白虎通云嶽者何埆功德也　駿極音峻大也　巡守音狩本亦作狩　虞夏戶雅
反下同　之翰戶旦反又音寒幹也　于蕃方元反　賢知音智本或作哲　楨
榦音貞　有難乃旦反　往扞戶旦反　相穆息亮反　贖刑音樹一音
常欲反　亹亹亡匪反勉也　王纘祖管反繼也韓詩作踐踐任也　欲離力智反下

欲離同令往力呈反下皆同傳子直專反爾庸本亦作墉音容毛云城也鄭云
功也井牧手又反又如字後放此有俶本又作俶尺叔反作也藐藐亡角反美
也蹻蹻渠略反壯貌濯濯直角反沈古學反明也樊纓步丹反爲
將于僞反乘馬繩證反注同故復扶又反注同介圭音界往近
音記毛巳也鄭辭也王餞賤淺反送行飲酒也沈祖見反音賤字林子扇反云送去食也于郿亡悲
反又亡冀反地名屬扶風今爲縣告語魚據反復重直用反意解音蟹
土疆居良反以時如字本又作峙直紀反爾通其粻音張糧也式遄市專反速也
委于僞反積子賜反番番音波勇武貌嘽嘽吐丹反毛喜樂也鄭云安舒
虎賁音奔喜樂音洛良翰協句音寒周徧音遍下同揉此本亦作柔
汝又反順也又如字一音柔注同聞于音問其風福鳳反注同王如字云音也贈
送也詩之本皆爾鄭王申毛並同崔集注本作贈增也崔云增益申伯之美烝民之丞反衆

也　中興張仲反　彝音夷常也　好是呼報反注皆同　禮知音智　哀樂
音洛　好惡烏路反　昭假音格至也注同　訓道音導　不解佳賣反本或作懈下
文匪解同　百辟音璧　出納並如字納亦作內音同　喉舌音侯　發應應對
之應　若否音鄙惡也注同舊方九反王同云不也　夜莫音暮　茹之音汝又如庶反
廣雅云食也　濡如朱反一音如宛反　毳昌銳反本又作脆七歲反　堅強其良反下同或其丈
反　矜寡古頑反　德輶餘久反又音由輕也　民鮮息淺反寡也　我義
毛如字宜也鄭作儀儀匹也　易耳以豉反　袞職古本反冕服名　捷捷在接反言
樂事也　犯軷步葛反道祭也　將將七羊反本亦作鏘同　逼本亦作偪彼側反　隘
於懈反　臨菑側其反臨菑地名　騤騤求龜反　喈喈音皆　韓奕
音亦韓姬姓國也梁山奕奕然爲韓國之鎮故曰韓奕　馮翊音翼　始騷素刀反動也
之祚徂路反　甸之毛徒遍反治也鄭繩證反或云鄭亦徒遍反　有倬陟角反明貌韓詩作

晫音義皆同　匪解音懈　虔共毛九勇反執也鄭音恭云古恭字　榦不古旦反

戎辟音璧君也　當爲于僞反　楨榦音貞　覲見賢遍反下同　黑水

西河一本黑上有書曰二字　璆其樛反又其休反　琳字又作玪音林孔安國云璆玪美玉也鄭

注尚書云璆美玉玪美石也　琅音郎　玕音干琅玕珠也　綏章本亦作緌毛如誰反大綏也鄭音雖

車綏也　簟徒點反　茀音弗車蔽也　錯衡七洛反雜也沈采故反　赤舄音昔　鏤

音漏　錫音羊當盧也　鞹苦郭反革也皮去毛曰鞹　鞃苦泓反沈又音泓軾中也亦作䡏鞃胡肱反又作苰

王同　淺幭莫歷反一音莧覆式也本又作篾同　鞗革音條鞗革謂轡首也　金厄於革反毛云烏噣也

鄭謂纏搤　烏噣音蜀爾雅作蠋蠋桑蟲也韓子云大如指似蠶沈音書　王爲于僞反

來朝直遙反　藩也方袁反本又作蕃同　樊纓步丹反　纏搤於革反一本作

厄同　于屠音徒地名　顯父音甫本亦作甫注同　其肴戶交反本亦作殽同　炰鄭薄

交反徐甫九反　鼈卑滅反　其蔌音速菜肴　維筍字或作笋恤尹反爾雅云竹萌也

乘馬繩證反注同下百乘亦同　蒻音弱　中鱠古外反　有且子餘七救二反多貌
燕胥思徐反皆也又思呂反　取妻七喻反本亦作娶下注同　汾王符云反毛大也
鄭水名　蹶父俱衛反　流彘直例反　梨音離又力兮反又作黎　比公音毗
梨比莒君號也　將將七羊反本亦作鏘　諸娣大計反妻之女弟爲娣　從之才用反注
同又如字　祁祁巨移反徐靚也　靚也音靜又才性反　媵之音孕又繩證反　曲顧
一本作回顧　道義如字又音導　爲韓于僞反注同　姞其一反又其乙反姓也又音佶　相
攸息亮反注同　韓樂音洛注及下文注同　使於所吏反　訏訏況甫反大也
魴音房　鱮音序　麀音憂　噳噳愚甫反本亦作麌同　熊音雄　羆彼皮反　有
貓如字又武交反似虎淺毛也本又作猫音同爾雅云虎竊毛曰虦猫虦音仕版反　令居力呈反使
也又力政反命也王力政反善也　燕譽於遍反又於顯反安也譽協句音餘　溥彼音普大也
燕師於見反注同安也徐云鄭於顯反王肅孫毓並烏賢反云北燕國　所完音桓　其追

如字又都回反 **其貊** 武伯反追貊戎狄國名說文作貉云北方人也 **長是** 張丈反 **令撫**
力呈反 **獫** 本亦作玁音險 **允** 如字本亦作狁 **實墉** 毛如字鄭作寔市力反寔是也下同 **實**
壑 火各反城池也 **濬脩** 音峻深也 **貔皮** 本亦作豼音毗猛獸也即白狐也一名執夷草木疏
云似虎或曰似熊遼東人謂之白羆 **江漢** 二水名 **滔滔** 吐刀反廣大貌 **淮浦**
音普 **夷行** 下孟反 **命將** 子匠反 **帥** 所類反或作率 **循流** 如字本亦作順流
主為 于僞反下主為同 **其竟** 音境本亦作境同 **來鋪** 普吳反病也徐音孚
湯湯 書羊反 **洸洸** 音光武貌又音汪 **復經** 扶又反 **使傳** 張戀反以車曰
傳 **遽** 其據反以馬曰遽鄭注玉藻云以車馬給使 **有爭** 爭鬭之爭 **之滸** 音虎沈又音許
水涯也 **疆土** 居良反注及下同 **匪疚** 音救病也 **王命行伐** 一本作王法征
伐 **非可以兵操切之也** 操音七刀反一本無兵字又一本兵操作急躁躁音早報反
其分 符問反 **來** 毛如字鄭音賚云勤也下同 **旬** 毛音巡又音荀偏也鄭作營 **維**

翰戶旦反又音寒　徧也音遍下同　名奭音釋　爲虎于僞反下爲虎爲其同
肇音兆謀也韓詩云長也　爾祉音恥福也　大謙音泰　釐爾力之反賜也沈又音
賚　圭瓚才旱反　秬音巨　鬯勅亮反　一卣音酉又音由中尊也本或作攸　錫山土
田本或作錫之山川土田附庸者是因魯頌之文妄加也　王休許虯反　令聞音問
矢施如字爾雅作弛式氏反　常武　繹音亦　騷素刀反徐音蕭　赫赫火百
反字又作㶣盛貌　大祖音泰下及注大師大祖皆同　大將子匠反第二章注同　言
警音景　暴掠音亮　左右陳如字徐直覲反　行戶剛反列也　淮浦音普涯也
說文云水濱也　爲之于僞反下爲其同　使軍將子匠反下同　有嚴毛魚檢反
鄭如字　匪紹如字繼也徐云鄭尺遙反緩也　繹音亦毛云陳也鄭作驛音同謂傳驛也　騷
如字徐音蕭　舒序也一本作舒徐也　憚之徒旦反　非解音懈　傳遽
張戀反　相恐丘勇反下同　如霆音庭　如震如怒一本此兩如字皆作而

闞呼檻反徐火斬反又火敢反一音噉　虓虎火交反虎怒貌　鋪普吳反徐音孚陳也韓詩作敷云大也　敦王申毛如字厚也韓詩云迫鄭作屯徒門反　淮濆符云反毛涯也鄭大防也　仍執如字仍就也本或作扔音同　而勃步忽反　之降戶江反　截才結反治也　而斷端亂反　嘽嘽吐丹反盛也鄭云閒暇有餘力之貌　摯如音至　閒暇音閑　緜緜如字靚也韓詩作民民同　測度待洛反　末陳直刃反下同　瞻卬音仰此及召旻二篇幽王之變大雅也　昊天戶老反　孔塡音塵久也下篇同　其瘵側界反病也字林側例反　蛑賊本又作蟊音牟　夷屆音戒　罪罟音古　夷瘳勑留反愈也　士卒尊忽反　女覆芳服反服也注及下同　說之音稅赦也注同一音他活反　喆音哲本亦作哲　哲知音智王申毛如字　懿厥於其反痛傷之聲注同沈又如字　爲梟古堯反惡聲鳥　褒姒音似　婦寺徐音侍亦如字近也　寺近附近之近下近愛近川同　由上時掌反　語王魚據反　鞫人居六反窮也　忮

之豉反害也 忒他得反變也 譖始本又作僭子念反不信也 竟背音佩注同 爲慝他得
反 好窮呼報反 如賈音古注同爾雅云市也 三倍蒲罪反 無與音預
朱紘獲耕反 秉耒力對反 大昕音欣 奉芳勇反下同 種章勇反
風戾力計反燥也 以食之音嗣 單矣音丹 奉繭古顯反 君服
與音餘 副褘音輝副首飾褘是褘衣 少牢詩照反 繅素刀反本亦作繰同
瓫蒲門反 織紝女金反 而與音預 朝廷直遙反下朝廷同 舍爾音捨
注同 介音界 狄毛他歷反遠也鄭如字謂夷狄 見賢遍反 被甲皮寄反 不
弔如字又音的 殄瘁似醉反病也 渥於角反 譴告弃戰反 離人
力智反 觱音必 沸音弗觱沸泉出貌 檻胡覽反徐音下斬反 藐藐亡角反毛大也鄭美
也 克鞏九勇反固也 箴之之林反 召旻上時照反下密巾反下同
瘨我都田反沈又音殄又音田病也 令民力呈反一本作令故民 居圉魚呂反垂也

邊竟音境本亦作境　內訌戶工反潰也徐云鄭音工爭訟相陷入之言　爭訟爭鬭之爭下同　讒惡烏路反　昬椓丁角反　靡共音恭注皆同　潰潰戶對反亂也　回遹音聿一音述　奄人如字本又作閹　王遠于万反　而近附近之近　維邪似嗟反　皋皋音羔頑不知道也爾雅云刺素食也　訿訿音紫窳不供事也爾雅云莫供職也　其玷丁簟反缺也　窳音庾裴駰云病也說文云嬾也一本作衆　業業如字一音五荅反危也　孔貶彼檢反墜也　隊也直類反又作墜　不潰毛戶對反遂也鄭作彙音謂茂皃　棲音西謂棲息也　苴七如反毛水中浮草也鄭樹上棲苴也　枯槁口老反　我相息亮反　之疚音救病也字或作穴　斯粺皮賣反　職兄音況下同　糲米蘭末反沈音賴又音厲　茲復扶又反下同　主長如字又張丈反　之卒字又作欒音類又音律又所律反　鑿八子洛反又音昨字林云糲米一斛舂爲八斗音子沃反　自頻舊云毛如字鄭作濱音賓俱云厓也案張揖字詁云頻今濱則頻是古濱字　者與音餘

溥斯音普徧也　**不裁**音災　**徧也**音遍下同　**辟國**音闢開也　**日蹙**子六反促也　**以喪**息浪反

清廟之什第二十六

周頌周頌三十一篇皆是周室太平德洽著成功之樂歌也名之曰頌頌者誦也容也歌誦盛德序太平之形容以此至美告於神明皆成王周公時作也

清廟本又作庿古今字也苗笑反廟貌也清廟者祭有清明之德者之宮也杜預云肅然清淨之稱也

雒邑音洛本亦作洛水名字從水後漢都洛陽以火德爲水尅火故改爲各傍佳　**朝諸侯**直遥反

見也賢遍反下著見同

於穆音烏注同於歎辭穆美也後發句歎辭皆放此以意求之　**顯相**息亮反注同

駿奔音峻毛云長也鄭大也下篇同　**無射**音亦厭也　**見厭**於豔反下同　**德與**音餘下同　**維天之命**韓詩云維念也　**大平**音泰後大平皆放此　**假以**音暇嘉也　**溢我**音逸毛慎也鄭盈也徐云毛音謚　**溢慎也**市震反本或作順案爾雅云毖神溢慎也不作順字王肅及崔申毛並作順解也　**明與**音餘　**乃單**音丹

成王能厚之也一本作能厚行之也今或作能厚成之也　猶重直龍反

維清　刺伐七亦反　緝七入反　熙許其反緝熙光明也　肇音召始也　禋音因祀也徐又音烟　迄用許乞反至也　之祺音其祥也爾雅同徐云本又作禎音貞與崔本同

烈文烈光也　以朝直遥反　辟公音璧注下皆同　祉福音恥

無疆居良反竟也　傳世直專反　累也劣僞反下同　訓道音導

天作　謂大王音泰後大王大祖皆同　諸盩直留反又音儔　不窋陟律反

岐山其宜反　道音導　岈户田反又口見反　自豳彼貧反　之行如字道也王徐並下孟反　夷易羊豉反下除易曰皆同　佼易古卯反　乾以其連反

𡿺以苦魂反字亦作坤　訂大王待頂反沈又直丁反說文云評議也譜云參訂時驗謂平比之也字詁云訂平也

昊天有成命　成王王如字徐于況反　其命音基本亦作基始也　宥密音又寬也　王功于況反　敢解音懈下同　止苛音訶

刻也音克　單厥都但反厚也注同　我將如字毛云將大也鄭云將奉也　我享許丈反徐許亮反　右之音又注及下同本亦作佑　肥腯徒忽反說文云羊曰肥豕曰腯

伊嘏古雅反毛大也鄭受福曰嘏　時邁邁行也　巡音旬守手又反本或作狩注同　柴望士佳反說文字林作柴　巡行下孟反下出行同　封禪市戰反

徧于音遍　實右音又注同助也　震疊徒協反慴也　懷柔如字本亦作濡兩通　俱訓安也　喬音橋高也　嶽本亦作嶽同音岳　賢知音智　載戢側立反聚也

載櫜音羔韜也　韜也吐刀反　不復扶又反　肆于音四　時夏戶雅反大也注同　執競其敬反執持也競強也韓詩云執服也　大功本或作天功　斤

斤紀覲反明察也　喤喤華彭反和也徐音皇又音宏注同　磬筦音管本亦作管同　將將七羊反集也注同說文作蹩蹩行貌　穰穰如羊反衆也　反反如字毛難也鄭順習貌沈扶板

反又音販　反復扶又反重也又音服　以重直用反　思文　烝民之丞

反衆也　作粒音立　阻飢莊呂反難也馬融注尚書作祖云始也　作艾音刈鄭注尚書五蓋反本或作乂音同　貽我音夷字又作詒同遺也　來牟並如字牟麥也字書作麰音同牟字或作麰孟子云麰大麥也廣雅云麳小麥麰大麥也　疆爾居良反竟也　介音界大也後放此　封

時夏戶雅反注同　遺也唯季反下同　出涘音仕　以燎力召反

竟音境本或作境

臣工之什第二十七

臣工　王釐力之反理也　來茹如預反度也徐音如　茹度待洛反下同　來朝直遙反下皆同　維莫音暮本或作暮注同　新畬音餘田二歲曰新三歲曰畬　耒力對反　耜音似　措七故反　於夏戶雅反　被甲皮寄反　於皇音烏注同　迄用許乞反至也　康樂音洛下同　明見賢遍反　庤乃持恥反具也　錢子踐反銚也　鎛音博鎒也　奄鄭音淹久也王徐並如字　觀古玩反又如字注同多也　銍珍栗

反穫也 **艾** 音刈 **銚** 七遙反何士堯反沈音遙世本云垂作銚 **鎒** 乃豆反或作槈呂氏春秋云槈柄尺此其度也其耨六寸所以閒稼也高誘注云耨芸苗也六寸所以入苗閒也字詁云頭長六寸柄長一尺鎒古字也今作耨同 **銍穫也** 戶郭反本或作鑊音同釋名云銍穫鐵也說文云銍穫禾短鎌也此則銍器可以穫禾故云銍穫也小爾雅云截穎謂之銍截穎即穫也 **意噫** 意又作噫同於其反噫音億毛云噫嘆也 嘻和也噫嘻有所多大之聲也 **禱也** 丁老反又丁報反 **龍見** 賢遍反 **而雩** 音于 **是**

與 音餘 **成王** 如字又于況反注同 **假爾** 鄭王並音格至也沈云毛如字 **光被** 皮寄反 **浚發** 本亦作駿音峻毛大也鄭云疾也 **發發伐也** 一本無一發字 **有徑** 古定反 **有畛** 之忍反又之人反 **有洫** 況域反 **有澮** 古外反 **耜廣** 古曠反 **振鷺** 上之慎反羣飛貌下音路白鳥也一名春鉏水鳥也一音盧 **夏殷** 戶雅反 **杞** 音起 **其處** 昌慮反 **無斁** 音亦厭也 **無厭** 於豔反 **豐年** 芳弓反大也豐年大有年也 **多稌** 音杜稻也徐勑古反 **高廩** 徐力錦反又力荏反倉也

及秭咨履反數億至萬曰秭一本作數億至億曰秭韓詩曰陳穀曰秭也 齍盛上音資下音成
之穗音遂 數萬色主反下數億同 爲醴音禮 烝畀必寐反予也注同 祖妣必履反 祫胡甲反本或作洽 皆徧音遍 畀予音與 有瞽音古樂官也無目眹曰瞽眹音直謹反本或作鼓 而合乎祖也本或作合乎大祖 治定直吏反
設虡音巨植者曰虡 應應對之應小鞞也注同 小田毛如字大鼓也鄭作朄音胤小鼓也 飾
縣鼓音玄注皆同 鞉磬字亦作鼗音桃鞉小鼓也 柷尺叔反木椌也 圉魚呂反楬也
枸荀允反 如鋸音據 植者時力反又直吏反 衡者華盲反 卷然音權又起圓反 小鞞步兮反 木椌苦江反 楬苦瞎反 矇音蒙有目眹而無見也
視瞭音了視瞭有目人也 相之息亮反 喤喤華盲反又音橫又音皇
編小薄殄反又必縣反史記音甫連反字林聲類韻集並布千反 賣餳夕清反蜜也又音唐方言云張皇也即乾餹也音唐
如篴字又作笛同徒歷反 併而步頂反 永觀古玩反又

如字注同多也　**和樂**如字或音洛　**無愆**去連反　**潛**在廉反椮也爾雅作涔郭

音潛又音岑韓詩云涔魚池小雅作槮時砧反　**獻鮪**于軌反　**猗**於宜反　**與**音余　**漆**音七

沮七余反　**有鱣**張連反　**鰷**音條白鰷也　**鱨**音常　**鰋**音偃　**鯉**音里　**槮也**

素感反舊詩傳及爾雅本並作米傍參小爾雅云魚之所息謂之槮槮槮也謂積柴水中令魚依之止息因而取之

也郭景純因改爾雅從小爾雅作木傍參音霜甚反又疏廕反又心稟反字林作罧音山沁反義同　**鮥也**

音洛爾雅云鮥叔鮪　**鮎也**乃謙反沈又奴廉反　**雝**和也　**禘**大計反大祭也　**大祖**

音泰　**於祫**戶夾反合也大祭名也　**相維**息亮反助也注同　**辟公**音璧君也注同　**宣徧**

於薦鄭如字王音烏　**假哉**音暇嘉也徐古雅反　**宣悊**音哲本亦作哲同

音遍下同　**才知**音智　**克昌**如字或云文王名此禘於文王之詩也周人以諱事神不應犯諱當

音處亮反　**瑞應**應對之應　**既右**音祐下同助也　**大姒**音泰下音似文王妃

載見賢遍反下並同　**辟王**音璧注同　**和鈴**音零和在軾前鈴在旂上左傳云鍚鸞和鈴昭

其聲也 央央於良反徐音英 鞗革音條 有鶬七羊反本亦作鎗同 休有許虯反又許求反注
同 在軾音式 多祜音戶福也 朝見直遙反下篇並同 畀必爾反本又作
俾 緝熙七入反 純嘏古雅反 福祚才故反 有客三王之後爲客
也 來見賢遍反序注同 既絀勑律反又作黜同 有萋七西反 有且七序
反萋且敬愼貌 敦都回反徐又音彫 琢陟角反 重言直用反 不肖音笑 駿
而鄭邦角反又音角雜也 之縶陟立反絆也 絆也音半 餞送音賤 安
樂音洛 夷易以豉反下同 武 大武如字徐音泰注同 於皇音烏
注同 遏劉於葛反止也 耆定毛音指致也鄭巨移反老也韓詩音同鄭云惡也 汲汲
音急

閔予小子之什第二十八

閔予小子毛云閔病也鄭云閔傷悼之言 朝於直遙反注同 嬛嬛其傾反孤特也

崔本作㷀 **在疚** 本又作宊音救病也 **上下** 時掌反又如字 **孝行** 下孟反 **敢解** 音懈散也

訪落 訪謀也落始也 **有艾** 五蓋反數也徐音刈 **判** 普半反分也 **渙** 音奐

多難 如字協韻乃旦反 **未任** 音壬下二篇注皆同 **年長** 張丈反 **休**

矣 許虯反 **敬之** 一本無之字 **不易** 鄭音亦王以豉反 **顯見** 賢遍反

遠人 于万反 **上下** 時掌反 **佛時** 毛符弗反大也鄭音弼輔也 **仔** 音茲毛云

仔肩克也此二字共訓鄭亦同訓此二字云仔肩任也 **肩** 古賢反 **德行** 下孟反注同 **浸**

也 子鴆反 **示道** 音導 **小毖** 音祕慎也 **患難** 乃旦反下禍難之難皆同

懲而 直升反艾也韓詩云苦也 **荓** 普經反爾雅作甹音同 **蜂** 本又作蠭孚逢反荓蜂摩曳也

辛螫 音釋韓詩作辛赦赦事也 **摩** 尺制反本又作掣 **曳** 以制反 **艾** 音刈字或作忩下同

創 初亮反 **復有** 扶又反 譎音決 **誑** 九況反 **拚飛** 芳煩反

鷦也 子消反鳥始小後大者也 **于蓼** 音了 **載芟** 所銜反除草也 **甸師** 田見

反　載柞側伯反除木也　澤澤音釋注同爾雅作郝音同云耕也郭云言土解也　千
耦五口反　其芸音云本又作耘除草也　徂畛之忍反徐又音眞　侯彊其良反有
餘力　畛易本又作場音亦　家長張丈反下同　有徑古定反　謂閒音閑
傭音容　賃也女鴆反　烝達音澄　解散音蟹　有嗿勑感反衆貌
饁于輒反饋饟也　饋其愧反　饟也式亮反　有略如字利也字書作挈同　俶
載毛並如字鄭作熾菑下篇同　實函戶南反含也下篇同　熾尺志反盛也　菑側其反
實種章勇反下其種同　根株音朱　驛驛音亦爾雅作繹繹云生也　有厭
於豔反下同　緜緜如字爾雅云麃也韓詩作民民云衆貌　其麃表嬌反芸也說文作穮音同云
穮耨鉏田也字林云穮耕禾閒也方遙反　達射食亦反　先長張丈反　載穫戶郭
反　其積子賜反又如字注同　及秭音姊　烝之丞反　畀必二反予也注同
有飶蒲節反芬芳也說文云食之香也字又作苾音同一音蒲必反注同　有椒子消反徐子料反毛

云猶飶也沇作俶尺叔反云作椒者誤也此論釀酒芬香無取椒氣之芳也案唐風椒聊箋云椒之性芬芳王注云椒芬芳之物此傳云椒猶飶飶芬香椒是芬芳之物此正相協無故改字爲俶俶始也非芬香**其馨**呼庭反

匪且七也反且此也又子餘反下同**來見**賢遍反**良耜**音似良善也耜田器也

秋報社稷也本或有冬字者非**畟畟**楚側反猶測測也爾雅云畟畟耜也郭云猶嚴利也

其種章勇反**筐**上方反**筥**紀呂反**饟**式亮反**其笠**音立

伊糾居黝反又其皎反**其鎛**音博**趙**徒了反刺也又如字沈起了反又徒少反**以薅**呼毛反說文云拔田草也又云或作茠引此以茠茶蓼

茶蓼上音徒下音了**趙刺**七亦反下同

以盛音成**薅去**起呂反**朽止**虛有反爛也**挃挃**珍栗反穫聲也**積**

之子賜反**其比**毗志反注同**如櫛**側瑟反**祭酺**音蒲又音步**合醵**其據反又其略反合錢飲酒也

犉牡如純反本亦作犉黃牛黑脣曰犉**有捄**音虯角貌**復求**扶又反下同

絲衣絲衣繹祭之服**繹**音亦祭之明日又祭也字書作禪**之融**

餘戎反尚書作彤音同其紑孚浮反徐孚不反絜鮮也又音培又音弗載如字又音戴同弁皮變
反俅俅音求恭慎也說文作絿同鼐乃代反郭音乃大鼎也鼒音兹小鼎也徐音災爾雅
云圜弇上謂之鼒郭音才說文作鎡字音兹門塾音孰門側堂也或音育舉鼏亡歷反本
亦作鼏圜音圓弇古奄字兕字又作兕徐履反觵古橫反罰爵也字又作觥同其
觓音虯本一作觩不虞舊如字譁也說文作吴吴大言也何承天云吴字誤當爲吴從口下大故魚之
大口者名吴胡化反此音恐驚俗也音話不敖五誥反本又作傲注同譁也音花不譁
火官反又火元反敖嫚亡諫反酌音灼字亦作汋大武如字徐音泰
於音烏注同鑠舒灼反美也蹻蹻居表反武也之造毛才老反爲也鄭七報反詣也
傳相直專反桓禡也馬嫁反師祭名桓武志也本或以此句爲注
婁豐力住反亟也亟也欺冀反數也下同匪解音懈注同於昭音烏
注同閒之閒廁之閒代也注同賚來代反與也徐又音來敷時音孚偏也繹

思 音亦 猶徧 音遍下篇同 於繹思 鄭如字王於音烏 而王 于況反又如字

下篇同 般 薄寒反樂也注同 巡守 手又反 般樂也 音洛崔集注本用此

注爲序文 於皇 音烏注同 墮山 吐果反注同郭云山狹而長也又同果反字又作隓 喬嶽

上音橋高也下音岳 翕河 許及反合也 裒時 蒲侯反毛聚也鄭衆也 於繹思

毛詩無此句齊魯韓詩有之今毛詩有者衍文也崔集注本有是採三家之本崔因有故解之

駉第二十九 本或作駉之什者是隨例而加耳商頌亦然 魯頌 魯者周公之子伯禽所封

之國也周公有大勳勞於天下成王留之輔相而封伯禽焉其封域在禹貢徐州蒙羽之野十七世至僖公當周惠

王襄王之時能遵伯禽之法外征淮夷內脩德教國人美之於是國卿季文子請周而使史克作頌四篇夫子刪詩

録之者以周公有致太平之勲成王命魯郊祭用天子禮樂故取魯頌而同於王者之後焉

駉 古熒反說文作驍又作駫同 牧平 徐音目 坰野 古熒反徐又苦營反或苦瓊反遠也林外

曰坰下同 行父 音甫注同行父季文子名也 牡馬 茂后反草木䟽云騭馬也說文同本或作

牧　有驈戶橘反阮孝緒于密反顧野王餘橘反郭音述驪馬白跨曰驈　有驪力知反沈又郎
西反純黑馬也說文字林云深黑色馬也　白跨苦化反又苦故反又胡瓦反郭云髀閒也蒼頡篇云兩股
閒也　黃騂息營反赤黃曰騂下文同字林火營反　四種章勇反　有驁奴
飲食上音蔭下音飼又並如字　無疆居良反竟也　反覆芳服反　有騅音隹
蒼白雜毛曰騅　有駓符悲反字又作駓黃白雜毛曰駓郭云今桃花馬也字林作駓音丕　有騏音其
蒼祺曰騏　伾伾敷悲反有力也說文同字林作駓走也父之反音丕　蒼祺音其字又作騏
驒徒河反青驪驎曰驒說文云馬文如鼉魚也韓詩及字林云白馬黑髦也　駱音洛白馬黑鬣曰駱樊孫
爾雅並作白馬黑髦鬣尾也　駵音留赤身黑鬣曰駵字林云赤馬黑髦尾也　雒音洛黑身白鬣
曰雒本或作駱同　繹繹音亦善足也一本作善走也崔本作驛　驎本亦作粼郭良忍反毛色
有深淺斑駁隱粼今之連錢驄也呂忱良振反孫炎音鄰云似魚鱗也　黑鬣力輒反　無斁
音亦厭也　駰舊於巾反讀者並音因陰白雜毛曰駰　騢音遐彤白雜毛曰騢說文云赤白雜色文

似鰕魚　驔音簟徒點反字林云又音譚豪骭曰驔　有魚如字字書作驔字林作瞧音並同毛云一目白曰魚爾雅云一目白瞷二目白瞧瞷音閑　祛祛起居反彊健也　彤白徒冬反赤也

豪骭戶晏反　無邪似嗟反注同　無復扶又反　有駜備筆反又符必反馬肥彊貌字林又父必反　乘黃繩證反下同　大學音泰　咽咽本又作鼘同烏玄反又於巾反鼓節也　樂兮音洛注喜樂下于胥樂兮及注安樂同　之朝直遙反

駽呼縣反又火玄反徐又胡眄反青驪曰駽又音炫　歲其有本或作歲其有矣又作歲其有年者矣皆衍字也　詒孫子以之反遺也本或作詒厥孫子詒于孫子皆是妄加也　詒遺唯季反下同

泮水普半反　頌僖音希　頖宮音判本多作泮宮諸侯之學也泮半也半有水半無水也鄭注禮記云頖班也所以班政教　其芹其巾反水菜也　天子辟音璧下同

圜如音貟　來觀古亂反又音官　伐伐蒲害反又普貝反言有法度本又作茷

噦噦呼會反有聲也　其藻音早水草也　蹻蹻居表反彊盛也　昭昭之繞

反　其茆音卯徐音柳韋昭萌藻反鳧葵也干寶云今之鳧䖘草堪為菹江東有之何承天云此菜出東

海堪為菹醬也鄭小同云江南人名之蓴菜生陂澤中草木䟽同又云或名水葵一云今之浮菜即猪蓴也本草有

鳧葵陶弘景以入有名無用品解者不同未詳其正沈以小同及草木䟽所說為得　鳧葵音符　者

與音餘　屈此巳勿反毛云收也鄭云治也徐云鄭又其勿反韓詩云屈收也收斂也得此衆聚　昭

假古百反至也　之行下孟反又如字　伊祜音戶福也　蟜蟜本又作矯亦作蹻居

表反武貌　馘馘古獲反截耳也　皐陶音遙皐陶唐虞之士官　狄彼王他歷反遠也

孫毓同鄭作剔音同治也沈云毛如字未詳所出韓詩云鬄鬄除也　烝烝之承反　皇皇毛如字美

也鄭作睢睢于洋反猶往往也　不吳鄭如字讙也又王音誤作吳音話同　不殤余章反　于訩

音凶訟也　讙也音歡　讙譁音花　無爭爭鬭之爭　其觩音虯毛云弛貌鄭云

持弦急也　其搜依字作挍色留反毛衆意鄭勁疾也　孔博徐云毛如字王同大也鄭作傳音附

無繹本又作射又作斁或作懌皆音亦厭也　施貌式氏反本又作弛同　致者直置

反　士卒尊忽反　堙井音因塞也　刊木苦干反服虔云削也　度己待洛反

翩彼音篇飛貌　飛鴞于嬌反惡聲鳥也　桑黮說文字林皆作葚時審反桑實也

爲此于僞反　憬彼九永反遠行貌沈又孔永反說文作䜴音獷云闊也一曰廣大也　其

琛勑金反犍爲舍人云美寶曰琛　大賂音路遺也　遺也唯季反　閟宮筆位反毛閟閉也鄭閟神也音祕同　僖公音希　有侐況域反淸靜也說文云靜也一音火季反

枚枚莫回反礱密也韓詩云閒暇無人之貌也　姜嫄音元　是禖莫回反　礱密路東反厲也　無災字又作灾本亦作菑音同　回邪似嗟反　天用是馮依本又作馮同皮陵反一本作凭依其身　不坼勑宅反裂也　不副孚逼反　重直容反本又作種同　穋音六本又作稑音同　稙徵力反先種曰稙徐時力反韓詩曰長稼也　穉音雉後種曰穉韓詩云幼稼也　菽麥音叔大豆也　卑民必爾反本又作俾下皆同　長大張丈反　有秬音巨黑黍也　纘禹子管反繼也　粒食音立　大王音泰後大王大平皆同

翦商子踐反毛齊也鄭斷也　斷也音短下同　自豳彼貧反　王迹于況反

之屆音戒極也　無貳音二　屆極紀力反下同　虞度待洛反下同　東藩

無復扶又反　敦商鄭都回反治也注同王徐都門反厚也　又與音預

方元反　乃筴初革反　令專力呈反　匪解音懈　不忒他得反

騂息營反赤色也　犧許宜反純毛牲　楅衡音福逼也　犧尊鄭素河反毛云有沙飾則宜同

鄭王許宜反尊名也　將將七羊反　毛炰蒲包反　胾側吏反肉也　羹音庚又音衡　洋

洋音羊徐音翔衆多貌　不禴羊灼反　秋祫咸夾反　以楅音逼　有沙素河

反刻鳳皇於尊其羽形婆娑然也一云畫也　豚也字又作豘徒門反　鈃羹字又作鉶音刑

爲其于僞反　觝都禮反　有橫古曠反一音光　有柎方于反　爾

熾尺志反　僭踰子念反　千乘繩證反注同千乘同　朱英如字徐於耕反矛飾也

緑縢徒登反繩也　重弓直龍反注同　鬯中勑亮反弓衣也字或作韔同　貝

冑直又反　朱綅息廉反說文云綫也沈又倉林反又音侵　烝徒之升反　增增如字　綴之沈知稅反又張劣反　艾也音刈　台背他來反下音貝　而艾五蓋反　中時張仲反　而重直用反　大山音泰本又作泰下注大大室皆同　遂荒如字毛有也鄭奄也韓詩作荒云至也　近海附近之近　梟音符山名　繹音亦一音夕字又作嶧同山名也　蠻貊字又作貉武夷反　夷行下孟反　應辭應對之應　純嘏古雅反　魯朝直遙反　在薛字又作薜息列反　是與音余　兒齒五兮反齒落更生細者也字書作齯音同一音如字　爲之于僞反　祝慶之又反下同　是斷音短　是度待洛反　松桷音角榱也方曰桷　有舄音昔大貌徐又音託　奕奕音亦　榱也色追反　姣古卯反　屬功音燭　孔曼音萬長也

那第三十　商頌商者契所封之地名成湯伐桀王天下遂以爲國號後世有中宗高宗中興時有作詩頌之者當周宣王之時宋大夫正考父校商之名頌十二篇於周之大師以那爲首歸而祭於先王孔子錄

詩之時止五篇而已乃列之以備三頌

那　祀乃河反多也　微子名啓紂庶兄周武王封之於宋爲殷後　正考父音甫

本亦作甫宋湣公之曾孫孔子七世祖　大師音泰後大甲大古大戊大大祖皆放此　朝聘直遥

反　曲折之設反　猗於宜反歎辭也　與音余下同　置我毛如字殷八置鼓鄭作植

字時職反又音值爲楹貫而樹之　鞉鼓音桃小鼓也　夏后戶雅反注同　縣鼓音玄

下同　爲楹音盈柱也　貫而古亂反　作濩戶故反殷湯樂曰大濩　衎我苦旦

反樂也　奏假毛古雅反大也鄭作格升也　衎樂音洛下以樂我同　齊之側皆

反本亦作齋下同　所耆巿志反　所爲于僞反　僾然音曖　愾然苦代

反　淵淵古玄反又烏玄反　嘒嘒呼惠反和也　依倚於綺反　於赫音烏

注同　庸鼓如字依字作鏞大鍾也　有斁　有奕　夷繹並音亦繹字又作懌同

有恪苦各反敬也　夷說音悅下同　虊戕鍊反本又作薦同　饌士戀反　烝

嘗之承反　烈祖烈祖有功烈之祖　復興扶又反下亦復同　斯祜音戶福也　無疆居良反竟也下同　清酤音戶酒也　賚我毛如字賜也鄭音來　申重直用反下皆同　王天下于況反　無竟音境本亦作境　以裸古亂反　致齊側皆反本亦作齋　鬷子東反總也　假毛古雅反大也鄭音格至也下以假以享同　有爭爭鬬之爭注同　綏我音妥安也　黃耇音苟　總也音揔　調腥音條　祼音灌　約軝祁支反轂飾也諸侯助祭者乘篆轂金飾錯衡之車駕四馬故曰軝　錯衡如字徐又采故反　鶬鶬七羊反本又作鏘言文德之有聲也　溥將音普　穰穰如羊反　來轂飾古木反下音式　在鑣彼苗反　篆轂直轉反　來朝直遙反　來假音格鄭云升也王云至也　玄鳥玄鳥燕也一名鳦音乙　祀高宗毛王如字鄭作祫戶夾反三年喪畢之祭也高宗殷王武丁也　雊雉古豆反　之異尚書云高宗祭成湯有飛雉升鼎耳而雊是也　復興扶又反　於契息列反殷之始祖也本又作偰同又作禼古字也後放此

古者喪三年既畢祫于大祖明年禘于羣廟一本作古者君喪三年既畢禘于其廟而後祫祭于大祖明年春禘于羣廟案此序一注舊有兩本前祫後禘是前本兩禘夾一祫是後本也 芒芒莫剛反大貌後同 有娀息忠反契之本國名 郊禖音梅本亦作高禖 遺卯力管反 居亳傍各反地名 正長張丈反下同 徧告音遍 不解音懈 武王于況反又如字注同 不勝毛音升任也鄭式證反 十乘繩證反注同 大糦尺志反黍稷也韓詩云大祭也 勝任音壬下何任同 大國與音余 畿疆居良反 來假音格至也下同 祁祁巨移反或上之尺之二反 景員毛音圓均也鄭音云 維河鄭云河之言何也王以爲河水本或作何 是何音河河可反本亦作苛音同毛云任也鄭云檐負也下篇何天同 來朝直遙反 檐負都藍反下篇同 長發如字久也 大禘大計反鄭云大禘者郊祭天也王云殷祭也 王者于況反又如字 濬音峻深也 悊音哲字或作哲 芒芒音亡依韻音忙 是疆居良反竟界也 幅方目反廣也 隕

音圓毛均也鄭周也徐于貧反 諸夏戶雅反下皆同 作圓音還又音圓 深知音智
發見賢遍反 禎音貞祥也 其竟音境 王天下于況反下湯王言王之王
德皆同 桓撥本末反治也韓詩作發發明也 徧也音遍下同 政治直吏反
相土息亮反注相土皆同相土契孫也 有截才結反整齊也 出長張丈反 湯
齊如字 浸大子鴆反 日躋子兮反升也鄭注禮記讀上爲湯躋讀此爲日齋齋莊也 昭
假古雅反鄭云暇也徐云毛音格鄭音暇案王肅訓假爲至格是王音也沈云鄭箋云寛暇此以義訓非改字也
是祇諸時反 下士遐嫁反 小球音求美玉也下同 綴旒陟劣反徐
又張衞反毛云表也鄭云結也二同 之休虛虯反美也 珽吐頂反天子玉笏長三尺杼上終葵
首 長三直亮反 旒縿所銜反 著焉直略反 歸鄉本亦作嚮許亮反下
篇同 不絿音求徐音蚪急也 是遒子由反又在由反聚也 小共大共毛音
恭法也鄭音拱執也一云毛亦音拱 駿音峻毛大也鄭俊也又一云毛亦作俊讀 厖莫邦反厚也徐云鄭

音武講反是叶拱及寵龍韻也　之龍毛如字和也鄭作寵　傅奏音孚本亦作敷　不戁
奴版反恐也　不竦小勇反懼也　是總子孔反本又作緫音宗　恐也曲勇反
鷩憚丹末反　載旆蒲貝反　秉鉞音越　得中張仲反　三蘖五葛
反餘也韓詩云絕也　韋顧二國名也漢書古今人表作韋鼓　己姓音紀又音杞　中
葉如字又張仲反　橈敗女教反一音女卯反亂也　實左音佐注同　右音又注同左右助也
阿倚於綺反下同　殷武　撻彼他達反疾也韓詩云達達也　罙入面規
反毛深也鄭冒也說文作罙從冈米云冒也　其阻莊呂反險也　裒荊蒲侯反聚也　冒也
莫報反下同　之隘於懈反窄也　而俘音孚囚也　猶處昌慮反下同　氏
都啼反西方夷狄國　世見賢遍反　而背音佩　多辟音璧下同君也注放此王音僻
邪也　禍適直革反徐張革反注同過也韓詩云數也　匪解音懈注同　來朝直遥反
不僭子念反　王天下于況反　重告直用反　是斷音短注同

方斲陟角反說文云斫也　是虔其連反椹也爾雅作榩　松桷音角　有梴丑連反又力鱣反長貌柔梴物同耳字音鱣俗作埏　易直以豉反下同　椹陟金反　掄材魯門反擇也沈音倫理也

經典釋文卷第七